꼬레아 러시

국립중앙도서관 출판시도서목록(CIP)

꼬레아 러시 = Corea rush : 100년 전 조선을 뒤흔든 서양인들 / 이상각 지음. — 파주 : 효형출판, 2010
p. ; cm

참고문헌과 색인수록
ISBN 978-89-5872-093-5 03910 : ₩13,000

개화기(시대)[開化期]

911.059-KDC5
951.902-DDC21 CIP2010002786

CORE A RUSH

꼬레아 러시

100년 전
조선을 뒤흔든
서양인들

이상각 지음

효형출판

일러두기

1. 조선의 나라 이름은 1897년 대한제국으로 바뀌었고, 1910년 병탄되면서 일본에 의해 다시 조선이 되었다. 꼭 필요한 경우 국호를 시대별로 구분해 표기했고, 나머지는 문맥에 따라 혼용했다.
2. 인용문은 뜻을 해치지 않는 범위 안에서 현대 한글 맞춤법에 맞게 바꾸었다.
3. 책은 《 》, 신문·잡지·노래는 〈 〉, 글·기사는 ' '로 구분했다.

잊을 수 없는 것들

역사

1873년 조선에서는 고종이 친정親政을 선언하면서 집정하고 있던 대원군이 실각했다. 그 무렵 메이지유신을 통해 국력을 일신한 일본은 정한론征韓論의 대상이자 자신들이 학습한 제국주의의 실험장으로서 한국을 노렸다. 그들이 운양호사건을 빌미로 무력시위를 벌이며 개항을 요구하자 고뇌하던 고종은 숱한 반대를 물리치고 쇄국의 자물쇠를 과감히 풀어버렸다.

그 결과 1876년 2월 26일 조선은 강화도에서 일본과 조일수호조규朝日修好條規를 맺고 부산을 개항했다. 그해 11월 초량草梁의 왜관倭館이 개항장으로 바뀌면서 일본인을 위한 부산우편국이 개설되고, 나가사키와 부산을 오가는 정기우편기선이 취항했으며, 1877년부터 양국 간에 본격적인 무역이 시작되었다. 이어서 원산과 제물포까지 개항장으로 개방하며 문호를 활짝 열자, 세계인들은 뒤늦게 베일을 벗은 한반도에 주목하게 되었다.

이을고 개화를 통해 부국강병을 실현하겠다는 원대한 목표 아래 조선은 일본의 다양한 제도와 문물을 받아들이는 한편, 외교와 통상을 전담하는 통리기무아문統理機務衙門을 신설해 개항 이후 정세 변화에 대응하고자 했다. 그 무렵 조선 백성은 사소한 일상 용품에서부터 개화의 단맛에 빠져들었다. 일본에서 수입된 성냥은 수천 년간 불씨로 간직해온 부싯돌을 버리게 만들었고, 석유·면직물·염료·양철 등은 실생활에 놀라운 변화를 가져다주었다.

1881년 2월, 고종은 박정양朴定陽을 필두로 60여 명에 이르는 신사유람단紳士遊覽團을 일본에 파견해 본격적인 개화 수업을 받게 하고, 5월에는 신식 군대인 별기군別技軍을 설치했다. 또 청淸을 의식해 그해 9월 김윤식金允植을 영선사領選使로 임명한 다음 유학생 38명과 함께 베이징·톈진으로 파견했다. 1882년 5월, 조선은 미국과 조미수호통상조약朝美修好通商條約을 맺은 이래 영국, 독일, 프랑스, 이탈리아, 러시아 등 유럽 각국에 문호를 개방함으로써 은둔 국가라는 오명을 말끔히 벗어던졌다.

개항 이후 거침없던 고종의 행보는 뜻하지 않는 반란으로 차질을 빚었다. 1882년 7월에 일어난 임오군란壬午軍亂 때문이었다. 이 사건으로 별기군 교관 일본인 호리모토掘本禮造가 살해되고, 일본 공사관이 불탔으며, 쇄국주의자 대원군이 재집권하면서 개화 기구인 통리기무아문이 폐지되었다. 그해 8월 청군의 개입으로 폭동은 가라앉았지만, 임진왜란 이후 조선 땅에 처음으로 외국군이 주둔하는 고약한 선례를 남겼다. 게다가 일본은 자국 영사관 보호를 구실로 일본군을 한반도에 투입했다.

그때부터 청과 일본은 조선을 사이에 두고 날카로운 이빨을 드러냈고, 서구 열강과 북방의 러시아까지 뛰어들면서 한반도는 이권 쟁탈의 도가니가 된다. 조선의 근대는 그처럼 얕은 뿌리, 가는 떡잎을 추스르며 힘겨운 첫걸음을 내디뎠다.

기록

개항 이전 한국에 대한 서구인의 인식은 매우 빈약했다. 서양에 처음 소개된 한국 관련 문헌은, 1601년 일본에서 활동하던 스페인 선교사 세스페데스Gregorio de Céspedes의 저서 《선교사들의 이야기》에 실린 네 통의 조선 관련 서간문이었다. 그 후 서양인들은 1668년 네덜란드에서 발간된 《하멜 표류기》를 통해 조선에 좀 더 가까이 다가

갈 수 있었다.

네덜란드의 선원이었던 하멜Hendrik Hamel은 1653년 일본의 나가사키로 가던 중 태풍을 만나 동료들과 함께 제주도에 표착한 뒤 14년 동안 조선에 억류되었다. 1666년 가까스로 조선을 탈출한 그는 동인도회사에서 억류 기간 동안의 임금을 내주지 않자 자신의 처지를 항변하기 위해 자세한 보고서를 작성했다. 서양인들은 이 책의 번역본을 통해 중국과 일본 사이에 있는 미지의 나라 조선의 존재를 확실히 알게 되었다.

프랑스의 뒤 알드Jean-Baptiste Du Halde는 1735년 발간한 《중국지中國誌》 제4권 〈레지Régis〉의 '조선의 지리와 역사'를 통해 조선을 황금이 넘쳐나는 나라로 묘사했고, 1860년에는 다블뤼Marie Nicolas Antoine Daveluy가 《조선사 입문을 위한 노트》를 통해 조선의 역사를 소개했다. 1874년에는 한국의 천주교 선교를 다룬 달레Claude Charles Dallet의 《조선 교회의 역사》가 출간되었다. 불확실한 정보를 토대로 1787년 5월 극동을 찾아온 프랑스의 라 페루스La Pérouse 일행은 제주도 남부와 부산 앞바다, 장기곶 일대와 울릉도 서단을 측량하고 돌아갔다. 1818년에는 베이실 홀Basil Hall이 《조선 서해 탐사기》를 통해 서해 5

도의 풍물을 소개했다.

1866년 7월 평양에서 일어난 제너럴셔먼 호 사건에 이어, 그해 9월 로즈 제독이 이끄는 프랑스 해군이 천주교 신부들의 처형을 빌미로 강화도를 침공한 병인양요, 1871년 6월 청 주재 미국 공사 프레더릭 로Frederick. F. Low와 존 로저스John Rogers 제독이 강화도를 점령하고 통상을 강요한 신미양요가 잇달아 일어났다. 서양인에 의해 일어난 이 두 사건은 조선에 커다란 충격을 던져주었을 뿐만 아니라, 세계인에게도 완강히 개항을 거부하는 조선의 존재를 확실히 각인시켰다. 그리하여 본격적으로 조선을 소개하는 책자가 출판되기 시작했다.

1880년에는 오페르트Ernst Jacob Oppert가 《금단의 나라, 조선》을 통해 미지의 왕국 조선을 세계에 알렸고, 1882년에는 목사이자 동양학자인 윌리엄 그리피스William Elliot Griffis가 《은자의 나라 한국》을 통해 조선을 폐쇄와 은둔으로 가려진 가난하고 낙후한 나라로 묘사했다.

1888년 발간된 데니Owen N. Denny, 德尼의 《청한론》과 묄렌도르프Paul George von Möllendorf의 《청한종속론》은 청나라와 조선의 관계에 대한 논쟁을 불러일으켰으며, 칼스W. R. Carles는 《조선풍물지》를 통해 한국인의 생활상을 그려냈다. 1892년에는 선교사이자 육영공원 영어 교사였던 길모어George William Guilmore가 《서울풍물지》를, 1895년에는 영국 화가 새비지-랜도어Arnold H. Savage-Landor가 《고요한 아침의 나라 조선》을, 1897년 이사벨라 버드 비숍Isabella Bird Bishop이 《조선과 그 이웃 나라들》을 펴냈다.

1904년 언더우드 부인Lillias Horton Underwood은 《상투의 나라》를 통해 15년 동안의 조선 생활을 그렸고, 1906년 헐버트Homer Bezaleel Hulbert는 《대한제국멸망사》에서 위기에 처한 한국인의 분발을 촉구했다. 1908년 알렌Horace Newton Allen은 《조선견문기》에서 한국의 선교 사업을 격려했고, 1908년에는 기자 매켄지Frederick Arthur Mckenzie가 《대한제국의 비극》, 《한국의 독립운동》 등을 통해 일제의 폭압과 한국인의 저항을 가감 없이 증언했다.

또 1909년 선교사 게일의 《전환기의 조선》, 1911년 와그너Ellasue Canter Wagner의 《한국의 아동 생활》, 한국인의 일상사를 그린 켐프Emily Georgiana Kemp의 《조선의 모습》 등이 줄지어 출간되었다. 1919년 켄달Carlton Waldo Kendall은 《한국독립운동의 진상》을 통해 무저항 투쟁으로 독립을 얻은 나라는 없다고 충고했다. 조선의 중립화를 주장한 대한제국의 마지막 고문 윌리엄 샌즈William Franklin Sands가 1930년 출간한 《조선비망록》, 드레이크Henry Burgess Drake의 《일제시대의 조선생활상》, 1938년 베리만Sten Bergman이 지은 《한국의 야생동물지》 등은 망해버린 조선의 쓸쓸한 뒤안길을 밟았다.

사람

근대의 여명이 이 땅을 비추던 19세기 후반, 일본인 외에도 수많은 벽안의 이방인이 고요한 아침의 나라, 은둔의 왕국으로 알려진 조선으로 밀려들었다. 선교사, 상인, 군인, 여행가, 정치가 등 다양한 모습으로 등장한 그들은 이 땅에서 저마다 뜨거운 삶을 일궈나갔다. 그들 가운데 누군가는 일확천금의 꿈을 이루었고, 또 누군가는 낯선 서양 문화에 얼어붙은 한국인의 가슴을 따뜻이 녹여주었다. 이 책은 바로 그들이 바라본 한국과 한국인의 흥망성쇠를 짚어보고자 한다.

그중에는 조선의 문호 개방과 함께 개화의 전 부문을 주도한 독일인 묄렌도르프, 한국인의 편에 서서 일제의 폭압에 맞서 싸운 매켄지와 베델, 헐버트, 스코필드 같은 은인도 있었고, 이기적인 시선으로 한국의 비극을 지켜본 프랑댕과 베베르, 샌즈 같은 외교관도 있었다. 또 순수하게 한국의 자연과 문화, 인간을 사랑하고 염려한 이사벨라 버드 비숍 여사와 퍼시벌 로웰도 잊을 수 없다. 한국 최초의 영어 교사 핼리팩스, 〈대한제국 애국가〉를 작곡한 에케르트, 제중원의 설립자이며 미국 영사로 활약한 알렌, 세브란스병원 설립자 에비슨의 행적을 좇는 것도 매우 의미 있다.

한편 개항 이전 도굴이라는 극단적인 방법으로 통상을 요구한 오페르트나, 불확실한 자료를 이용해 한국 전문가 행세를 한 그리피스, 일제의 주구가 되어 한국인을 모욕한 통감부 고문 스티븐스 같은 인물도 빠뜨릴 수 없다. 특히 한국인의 처절한 읍소에도 제국주의의 비정한 심장으로 일본의 한국 병탄을 승인한 시어도어 루스벨트Theodore Roosevelt 미국 대통령, 그리고 가쓰라-태프트 밀약의 실무자 윌리엄 태프트의 참모습을 발견하는 일은 고통스럽지만 감내해야 할 진실이 아닐 수 없다.

이렇듯 망국기의 다양한 인물을 복기하다 보면, 독자들은 한 시대를 휩쓴 제국주의자의 광기와 지식인의 인간적인 비애를 발견하며 문득 가슴이 뜨거워지는 걸 느끼게 될 것이다. 하지만 불과 100여 년 전 한국을 스쳐간 여러 이방인의 행적을 감정적으로만 받아들여

서는 안 된다. 그들이 나라 안팎에서 바라본 당대 한국과 한국인의 흔적을 반추하고 그때와 별다르지 않은 우리의 현실을 통찰함으로써, 무기력했던 과거를 미래의 자양분으로 삼아야 한다.

옛 질서는 변한다, 새 질서에 자리를 물려주면서. 하지만 그 과정에서 우리는 헤어진 동포를 껴안아야 하고, 훼손된 민족적 자존심을 회복해야 한다. 지금 우리가 땀 흘려 가꾸어야 할 이 나라는 피어린 역사의 연장선상에 있음을 결코 잊어서는 안 될 터다.

2010년 여름
국권피탈 백 주년을 앞두고
이상각

책을 내며

개화의 동반자

구한말을 기록하다

일제의 야욕에 함께 맞선 벗들

책략가들, 제국을 버랑으로 내몰다

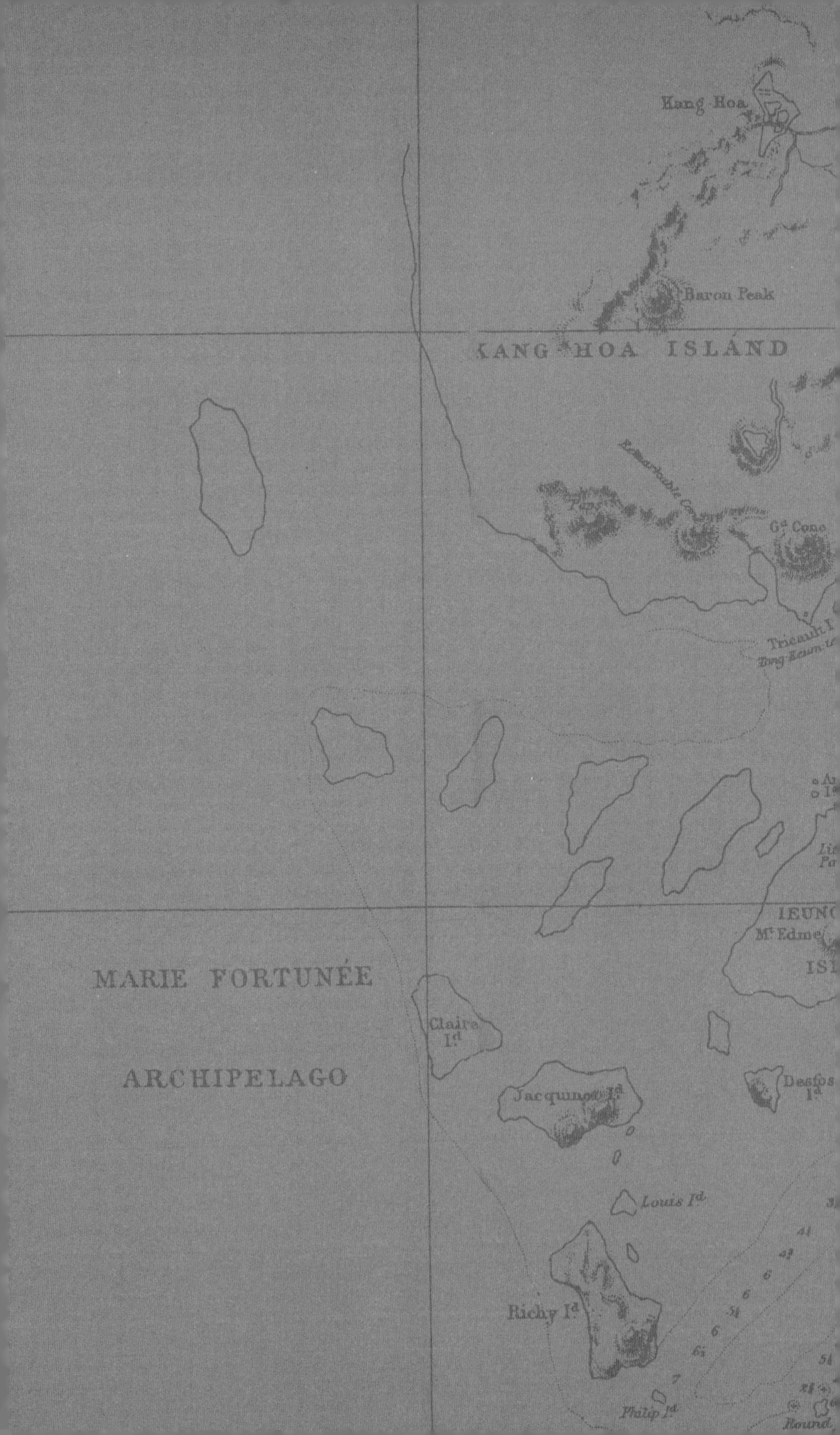

Kang Hoa
Baron Peak
KANG HOA ISLAND
Gd Cone
Mt Edme
MARIE FORTUNÉE
ARCHIPELAGO
Claire Id
Jacquinot Id
Desfos Id
Louis Id
Richy Id
Philip Id

개화의 동반자

등불을 끄고 자거라! 줄곧 일어난 채
언제까지나 울리는 것은 오직 옛 샘의 물줄기 소리.
하지만 내 지붕 아래 손님이 된 사람은
누구든지 금방 이 소리에 익숙해진다.

네가 꿈에 흠뻑 배어있을 무렵 어쩌면
집 근방에서 이상한 소리가 들릴지도 모른다.
거친 발소리에 샘 근방에서 자갈 소리 들리고
기분 좋은 물소리는 딱 그치리니

그러면 너는 눈을 뜬다 — 하지만 놀라지 마라!
별이란 별은 모두 땅 위에 퍼지고
나그네 한 사람이 대리석 샘가로 다가와
손바닥을 그릇 삼아 솟는 물을 뜨고 있다.

그 사람은 곧 떠난다. 다시 물줄기 소리 들리리니
아아 기뻐하라. 여기에서 너는 혼자가 아니다.
먼 별빛 속에 수많은 나그네가 길을 가고
또다시 네게 다가오는 사람이 있다.

–카로사Hans Carossa, 〈옛 샘Der Alte Brunnen〉

나는 조선과 함께 쓰러졌다

개화기 주한 미국인의 표상 호러스 알렌

> 공사관 일행의 몸에서는 똥 냄새, 지린내가 풍겼다. 그들이 끊임없이 담배를 피우는 바람에 선실은 악취로 진동했다. 우리는 그들의 옷에 기어다니는 이를 가리키면서 잡으라고 주의를 주어야 했다. 승객들은 조선 사절단을 한 방으로 격리해준 것을 고마워했고 나 또한 마찬가지였다. 그들 일행 가운데 박정양 공사는 가장 나약하고 바보 천치 같았다. 수행비서 강진희는 지분거리기 일쑤였고 삼등서기관 이상재는 너무 더러웠다. 조선 정부가 정식으로 임명한 번역관 이채연은 영어를 한마디도 할 줄 몰랐다. 일등서기관 이완용과 이등서기관 이하영만이 미흡하나마 조선 사절단의 나쁜 인상을 가려주었다.

1887년 12월, 워싱턴 주재 조선 영사관에서 일하던 알렌은 샌프란시스코로 향하는 여객선 오셔닉Oceanic 호에 동승한 조선 사절단

호러스 알렌

Horace Newton Allen(1858~1932)

한자명 안련安連. 구한말 대표적인 미국 선교사이자 외교관이다. 1884년 선교사로 조선에 처음 와 갑신정변으로 부상당한 민영익을 치료해주며 고종의 신임을 얻어 왕실 시의관이 되었다. 한국 최초의 서양식 의료 기관 제중원濟衆院을 설립했으며, 주한 미국 공사가 되어 한반도 내 미국 이권 확보에도 이바지했다.

의 면면을 이렇게 묘사했다. 알렌은 그들의 비위생과 무례가 자못 거슬렸지만 이를 겉으로 드러내지는 않았다. 그가 혹평을 아끼지 않은 박정양朴定陽 공사에게도 꼬박꼬박 아버지라고 부르며 비위를 맞췄다. 무릇 뚜렷한 목표가 있는 사람은 교언영색에 인색하지 않은 법이다.

19세기 말부터 20세기 초까지 한국에 들어온 미국 선교사는 수백 명에 이른다. 그들 가운데는 순수하게 복음을 전하고 이타적인 삶을 산 이도 있지만, 제국주의의 선봉장으로서 미국인이라는 특권을 이용해 정치적 영향력을 행사한 인물도 적지 않다. 그들은 서양의 기독교를 전파함으로써 동양의 미신을 타파하고, 아울러 조선을 전근대적인 미몽에서 일깨우리라는 극단적인 사명감에 불탔다.

오리엔탈리즘orientalism*에 물들어있던 선교사들이 쓴 한국 관련 문헌에는 불결함과 오물, 시궁창과 악취, 비위생이라는 악재가 어김

없이 등장한다. 그들은 동서양의 문화적 차이를 인정하기보다는 선민의식을 지닌 채 차별적인 잣대를 들이댔다. 성서를 한국어로 번역한 선교사 게일James S. Gale, 奇一이 꼽은 조선 선교의 어려운 점 일곱 가지**는 대부분 한국 특유의 문화와 정서에 관한 것이다.

그들은 종종 한국인을 친절하고 순박하다 표현했지만, 앞서 알렌처럼 속내를 드러낼 때면 여지없이 거짓말쟁이, 도둑놈, 사기꾼, 게으름뱅이로 묘사했다. 한국에 우호적이었던 서양인의 대표적 인사로 알려진 언더우드Horace G. Underwood, 元杜尤도 뉴욕의 선교 본부에 보내는 편지에서, 자신이 게으르기로 악명 높은 민족이 사는 곳에 와있다며 투덜거렸다. 예외가 있다면 그런 불만을 문화적 편견으로 인식했던 육영공원의 교사 조지 길모어George W. Guilmore뿐. 조선에 들어와 승승장구하던 알렌의 내면에는 미개지의 개척자로서 견딜 수 없는 악취를 참아내야 하는 선구자의 비감이 오롯이 들어차있었다.

------

* 서양이 주체가 되어 만든 편향된 동양관이다. 서구인의 동양관을 비판해온 대표적인 학자로 꼽히는 에드워드 사이드Edward W. Said는 저서 《오리엔탈리즘》에서, 서양은 동양을 낯익은 '우리'와 구별되는 낯선 '그들', 곧 타자로 인식했음을 밝힌다. '서양은 세계이고, 비서구 세계는 열등하고 기이하고 전근대적이고 후진적이고 쾌락적이고 더럽고 전제적이고 비합리적이고 야만적이며 미개하다.' 그런 타자화를 통해 서구는 우월하고 합리적이며 문명화되었다는 자기 정체성을 확립하고, 타자인 비서구를 제국주의적 침략과 확장의 대상으로 삼는 것을 정당화했다.

** 온돌은 빵을 굽는 오븐처럼 달궈지기 때문에 고통스럽고, 환기가 되지 않는 방은 질식할 것 같으며, 과일·오트밀·베이컨·달걀·커피 대신 쌀밥과 냄새 나는 김치·고추장 등을 먹는 것이 고역이고, 사람들이 책상다리를 하고 앉아서 역겨운 숨을 내쉬며 쓸데없는 질문을 해대는 것이 참기 힘들고, 해충과 콜레라균이 들끓어 죽음이 도처에 도사리고 있다는 것 등을 들고 있다.

갑신정변, 일생일대의 기회를 잡다

알렌은 1858년 4월 23일 미국 오하이오 주 델라웨어에서 태어났다. 1881년 오하이오 웨슬리언대학 신학부를 거쳐 1883년 신시내티 마이애미 의과대학에서 의학박사 학위를 받았다. 같은 해 결혼한 그는 10월부터 북장로회 의료 선교사로 중국 상하이에 머물다 선교 본부에 조선 파송을 자청했다.

"상하이에서는 아무것도 이룰 수 없다. 조선에 보내주지 않는다면 본국으로 돌아가겠다."

1884년 9월 14일, 난징 호 편으로 조선에 건너온 알렌은 일본인으로 가득한 부산 초량草梁의 개항장을 보고 깜짝 놀랐다. 이어 20일에는 나가사키에서 온 배에 올라 제물포에 도착했다. 영국 공사관으로 쓰기 위해 나가사키의 '로열 오크Royal Oak'라는 살롱 건물을 통째로 운반하던 배였다. 난생처음 본 제물포에는 슬래브 판잣집, 진흙 오두막집, 헛간, 토담 등이 지저분하게 널려있었고, 부산과 마찬가지로 일본인이 많았다.

알렌은 서울에 도착하자마자 새로 지은 조선호텔에 여장을 풀었다. 그곳에서 미국 해군 무관인 언어학자 버나두J. B. Bernadou와 실업가 타운센드W. D. Townsend를 만난다. 버나두는 한반도의 동식물과 민속 표본을 수집하기 위해 스미스소니언연구소 소속으로 한국에 부임했고, 타운센드는 홍콩상하이은행의 대리점이었던 타운센드 상회의 주인이었다.

이튿날 알렌은 미국 공사 루셔스 푸트Lucius H. Foote, 福德와 총세무사 묄렌도르프Paul George von Möllendorf, 穆麟德를 만난 다음 공사관 무급 의사로 한국 생활을 시작했다. 그는 푸트 소개로 공사관 옆집을 700멕시칸 달러•에 구입함으로써 정동에 자리 잡은 최초의 외국인이 되었다. 그리고 그해 11월 상하이에 있던 가족을 데려왔다.

알렌은 한국에 오자마자 일생일대의 기회를 잡았다. 바로 1884년 12월 4일 터진 갑신정변. 그날 저녁 우정국 개국 축하연에는 미국 공사 루셔스 푸트, 비서 찰스 스쿠더C. L. Scudder, 통역관 윤치호尹致昊가 있었고, 영국 공사 윌리엄 애스턴William G. Aston, 총세무사 묄렌도르프, 중국 공사, 일본 공사관 서기와 그의 통역관 등 외교 사절이 대거 참석했다. 한국 관리로는 당일 거사를 획책한 우정국 총판 홍영식洪英植, 김옥균金玉均, 서광범徐光範과 그들의 목표였던 민영익閔泳翊 등이 있었다.

축하연장은 화기애애한 분위기인 듯했으나 이상한 긴장감이 흘렀다. 푸트가 세련된 매너와 유머로 분위기를 바꾸려 했지만 쉽지 않았다. 10시경 어디에선가 갑자기 "불이야!" 하는 소리가 들려왔다. 김옥균이 밖으로 뛰쳐나갔고, 민영익도 화재 진압을 위해 하인과 함께 밖으로 나갔다. 서울의 가옥은 대개 나무와 짚으로 만들어졌던 터라 초기 진화에 실패하면 큰 화재로 이어지기 십상이었다.

"역적이 나타났다! 죽여라!"

마침내 민영익이 몸을 드러내자 우정국 근처에 숨어있던 자객들이 그를 덮쳤다. 졸지에 난자당한 민영익은 급히 건물 안으로 피신했다. 그는 일곱 군데나 칼에 찔려 온몸에 선혈이 낭자했다. 사태를 짐작한 묄렌도르프는 급히 민영익을 해관 건물로 옮겨 응급치료 한

• 당시 우리나라에서 통용된 외화는 은銀본위제에 따라 멕시코 은화, 곧 멕시칸 달러였으며 1멕시칸 달러는 1원과 동일한 가치를 가졌던 것으로 추정된다. 80킬로그램 쌀 한 가마가 2원 남짓이었다.

다음 스쿠더에게 시켜 알렌을 데려오게 했다.

그날 저녁 알렌은 일본 공사관 근처에 있는 타운센드의 집에서 버나두 등과 함께 저녁을 먹고 집에 돌아와 있었다. 얼마 지나지 않아 스쿠더가 피에 젖은 모습으로 그를 찾아왔고, 알렌은 수술 도구를 챙겨 한국 군인 50여 명의 호위를 받으며 해관으로 달려갔다.

알렌이 도착했을 때, 12명 정도의 한의사가 모여 민영익의 치료를 의논하고 있었다. 그가 황급히 민영익의 부상 부위를 살펴보니 살아있는 것도 기적이었다. 머리 뒤쪽으로 칼자국이 나있었고, 얼굴을 향해 세로로 칼날이 스쳐가 동맥을 베고 귀까지 찢어놓았다. 한의사를 불신하던 알렌은 곁에 있던 독일인 사업가를 시켜 그들을 내보냈다. 그러고는 침착하게 끊어진 동맥을 연결해 부상 부위를 페놀 용액으로 깨끗이 씻어낸 다음 비단실로 스물두 번, 은실로 다섯 번 꿰맸다. 민영익의 상태가 다소 나아지는 걸 확인한 그는 새벽 2시경 집으로 돌아왔다.

한국이 서양에 파견한 최초의 외교사절 보빙사. 앞줄 왼쪽부터 퍼시벌 로웰, 홍영식, 민영익, 서광범, 뒷줄 세 번째가 유길준이다. 민씨 척족의 우두머리였던 민영익은 이견을 보이며 갈라선 개화파에게 공격당한다.

"만일 위험한 일이 생기면 이 권총을 사용해요."

이튿날 아침, 알렌은 민영익을 돌보기 위해 집을 떠나며 아내에게 권총을 건넸다. 정변의 불똥이 어디로 튈지 알 수 없는 상황이었다. 여차하면 자신의 목숨도 위험할지 모른다고 생각한 그는 역시 총 한 자루를 지닌 채 집을 나섰다. 그가 민영익을 돌보고 있을 때 일본 공사관에서는 의사를 보내 그를 도왔다. 교활하게도 일본 측은 갑신정변을 후원하면서도 민씨 일가에게 일종의 보험을 들어두었던 셈이다.

정변을 일으킨 김옥균, 박영효, 서광범 등 급진 개화파 요인들은 고종을 인질 삼아 12월 5일 계동궁에서 혁명 내각을 수립하고 승리를 확신했다. 하지만 고종이 창덕궁으로 환궁한 12월 6일 오후 청군에 의해 일본군이 패주하자 그들은 삼일천하를 한탄하며 황망히 일본으로 도주했다. 얼마 후 조정은 정상화되었고, 부상에서 회복한 민영익은 두 살 위인 알렌을 친형으로 대접하겠다며 현금 10만 냥을 선사했다. 한국에 들어온 지 단 두 달 만에 그는 왕실 최고위급 인사와 인연을 맺은 것이다.

민영익은 그를 고종에게 소개해 왕실 시의관이 되게 했다. 알렌은 조선 최초의 서양 의사로서 고종의 건강을 돌보았지만, 왕실의 오랜 관습 때문에 명성황후에게 청진기를 사용할 수 없어 애를 먹기도 했다. 왕비를 진찰하려면 손목에 실을 감아 병풍 뒤에서 그것을 붙들고 간신히 맥을 살피던 시절이었다. 궁여지책 끝에 알렌은 여의사 애니 엘러스Annie Ellers, 房巨夫人*를 한국에 불러들였다.

최초의 서양식 병원 제중원

"조선에는 근대화된 서양식 병원이 필요합니다."

왕실의 시의로서 입지를 탄탄히 다진 알렌은 수시로 고종과 면담해 서양식 병원의 이점에 대해 설명했다. 고종은 의사가 직접 병원을 운영하게 되면 얻을 수 있는 여러 가지 장점을 들으며 매우 흥미로워했다. 이 기회에 알렌은 고종에게 병원 설립을 제안해 재가를 받았다.

본디 고종은 묄렌도르프에게 서양식 병원과 의학교 설립 계획을 세우라 지시했고, 1884년 여름, 잠시 조선에 왔던 일본 주재 감리교 선교사 매클레이R. S. Maclay, 麥利加가 김옥균을 통해 제안한 병원과 학교 설립 계획을 허가하려 했었다. 그런 사정을 알게 된 알렌은 묄렌도르프가 병원 설립을 방해할까 근심했다. 그해 2월 4일자로 선교본부 총무 엘린우드에게 보낸 편지에는 그런 알렌의 초조함이 나타난다.

"미국 대리 공사 폴크G. C. Foulk가 푸트처럼 묄렌도르프를 싫어하는 터라, 묄렌도르프가 제 선교 계획에 해를 입히고 병원 계획도 수포로 돌아가게 할지 모릅니다."

하지만 두 달이 지난 4월 5일자 편지에서 그는 병원 설립에 반대

• 미국 미시간 주 버오크에서 1860년 장로교회 목사의 딸로 출생했다. 1881년 일리노이주 록포드대학을 졸업, 페르시아 선교사로 갈 계획으로 보스턴의과대학에서 수학하던 중 알렌과 한국 정부의 초청을 받아 북장로회 의료 선교사로 1886년 7월 4일 내한했다. 1886년 9월 14일, 그녀는 명성황후의 가슴에 처음으로 청진기를 대고 서양식 진료를 행했다. 그녀는 그 날의 감격을 〈민비와 서의〉라는 글로 남겼다. '나는 여관女官의 직임을 띠고 나의 본직인 의사로서 황후의 옥체를 시위侍衛하게 된 것을 무한한 영광으로 생각한다.' 그때부터 왕후의 시의가 된 엘러스는 정3품 벼슬에 해당하는 당상계 통정대부의 품계를 받았다. 1887년, 27세 때 육영공원 교사 벙커와 결혼했고, 40년 간 한국에 머물며 제중원 의사를 거쳐 정신여학교 교장을 역임했다.

하던 묄렌도르프가 마침내 힘을 다해 도울 뿐 아니라 선교사 고용을 약속했다며 기뻐했다. 묄렌도르프로서는 병원 설립에 자신이 배제된 것이 언짢았을 뿐 사업 자체를 반대한 것은 아니었다. 조선 개화를 주도하던 그로서는 충분히 이의를 제기할 만한 상황이었다. 하지만 고종은 미국과 러시아의 관계를 생각해 병원 설립의 책임을 외아문外衙門 최고책임자인 독판 김윤식金允植에게 맡긴다. 그 결과 1885년 1월 27일, 알렌은 드디어 미국 임시 대리 공사인 폴크를 통해 김윤식에게 병원 설립 제안서[朝鮮政府京中設建病院節論]를 제출한다.

> 귀 정부에서 다행히 나로 하여금 두루 보호할 방도를 베풀게 한다면, 나 또한 서양 학문으로 조선의 병든 군사와 선비들을 지극히 필요한 방도로 치료할 수 있다. 더불어 조선의 생도들이 서양의 의법을 배워 약을 쓰는 방법과 조리하는 절차를 깨닫게 할 수 있다. 조선 정부에서 병원을 건립하여 운영한다면 나는 책임자의 임무를 담당하겠으며, 귀 정부의 연금은 단 한 푼일지라도 받지 않고자 한다. 다음과 같은 몇 가지 조건만 해결되면 충분히 병원을 세울 수 있다.
>
> 1. 한성에 있는, 공기가 잘 통하고 그윽하며 정결한 큰 집 한 채.
> 1. 병원 운영에 필요한 등불과 연료, 의사를 보조하는 간사의 월급, 병자를 돌보는 간사의 월급, 하인 등속의 월급, 그리고 가난한 환자들이 섭취할 음식 등.
> 1. 각종 약재 가격의 차용금 300원.
>
> 조선의 대군주와 정부에서 이 몇 가지 사항을 윤허해주신다면, 나는 마땅히 의사 한 사람을 초청할 것이며, 비용이 들어가기 시작한 지 여섯 달 뒤면 능히 병원을 세울 수 있다.

1885년에 세워진 우리나라 최초의 국립 서양식 의료 기관 제중원. 고종은 제중원의 의료 활동을 높이 평가하여 알렌에게 당상관 품계의 벼슬을 내렸다.

한성에 병원이 건립되면 이것은 조선 정부의 병원이다.

알렌의 제안에 정부 관리들도 호의적인 반응을 보였다. 본래 서울에는 서민을 돌보기 위한 의료 관아인 혜민서惠民署와 활인서活人署가 있었으나 1882년 일어난 임오군란으로 폐지된 터였다. 마침내 1885년 4월 14일(음력 2월 29일) 고종의 재가가 떨어지고, 왕립 의료원인 광혜원廣惠院이 재동에 문을 연다.

광혜원 터는 갑신정변으로 처형된 홍영식의 몰수 가옥으로, 비용이 들지 않고 매우 넓으며 외아문 바로 곁에 있어 관리하기 편했다. 3월 초까지만 해도 폐허였던 그 집은 불과 한 달 만에 근대식 병원으로 탈바꿈했다. 가옥을 병원으로 개조하는 데 소요되는 비용은 정부에서 댔다. 이어 병원 규칙을 제정하고 새로운 병원 설립이 공포되었다. 외아문이 4월 3일 사대문과 종각에 게시한 공고문은 이렇다.

본 아문에서 시의원施醫院 한 곳을 설치했는데, 북부 재동 외아문

북쪽으로 두 번째 집에 위치한다. 미국 의사 안련을 초빙했으며, 아울러 학도와 의약 및 제 도구를 갖추었다. 오늘 18일부터 매일 미시(未時, 오후 1~3시)에서 신시(申時, 오후 3~5시)까지 병원 문을 열어 약을 줄 것이다. 해당 의사의 학술은 정교하고 양호한데 특히 외과에 뛰어나서 한번 진료를 받으면 신통한 효과를 보게 될 것이다. 본 병원에는 남녀가 머물 병실이 있으니 무릇 질병에 걸린 자는 병원에 와서 치료받을 것이며 약값은 나라에서 대줄 것이다. 이를 숙지하여 하등 의심을 품지 말고 치료를 받으러 올지어다.

외아문은 한성부 모든 계契•에 공고문을 게시토록 하고 지방에도 각 읍마다 공고했다. 일반 백성의 질병을 치료하는 한국 최초의 서양식 국립 의료 기관으로 세워진 광혜원에서 알렌은 순수하게 의료에 관한 관리 업무를 제공했다. 의료와 교육 사업을 통해 기독교 신앙을 전파하고자 했던 미국 선교사 가운데 알렌이 선봉에 서게 된 것이다. 그리고 광혜원은 개원 12일 만에 명칭을 제중원濟衆院으로 바꾸었다.

제중원이 문을 열자마자 거지부터 궁중의 높은 양반에 이르기까지 전국에서 수많은 환자가 몰려들었다. 알렌은 그들을 성심껏 치료하면서 거둔 성과를 '제중원 일차년도 보고서'로 정리했다. 이 보고서에 따르면 제중원은 1년 동안 무려 1만 460명의 환자를 진료했는데, 265명의 입원 환자 가운데 130여 명이 외과 수술을 받았다. 가장 흔한 질병은 말라리아로 전체 환자의 10퍼센트를 차지했고, 그다음이 매독이었다. 소화불량이나 나병이 뒤를 이었다.

• 동洞의 상위 조직으로, 당시 한성에 300여 개의 계가 있었다.

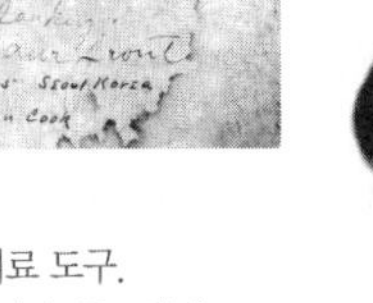

나귀를 타고 왕진 가는 알렌과 그가 사용한 의료 도구.
알렌은 조선 최초의 서양 의사로서 고종의 건강을 돌보았다.

백성의 호응으로 공간이 협소해지자 제중원은 1887년, 지금의 을지로입구에서 명동성당에 이르는 부지로 이전했다. 1900년에는 미국의 부호 세브란스Louis H. Severance가 1만 달러를 제중원에 기부했다. 재정이 풍부해진 선교 본부는 1904년 제중원 건물과 토지를 정부에 돌려주고 병원을 남대문 밖 복숭아골로 옮겨 세브란스병원으로 개칭했다.

알렌을 중심으로 한 제중원은 조선 개화에 커다란 영향을 끼쳤고, 당시에는 금지되었던 선교 활동을 의료 선교, 교육 선교란 명목으로 시행할 계기를 만들었다. 언더우드나 헤론J. W. Heron, 스크랜턴W. B. Scranton, 아펜젤러Henry D. Appenzeller 등 내로라하는 선교사가 모두 제중원을 거쳐간 것은 우연이 아니다.

호역, 천연두와 콜레라를 막아라!

조선에서 본격적인 의료 활동을 하던 알렌은 크나큰 두 적과 마주쳤다. 바로 천연두와 콜레라였다. 특히 천연두는 악명이 높아, 부모는 자식이 태어나도 이 병에 걸렸다가 살아나기 전까지 이름을 짓지 않을 정도였다. 또 집안에 천연두 환자가 생기면 의사에게 진찰받기보다는 손님굿을 벌여 악신 달래기에 급급했다.

콜레라도 마찬가지였다. 조선인은 콜레라가 사악한 쥐의 악령이 일으킨 다리 경련이 피부를 통해 심장까지 후벼내 목숨을 빼앗아가는 것이라 생각했다. 이 때문에 쥐의 천적인 고양이 가죽을 감염자의 경련 부위에 문지르거나 고양이 부적을 대문에 붙였고, 쥐를 쫓는다며 고양이 소리 비슷한 바가지 긁는 소리를 내는 등의 요법이 만연했다.

알렌은 콜레라에 대한 한국인의 무기력증을 기이하게 여겼다. 가족 친지가 병에 걸리면 길가 혹은 성벽 아래 옮겨둔 다음 죽게 내버려두고, 그 때문에 시신이 계곡과 강물에 떠다니는 참극이 벌어졌다. 또한 그는 환자를 위한다는 명목으로 거리에 임시 초소를 세우고 제사를 지내며 악귀를 추방하기 위해 총을 쏘아대는 정부의 처사도 이해할 수 없었다.

천연두는 서양식 의료 기술로도 퇴치 불가능한 질병이었다. 유일하게 기댈 수 있는 방법은 종두법種痘法이었지만, 그마저도 한계가 있었다. 1879년 부산의 일본 해군병원인 제생병원濟生醫院에서 종두법을 배운 지석영池錫永이 충주에서 한국 최초로 종두를 실시하고 이를 확산시키려 했지만, 갑신정변 당시 개화파에 동정적이었다는 이유로 귀양 가면서 중단된 상태였다. 1886년 알렌이 서울 주재 일본 영사 유키에게 보낸 자료에 의하면, 조선의 어린이 60~70퍼센트에게 중국식 종두법을 실시했는데, 소년은 왼쪽 콧구멍에, 소녀는 오른쪽 콧구멍에 농포를 맞는 식이었다고 한다. 다행히 1890년대에 천연두 대처 포고령이 발포되고 1899년 유배에서 풀려난 지석영이 경성의학교 교장으로 취임하면서 상황이 호전되었다.

한편 1885년 부산에 도착한 한 일본인이 심한 뱃멀미를 호소하다가 사망한 일이 발생했다. 검사해보니 콜레라 감염이었다. 알렌은 콜레라의 대규모 확산을 우려하여 정부에 근본적인 대책을 촉구했다. 당시 서울의 오물과 하수는 개천과 도랑을 통해 배출되었는데, 오수가 마구 버려진 쓰레기와 함께 부패하여 병균 증식을 촉진했다. 하지만 위생 관념이 부족한 당시 조선인은 가혹한 운명을 탓할 뿐 환자를 만진 손조차 제대로 씻지 않았다.

1886년 봄, 알렌은 조선의 서양인들에게 전단을 돌렸다. 돼지고기와 수박은 먹지 말고 물은 끓여 마실 것, 야채나 과일은 항상 소금물로 씻어 먹고 집 주변의 마당을 청결하게 유지할 것, 소독제와 항생제를 준비할 것. 경고를 새겨들은 서양인은 대부분 무사했지만 한국인 하인은 이를 경시해 위험을 자초했다.

그해 여름, 과연 알렌의 예견대로 부산에서 발생한 콜레라가 전국으로 빠르게 퍼졌다. 7월 2일, 알렌은 영국 총영사에게 콜레라가 서울에 상륙했다는 경고문을 발송했다. 곧 희생자가 속출하자 장안에서는 통곡이 줄을 이었고 거리에는 인적이 끊겼다. 간단한 장례가 끝난 시신은 도성 밖으로 실려 나갔다. 이때 조선의 법규상 시체는 서소문과 광희문, 단 두 곳을 이용해 서울 밖으로 운구할 수 있었다. 알렌은 민영익의 도움을 받아, 시신의 숫자를 파악하기 위해 두 문에 수비병을 배치했다.

콜레라가 최고조에 이르렀던 그해 7월 1일부터 15일까지 서울에서는 3000여 명이 사망했다. 당시 아펜젤러는 7월 24일 500여 명, 7월 26일에는 460명이 사망했다는 기록을 남겼다. 다행히 그달을 기점으로 콜레라의 기세가 꺾이더니 9월 1일에는 20명만이 사망했다. 미국 공사는 이때 콜레라로 서울에서만 1만 2000여 명, 시골에서는 더욱 많은 사람이 희생되었다고 본국에 보고했다. 알렌은 그때 사대문 안에 거주하던 15만 명 가운데 6주 동안 7000여 명이 사망했다고 기록했다. 하지만 사전에 그의 경고를 받고 대비한 외국인은 한 사람도 희생되지 않았다.

외교관의 길을 가다

"의료 사역과 복음 전도 사역이 연합함으로써 얻게 되는 이익은 엄청나다. 의료 사역은 복음 전도 사역을 위한 수단이 되고, 그 자체로 목적이 되어서는 안 된다."

1885년, 제중원의 역할 문제를 두고 선교사들 사이에 커다란 갈등이 불거졌다. 한국 내에서는 기독교 신앙을 직접 전파하지 못하고 의료와 교육 사업에 기대야 한다는 현실적 문제 때문이었다. 일부 선교사는 의료와 교육 사역이 주류가 되고, 전도가 종속적이고 부차적인 사역이 되는 상황에 큰 불만을 품었었다. 미국 북장로회의 모펫 Samuel A. Moffet, 馬布三悅 선교사는 한국의 문명화보다 복음화가 우선해야 한다고 주장했다. 이처럼 의료 선교사들의 급진적인 선교 사업론으로 분란이 끊이지 않자 알렌은 1887년 선교 사업에서 손을 뗀다.

알렌이 조선 주재 미국 공사로 있던 1903년 부인, 서기관과 함께한 모습. 외교관으로 변신한 그는 운산금광 채굴권, 경인철도 부설권, 전차선로 부설권을 미국에 안겨주었다.

"이 나라에서 선교와 의료 봉사는 실과 바늘과 같다. 이 같은 논의가 계속 제기된다면 나는 차라리 선교사 활동을 포기하겠다."

그러나 1890년 6월 알렌은 미국 북장로회 선교사로 재임명을 받아, 헤론의 중병으로 공석이 된 제중원 원장으로 복귀했다. 그런데 그해 7월 9일 미국 정부로부터 조선 주재 미국 공사관 서기관직을 제의받자 재빨리 수락했다. 이 때문에 내한 선교사들 사이에서 선교 사역과 공무를 병행할 수 있는가 하는 문제가 새로운 논란거리로 떠올랐다.

"선교사가 정치인 역할을 맡으면, 선교에 중대한 문제를 초래할 것이다."

"알렌이 왕실과의 친분을 이용해 선교사의 제중원 활동을 막으려 한다."

모펫과 언더우드는 알렌을 향해 이러한 불만을 터뜨렸다. 또 그가 정치에 발을 들여놓았으면서 선교사 행세를 한다고 비판했다. 그렇지만 당시 한국에서 활동하던 미국 선교사들은 자의든 타의든 간에 단순한 목회자가 아니라 미국의 정치적 대변자로 인식되었다.

알렌은 1891년부터 수시로 대리 공사를 맡았고, 1897년 7월에는 매킨리William McKinley 정부 변리공사 겸 총영사가 되었다. 그는 이때부터 한국 내 미국의 이권 창출에 몰두했다. 1895년 왕실 비호 아래 평안북도 운산금광 채굴권을 광산업자 모스James R. Morse에 넘겨주었고, 1896년에 경인철도 부설권, 1897년에는 전차선로 부설권까지 따냈다.

모스는 운산금광 채굴권을 헌트Leigh S. J. Hunt에게 3만 달러에 팔아버렸다. 미국은 운산금광에서 40여 년 동안 순금 80여 톤을 채굴했는데, 당시 시세로 1500만 달러, 현재 시세로 332억 달러에 이르는 천문학적인 금액이다.

그 무렵 경인철도 부설권은 외국인이 가장 탐내는 사업이었다. 알렌은 러시아 공사 베베르Karl Ivanovich Veber, 韋貝를 설득하고 외부대신 이완용과 농상공부대신 조병직을 포섭해 1896년 3월, 서울과 제물포 간에 부설되는 경인철도 부설권을 역시 모스에게 안겨주었다. 모스는 경인철도회사를 설립하고 미국인 기술자 칼리W. T. Carley를 고용한 다음 1897년 3월 22일부터 제물포 인근 우각현에서 노동자 150명을 동원해 공사를 시작했다. 이때 미국의 오언 위스터스 웨스트Owen Wister's West 사를 통해 철도 기술자와 전신 기사, 산악 경찰 등을 충원했다.

그때 한국에 들어온 교량 전문 기사 홈스Holmes는 한강철교 건설

과정에서 말썽을 일으켰다. 631미터에 달하는 한강철교 건설은 경인 철도 건설의 핵심이었다. 다리와 철도 건설 자재는 미국으로부터 직수입했는데, 345킬로미터의 목재와 교각 건설을 위한 10개의 철제 지주, 2144톤의 철로가 포함되었다. 홈스는 중국인 노동자를 고용해 교각 받침대를 쌓는 데 필요한 석재를 캐게 했는데, 일정이 지연되자 화가 나 그들을 구타했다. 이에 분개한 중국인이 파업을 일으킨 것이다.

우여곡절 끝에 한강철교는 1900년 7월 5일 완성되었다. 하지만 자꾸만 미루어지는 공사에 지쳐버린 모스는 1898년 12월 31일 경인 철도회사의 소유권을 일본인에게 넘겨버렸다. 미국인이 한국에서 벌인 최초의 철도 공사는 이처럼 쓰라린 실패를 맛보았다.

1900년 의화단義和團 사건을 빌미로 러시아가 만주에 진주하자 미국의 제26대 대통령인 루스벨트Theodore Roosevelt는 동아시아 정책 기조를 반러친일로 확정했다. 그러자 알렌은 1903년 루스벨트를 접견한 자리에서 일본에 대한 경계심을 버리는 것은 명백한 손해라고 설득했다.

"그것은 영국과 일본의 이익을 위해 화덕에 있는 밤을 집는 어리석은 짓입니다. 일본이 계속 커나가면 태평양 지역 상업을 모두 지배하려 할 것이며, 결국 세계무역의 강력한 경쟁국이 되어 미국에 맞설 것입니다."

미국은 식민 지배보다는 중립 정책을 유지함으로써 경제적 이권과 함께 정치적 영향력을 지속적으로 행사하고자 했다. 그 때문에 루스벨트는 1905년 1월, '우리는 스스로를 지키려 침략자에게 일격도 가하지 못하는 한국인을 위해 일본을 상대로 중재에 나설 수는 없다'며 정치적 장애물로 지목된 주한 미국 영사 알렌을 해직하고 미국으로 소환했다.

분개한 그는 '나는 조선과 함께 쓰러졌다I fell with Korea'라는 말을 남긴 채 6월 9일 미국으로 돌아갔다. 그가 인생에서 거둔 성공은 온전히 한국을 기반으로 이루어진 것이었다. 조선이 쓰러지면 그의 업적 역시 쓰러지는 것은 당연했다.

그 후 고향인 오하이오 주 털리도 시에 병원을 열고 정착한 그는, 《알렌의 조선체류기Things Korean》란 책을 통해 신의를 저버린 미국의 처사를 공박하며 나라 잃은 한국인에 깊은 동정심을 표했다. 1932년 12월 11일, 알렌은 74세를 일기로 사망했다. 의사와 선교사로서 한국의 문명개화에 헌신했지만 말년에 미국 제국주의를 위해 몸소 활약한 그의 일생은, 오늘날까지도 복잡다단한 인연으로 들끓는 한미 관계만큼이나 드라마틱했다.

더 읽는 글

조선 광산 개발 소동

1887년 8월 조선 정부는 자주 외교 실현 방책으로 미국에 조선 공사관을 설치하기로 하고, 박정양을 초대 전권대신에 임명했다. 당시 박정양은 알렌을 차석인 참찬관參贊官으로 기용해 그해 12월 미국에 데려갔다. 알렌이 '지저분하고 냄새나는' 미국 공사 박정양을 비롯한 사절단 일행과 동승한 이유다. 이렇게 한국의 외교관으로 변신한 알렌은 1889년 6월까지 워싱턴에 머무른다.

알렌은 한국 정부의 요청에 따라 한국의 금광 사업에 관심 있는 미국인 투자자를 모집했다. 광산 개발 이익금 중 일부는 고종에게 바치기로 밀약한 상태였다. 그런데 한국의 불안정한 정치 상황이 미국 신문에 게재되면서 계획은 어그러졌다. 대표적인 사례가 '영아 소동Baby riots'이다.

1888년 6월 미국 공사관 서기 샤이에 롱Charles Chaillé-Long이 서울에서 찍은 아이들 사진의 음화를 도둑맞았다. 그런데 그 사진에 찍혔던 아이들이 며칠 후 시체로 발견되었고, 곧 한국인 사이에 흉흉한 소문이 퍼졌다. 선교사들이 갓난아이를 납치해 죽인 뒤, 물에 끓여 이들의 눈을 빼 밀가루에 넣고 간 다음 유리판에 펼쳐 말려서 사진이나 약을 만든다는 것. 또 그들이 여자아이를 납치해 가슴을 잘라 젖을 빼먹고, 노예로 미국에 팔아넘기거나 식용으로 사육한다는 유언비어까지 난무했다. 그로 인해 분노한 한국인이 외국인을 습격한다는 풍문이 돌았다. 이에 미국 공사 딘스모어Hugh A. Dinsmore는 제물포에 정박 중인 에섹스 호 승선 해병 28명을 서울로 불러들여 경계를 강화했다. 이 어처구니없는 사태는 고종의 포고령으로 가라앉았다. 일각에서는 영아를 살해한 배후로 대원군을 지목했다. 샤이에 롱이나 청나라 공사 위안스카이袁世凱는 대원군이 고종에게 권력을 이양하면서 자신의 쇄국정책이 파기되고 도성에 외국인이 들끓자, 그들에 대한 증오심을 불러일으키고 사회 혼란을 야기해 권좌에 복귀하기 위한 술책으로 영아를 살해했다고 주장했다.

이로 인해 미국인이 투자를 꺼리자 알렌은 몸소 투자자 물색에 나섰고, 곧 광산 전문 업자인 윌러드 피어스Willard Pierce를 끌어들였다. 1889년 피어스는 한국에 도착하자마자 평안도 지역으로 금광을 찾아 떠났다. 당시 고종의 미국인 고문 데니Owen N. Denny, 德尼는 그를 협잡꾼으로 평가절하했다. 그해 가을 피어스는 워싱턴의 알렌에게 평양 북부 지역에서 금광을 발견했는데, 톤당 금 함유량의 가치가 은화 52달러나 된다고 보고했다. 알렌으로부터 그 소식을 전해들은 고종은 지원을 아끼지 않겠다며 격려했다.

한국 정부는 분쇄기 10대와 기술자 1명, 조수 존 스티너John Stinner를 보내달라는 피어스의 요청을 받아들여 미국에 전문을 띄웠다. 그런데 내용을 잘못 읽은 알렌이 기술자 1명과 광부 4명을 한국에 보냈다. 알렌은 그들에게 한국 공사관과 1년 계약이 보장된다고 공언했고, 매달 기술자에게 250달러, 광부에게 200달러를 지급하기로 약속했다. 1889년 7월 1일, 광산 기술자 유진 하비Eugene Harvey와 존 스코트John T. Scott 등 5명이 제물포에 당도했다. 당황한 한국 정부는 요청하지 않은 광부 3명을 미국으로 돌려보내려 했지만 그들은 계약을 내세우며 버텼다.

"당신들과의 계약은 업무상 착오였으니 되돌아가시오."

"무슨 말입니까? 우리는 정상적인 계약을 맺고 고용된 기술자입니다.

미국에서 모든 것을 정리하고 들어왔는데 이대로 돌아가라고요? 그럴 수 없습니다.”

8월, 피어스는 하비, 스코트, 통역관 강 씨와 함께 평안도 광산으로 가서 분쇄기 설치를 강행했다. 그해 11월 초 한국 정부가 스코트를 해고하려 하자 피어스는 11월 중순 서울로 돌아가 자신의 모든 급료를 받아낸 다음 미국으로 돌아가버렸다. 졸지에 버려진 스코트와 하비는 600달러의 체불임금과 왕복 여비를 요구하며 제물포에 있는 스튜어드호텔에서 외상으로 머문다. 이들은 미국 공사 딘스모어에게 강력히 항의했으나 별 소용이 없자 결국 자비로 미국에 돌아가야 했다.

이 문제로 한국과 미국은 1년 동안 외교 갈등을 겪었다. 그 과정에서 한국 정부는 광산에 설치된 분쇄기가 스코트와 하비에 의해 파괴되었음을 알고 책임자인 피어스에게 책임을 물으려 했지만 그의 행방을 찾을 수 없었다. 통역관 강 씨도 이미 사망한 터라, 고의로 국유재산을 파괴한 스코트를 기소할 만한 증거 수집이 불가능했다. 지쳐버린 한국 정부는 1891년 스코트와 하비에게 밀린 임금을 지급하고 결국 모든 문제를 덮었다. 이 소동으로 인해 한국 정부는 4만여 달러를 허공에 날렸다.

평안북도 운산금광 모습과 19세기 말 조선의 광산 작업 광경. 운산금광 채굴권은 알렌의 주선으로 미국인 사업가에게 넘어갔고, 40년 동안 금 80여 톤을 채취해갔다.

오직 백성만 위하는 병원을

우리나라 근대 의학의 초석을 다진 올리버 에비슨

19세기 말 대한제국 수도 서울의 위생 상태는 엉망이었다. 천연두와 콜레라 등 악성 전염병이 창궐해 무수한 사람이 희생되었다. 지석영이 서양식 종두법을 열심히 보급했지만 역부족이었다. 한국인은 천연두를 '마마', '손님' 등으로 부르면서 두려워했고, 아이가 천연두로 죽으면 땅에 묻지 않고 성벽에 매달았다. 시신을 매장하면 아이를 죽인 '마마'가 노여워해 다른 아이에게 옮아간다고 생각했던 것이다. 자녀 11명을 모두 천연두로 잃은 어머니는 이렇게 말했다.

"이 병을 이겨낸 사람만이 진정한 가족이 된다."

미국 북장로회 의료 선교사로 한국에 온 에비슨은 이런 한국인에게 천연두가 귀신이 아닌 세균 때문에 발생함을 알리고 천연두 예방접종을 널리 보급하려 애썼다. 또 여타 전염병에 대해서도 '귀신이 아니라 세균 때문에 일어난다'는 내용의 포스터를 제작하기도 했다.

그는 세브란스병원장을 비롯하여 연합의학교 초대 교장과 연희

올리버 에비슨
Oliver R. Avison(1860~1956)

한자명 어비신魚丕信. 의료 선교사로 조선에 온 이래 반평생을 한국에 바친 우리나라 근대 의학의 개척자다. 제중원 원장으로 한국 생활을 시작한 그는 옻이 오른 고종을 치료한 뒤 전의로 임명되었고, 세브란스병원을 창립했다. 세브란스 의학전문학교를 세워 한국 최초로 의학 교육을 실시했으며, 기독교를 통한 진리와 정의를 바탕으로 민족의식을 일깨웠다.

전문학교 교장 등 한국의 의료 개척 선교사로 많은 공적을 남겼지만, 제중원 설립자 알렌과 달리 정치에는 간여하지 않았다. 다만 갑신정변의 지도자 김옥균에 대해 "경솔하고 조급했지만, 진실한 애국자였다"고 평가했고, 훗날 한국 초대 대통령이 되는 이승만에 대해 "그의 동포에 대한 애정은 나이가 들어 동포가 그에게 준 명예로 잘 알 수 있다"고 간략히 논평하는 정도였다.

반평생을 한국에 바쳤던 에비슨은 단순한 선교를 넘어 한국의 근대적 개혁이라는 역사적 흐름을 이끌었다. 세브란스 의학전문학교, 연희전문학교, 황성기독교청년회皇城基督敎靑年會를 통해 청년 계몽에 앞장섰을 뿐만 아니라, 1893년 9월 백정 출신인 박성춘을 치료해준 이후에는 오랫동안 이어져내려온 신분 질서 철폐를 위해 노력했다. 당시 청년이었던 이승만은 단발령이 내려지자 에비슨과 장시간 토론한 다음 상투를 잘랐다고 전해진다. 당대 청년 지식인은 에비슨의 제중원을 통해 세계를 바라보았고 우수한 서양문물을 받아들였던 셈이다.

에비슨은 제자들에게 기독교를 통한 진리와 정의를 바탕으로 민족의식을 일깨웠다. 1907년 8월 1일 구식 군대가 해산되었을 때 일본군과의 교전에서 부상당한 병사들이 관립대한의원이 아닌 세브란스병원으로 몰려들었던 데는 이런 까닭이 있었다. 독립운동가 안창호安昌浩는 1902년 구리개銅峴(지금의 을지로 입구)에 있던 제중원 교회에서 결혼했고, 세브란스병원에서 여러 동지와 망국의 조선을 근심하며 수시로 비밀 회합을 가졌다.

김필순金弼淳, 박서양朴瑞陽 등 그의 제자들은 조선이 병탄되자 만주, 몽골 등지로 망명해 독립운동을 펼쳤다. 1919년 삼일운동이 들불처럼 번질 때 에비슨은 일경의 잔혹한 시위 진압을 고발하는 진상 보고서를 작성해 미국 상원에 제출하기도 했다.

황제의 주치의가 되다

에비슨은 1860년 6월 30일 영국 요크셔의 재거 그린이라는 작은 마을에서 모직공장 마감부 감독의 아들로 태어났다. 그가 여섯 살이었던 1866년 에비슨 가족은 캐나다 온타리오로 이주한다. 몹시 가난해서 초등학교 시절 2년 동안 방직공장에서 일하기도 했다. 에비슨은 1877년 가을, 사범학교를 졸업하고 3년 동안 초등학교 교사로 근무했다. 이때 사귄 제니 반스Jennie Barnes와 1885년 결혼했고, 이후 7남 3녀를 둔다.

교사로 근무하다가 화학 분야에 흥미를 느낀 그는 약사가 되기 위해 1880년 약국 점원으로 3년 동안 도제 훈련을 받는다. 1884년 6

월 온타리오 약학교를 졸업하고 약사 생활을 거쳐 모교 교수가 된 에비슨은 토론토대학교 의과대학에 편입해 1887년 6월 의사 자격을 취득한다. 그는 약리학과 치료학을 강의했고, 토론토 시내에서 개업하여 시장 주치의로 활약하기도 했다.

한국과의 인연은 1892년 토론토에서 미국인 선교사 언더우드를 만나면서 시작되었다. 에비슨의 의술에 감동한 언더우드는 한국에 파견할 의사를 찾던 뉴욕의 장로교 선교회에 그를 추천한다. 에비슨은 선교회의 한국행 제안에 인생의 새로운 전기가 왔음을 깨닫고 바로 승낙했다.

1893년 7월, 서른세 살의 의사 올리버 에비슨은 임신한 부인과 함께 세 자녀를 데리고 부산에 도착한다. 곧 서울에 올라온 그는 11월 1일부터 제중원의 4대 원장으로서 한국 생활을 시작했다. 제중원은 조선 정부가 건물, 운영비, 병원 업무를 보조하는 주사主事 등을 지원하고, 미국 북장로회가 의사, 간호사, 일부 운영비 등을 제공하는 합작 병원이었다. 제중원은 1885년 설립 이래 알렌, 헤론, 엘러스, 빈턴Charles C. Vinton 등 우수한 의료 선교사들이 거쳐가면서 서양 의학의 우수성을 널리 알렸지만, 에비슨이 부임할 무렵에는 재정 지원이 줄어들면서 심각한 운영난에 처해있었다.

에비슨은 제중원을 정상화시키기 위해 발 벗고 나섰다. 1894년 9월 조선 정부로부터 제중원 운영권을 선교부로 이관 받았고, 제중원 의학교에서 처음으로 의학 교육을 실시했다. 그는 호러스 알렌의 주선으로 옻이 오른 고종황제를 치료한 뒤 전의典醫로 임명되었다. 고종은 틈만 나면 그를 궁궐로 불러들여 서양에 대한 이야기를 들었고, 사소한 일상사까지도 미주알고주알 캐묻곤 했다.

"당신은 궁궐에 들어올 때 무엇을 타고 오는가?"

"보통 걷거나 인력거를 타지만 오늘은 자전거를 타고 왔습니다."

그 말을 들은 고종은 에비슨에게 자전거에 대해 자세히 물은 뒤 잘 이해가 되지 않았던지 시종에게 그의 자전거를 가져와보게 했다. 곧 대령한 자전거를 고종은 자세히 살펴본 다음 물었다.

"바퀴가 두 개뿐인데 어떻게 넘어지지 않는가?"

"처음에는 균형 잡기가 어렵지만 오래 타면 넘어지지 않습니다."

고종의 질문이 계속되자 에비슨이 외투 자락을 접고 안장에 앉아 궁궐 내정을 빙글빙글 돌며 자전거 타는 모습을 보여주었다. 그러자 고종은 손뼉을 치며 매우 즐거워했다. 에비슨은 황제가 행여 자전거를 타보자 할까봐 마음 졸였다고 한다.

1895년 여름, 서울에 콜레라가 창궐해 수많은 사람이 목숨을 잃었다. 에비슨은 방역 사업의 총지휘자가 되어 65퍼센트 완쾌라는 엄청난 성과를 거둔다. 치료 과정에서 병상이 부족해 어려움을 겪었던 그는 더 크고 근대화된 병원 설립이 절실함을 느꼈다. 그러나 궁핍한 한국 정부에 예산을 기대하기는 어려웠다. 하는 수 없이 그는 미국에서 후원자를 물색하기로 마음먹는다.

세브란스병원의 창립

1900년 미국에서 안식년을 보내던 에비슨은 오하이오 출신의 석유회사 중역 세브란스에게 후원을 요청한다. 세브란스는 한국의 새 병원 설립 기금으로 1만 달러를 쾌척했다. 1901년 한국에 돌아온 에비슨은 남대문 전철역 바로 건너편에 토지를 구입하고 1902년부터 건

조선 정부로부터 제중원 운영권을 이양받고, 미국인 부호에게 후원받아 서양식으로 지은 세브란스병원의 모습.

물을 짓기 시작한다.

1904년 9월 23일 구리개에 있던 제중원을 새로 지은 건물로 이전한다. 이어 세브란스기념병원으로 개칭하고, 병원장이 된다. 그때부터 에비슨은 한국인 의사 양성을 목표로 의학서적을 번역하고 세브란스 의학전문학교를 설립하여 한국 최초로 의학 교육을 실시한다. 그 결과 1908년 7명의 한국인 의사가 탄생한다.

1915년, 언더우드는 현재 연세대학교의 전신인 조선 기독교 전문학교의 문을 연다. 고등교육 이후 최초의 대학 교육이 시작된 것이다. 이듬해 그가 사망하자 새로운 학장으로 부임한 에비슨은 1934년까지 봉직했다. 1932년 6월 일흔두 살의 에비슨은 미국 북장로회 선교사에서는 은퇴했지만, 세브란스 의학전문학교와 연희전문학교의 요청으로 1934년까지는 명예교장으로 재임했다. 세브란스 의학전문학교의 경우 후임으로 한국인 오긍선吳兢善이 임명되자 후임자

1935년 은퇴 후 귀국하는 에비슨 부부. 12월 2일 부산행 기차를 타러 나온 서울역에는 전송객 1000여 명이 몰렸다.

에게 부담을 주지 않기 위해 그는 귀국을 결심한다.

미국으로 귀국한 지 반 년 만에 아내가 뉴욕에서 사망한다. 그 후 플로리다 주의 세인트피터스버그에 거주하다가 1956년 8월 29일, 96세를 일기로 세상을 떠났다.

에비슨 부부는 모두 10남매를 낳아 7명을 키웠는데, 큰아들 고든은 YMCA 선교사로 북한 지역에서 농촌 선교를 했으며, 딸 레라도 선교 사역을 했다. 그의 후계자는 1893년 부산에서 태어난 아들 더글러스 에비슨이다. 그는 토론토 의대를 졸업하고 한국에 건너와 목회 활동을 하다가 아버지의 뒤를 이어 세브란스병원장이 되었다.

장로가 된 백정 박성춘

"박사님, 이제 아들놈이 어른이 되었으니 병원으로 데려가 사람으로 만들어주십시오."

1900년 봄, 백정 박성춘은 갓 열다섯 살이 된 아들 박서양의 결혼식에 에비슨을 초청한 뒤 그의 두 손을 부여잡고 간청한다.

당시 천민 중의 천민인 백정의 아들로 살아온 박서양은 교회 학당에서 받은 교육 외에는 아무런 교육도 받지 못했다. 에비슨은 그를 병원으로 데려가 청소와 침대 정리 등을 시키며 자세히 관찰했다. 에비슨은 박서양의 성실성을 확인하고 1900년 8월 30일 의학반 정규 과정에 입학시킨다.

박성춘은 본래 서울 관자골(지금의 종로구 관훈동)에 살던 백정으로, 박서양의 어릴 때 이름은 봉출이었다. 아들에게 자신의 비참한 신분을 물려주고 싶지 않았던 박성춘은 그를 가까운 천주교 학교에 보냈다. 그런데 천주교 학교가 수업료를 요구하자 무료로 아이들을 가르치던 개신교 학당에 보냈지만 예배는 허락하지 않았다. 이런 박성춘의 인생은 곤당골(지금 중구 을지로 1가) 교회에서 무어Samuel Forman Moore, 毛三栗 선교사와 만나며 새롭게 태어난다.

무어는 미국 북장로회 선교부 소속으로 한국에 들어왔다. 1893년 3월 19일, 그는 곤당골에서 노방전도路傍傳道를 하던 16명의 교인과 함께 곤당골 교회를 설립한다. 곤당골에는 소수의 백정이 모여 살았고, 그중 일부는 교회에 나오기도 했다.

백정의 아들로 태어나 한국 최초의 의사가 된 박서양. 에비슨의 제자였던 그는 후배 양성과 조국 독립에도 앞장섰다.

1894년 동학농민운동이 일어나고, 7월에는 청일전쟁이 발발한다. 전쟁 말기 서울에는 콜레라가 창궐해 하루에도 수백 명씩 죽어갔다. 박성춘도 병에 걸렸고, 이를 보다못한 아들 봉출은 무어 선교사와 제중원 의사였던 에비슨을 데려온다. 박성춘은 황제의 주치의가 자신을 진료해준 데 감격해 봉출이 교회에 나가는 걸 허락하고 이름도 '상서로운 태양'이라는 뜻의 '서양瑞陽'으로 바꾸었다. 병이 낫자 자신 역시 곤당골 교회에 성심껏 나갔다.

곤당골 교회는 이후 구리개를 거쳐 승동(지금의 인사동)으로 옮겼다. 1911년, 무어는 교인의 투표를 통해 세례 받은 지 1년 이상 되고 만 30세가 넘은 신도 가운데서 한국인 장로 1명을 선출한다. 당선자가 바로 백정 출신 박성춘이었다. 그때 백정은 거지보다 낮은 최하층 계급으로, 호적에도 오를 수 없는 무적자였다. 갓과 망건 착용은 말할 것도 없이 금지되었고, 인구조사에서도 제외되었다. 그런 백정이 장로가 되자 양반 출신 신도들은 교회를 뛰쳐나가 홍문수골(지금의 광교 부근)에 교회를 세운 다음 따로 예배를 드렸다.

"우리가 어찌 천한 것을 윗분으로 모실 수 있겠는가."

박성춘은 그런 신분 차별에도 굴하지 않고 장로직을 열성으로 수행했으며 경충노회京忠老會 재정위원이라는 임원직을 맡는 등 활발한 활동을 벌였다. 1898년 10월에는 독립협회에서 주최한 관민공동회의 연사로 나서기도 했다. 무어와 에비슨, 박성춘은 내각총서로 있던 유길준兪吉濬에게 장문의 탄원서를 보내 '백정 차별 금지법'을 공포하고 백정도 '갓과 망건을 쓰고 다닐 수 있게 허락해달라'고 요구한다.

이 요구가 관철되면서 조선이 개국한 이래 500년 동안 단 한 번도 써본 적 없던 갓과 망건을 쓰고 백정도 예배를 드릴 수 있게 되었다. 1914년, 흥선대원군의 친척 이재형이 승동교회의 장로가 되어, 백정과 왕손이 동등한 입장에서 당회를 하는, 당시에는 상상할 수 없는 장면이 연출되기도 했다.

수제자 박서양, 나라를 고친 큰 의사

1904년 에비슨은 세브란스병원을 열면서 세브란스병원의학교를 세워 학생들이 현대식 병원에서 충분히 임상 실습을 할 수 있게 했다. 학생들은 간단한 수술은 물론이고 외국인 선생의 감독하에 절단술 등 일부 큰 수술을 독자적으로 할 수 있는 실력을 갖춘다.

1908년에는 내과, 외과, 산과 필수항목을 100개의 문제로 만들어 학생을 대상으로 졸업 시험을 치렀다. 그때 박서양을 비롯해 시험에 응시한 김필순, 김희영, 신창희, 주현칙, 홍석후, 홍종은 등 7명의 학생이 평균 83점으로 모두 합격했다. 그해 6월 3일, 세브란스병원의학교는 첫 졸업생을 배출한다. 에비슨이 의학 교육을 시작한 지 10년 만의 성과였다. 이들은 졸업식 다음 날 내부 위생국으로부터 한국 최초의 의사 면허증 '의술개업인허장醫術開業認許狀'을 받았다. 7명의 졸업생 가운데 주현칙을 제외한 6명은 의학교에 남아 후배 교육을 담당했다. 박서양도 졸업 직후 화학과 해부학 교수가 되어 후진 양성과 서양 의학 토착화에 공헌했다.

1910년 한국이 국권을 빼앗기자, 박서양은 1917년 학교를 사임하고 간도 연길현으로 가 구세의원을 개업한다. 의료 환경이 열악한 그곳에서 박서양의 역할은 막중했다. 연세대학교 의사학과 박형우 교수의 논문 〈박서양의 의료 활동과 독립운동〉을 보면 1924년 연길현에는 한국인 15만여 명, 일본인 1400여 명이 거주하고 있었다. 그

1908년 조선 최초의 서양식 의학 교육기관을 통해 배출된 조선인 의사 7명. 가운데 줄 오른쪽이 박서양이다.

런데 의사는 한국인과 일본인을 합쳐 52명뿐이었고, 대부분이 한의사였다.

일본 측 조사 자료에 따르면 당시 연길현에서 한국인이 경영하는 병원은 구세의원이 유일하다. 박서양은 1년에 1만여 명의 환자를 진료했는데, 그중 3분의 1이 무료 진료를 받았다. 그는 의료 사업과 동시에 교회를 설립해 얼마 후 장로가 되었고, 교육의 필요성을 절감하고 초등교육기관 숭신학교를 세워 교장으로 봉사했다. 또 국내 삼일운동에 호응해 만주 지역에서 조직된 독립운동 단체인 대한국민회에 적극적으로 가담, 군사령부 군의로 활동하기도 했다.

1931년 만주사변 이후 일제는 만주에서도 직접 지배를 통해 독립운동의 통로를 봉쇄한다. 이듬해 숭신학교는 '불온사상을 고취한다'는 이유로 폐교 당한다. 1936년 귀국한 박서양은 황해도 연안읍에서 의료 활동을 한다. 그해 12월 15일, 박서양은 해방을 보지 못하고 세상을 떠났다. 2008년, 뒤늦게나마 대한민국 정부는 크게 알려지지 않았던 박서양을 독립 유공자로 선정해 건국포장을 추서했다.

박서양은 백정의 아들로 태어나 당대 최고의 엘리트인 의사로 변신했지만, 현실의 풍족함에 안주하지 않고 후배 양성과 조국 독립을 위해 헌신했다. 수많은 조선의 엘리트가 근대 문명을 수용한다는 명분하에 일제의 침략을 용인하고 협력한 사실에 비추어볼 때 너무나 대조적인 모습이다. 에비슨과의 인연으로 아버지 박성춘과 아들 박서양은 신분 상승을 이루었지만, 개인의 영달에 머물지 않고 겨레의 미래를 위해 자신을 버릴 줄 알았던 실로 참다운 한국인이었다.

아라비안나이트는 꿈이 아니었다

조선 개화의 전 부문을 주도한 파울 묄렌도르프

1883년은 조선이 개화의 첫발을 내디딘 역사적인 해다. 그해 3월 6일 태극기를 국기로 정하고, 해관海關을 창설해 교역국들로부터 관세를 징수하기 시작한다. 6월 27일에는 기기국機器局에서 군기軍器를 제조했고, 공주의 우두국牛痘局에서 지석영이 종두법을 가르쳤다. 8월 17일 저동에 박문국博文局(조선 후기 신문·잡지 등의 편찬과 인쇄를 맡아보던 출판기관)을 설치해 10월 31일부터 한국 최초의 신문 〈한성순보漢城旬報〉*를 발행했다. 이와 같은 개화의 최전선에 독일인 묄렌도르프가 있었다.

묄렌도르프는 1882년 12월 26일 통리아문統理衙門 참의에 임명되

------

* 음력 초하루부터 10일 간격으로 발행되는 순간旬刊이었는데, 관보이면서도 신문과 잡지의 성격을 띤 종합지였다.

** 해관은화 1테일은 은銀 37.783그램으로 1량兩의 무게에 해당한다. 1.54멕시칸 달러의 가치를 지녔다.

파울 묄렌도르프

Paul George von Möllendorf(1848~1901)

한자명 목인덕穆麟德. 주청駐淸 독일 영사관에서 근무했다. 1882년 임오군란 후 급박한 주변 정세에 대응하고 각국과의 수교 및 상업 사무를 처리하기 위해 초빙한 조선 최초의 외국인 고문이다. 해관 신설 등 통상무역 업무를 총괄했으며, 거문도 사건 해결을 위해 적극적으로 나섰다. 그의 활동을 눈엣가시로 생각한 주변국의 압력으로 결국 해임되어 조선을 떠난다.

면서 서양인으로서는 최초로 한국의 고위 관리가 되었다. 당시 그의 월급은 해관은화Tael** 300량이었다. 이듬해 1월 12일 통리교섭통상사무아문이 창설되고 협판協辦으로 승진한 그는 해관과 변관邊關 업무를 총괄하는 정권사征權司의 책임자가 되었다.

그때부터 목참판穆參判으로 불리게 된 묄렌도르프는 민영익閔泳翊과 함께 상하이에 가서 해관 요원을 확보한 다음 그해 4월 24일 조선 해관을 창설한다. 고종으로부터 임오군란 때 살해된 민겸호의 박동 저택을 관저로 하사 받은 묄렌도르프는 그곳을 조선 해관 본부, 서재, 외국 여행객을 위한 숙소로 삼았다. 사람들은 그곳을 용동궁 혹은 박동궁이라고 불렀다.

고종으로부터 개화의 전권을 위임 받은 그는 연좌제와 같은 봉건적인 법률제도 개선에 힘을 기울이는 한편, 매춘을 금하는 등 사회 정화에도 힘썼다. 그러나 낙후된 조선이 진정한 독립을 이루려면 유능한 인적 자원 개발과 근대적인 산업 육성이 급선무였다.

묄렌도르프는 1883년 8월, 도쿄대학에 와있던 독일 키일대학의 지질학 교수 고트셰K. Göttsche를 초빙해 한반도 전역의 지하자원을 탐사하고 유리 공장을 개설했으며, 새로운 화폐제도를 도입한다. 우정국 창설, 외국과의 통신 왕래를 위한 전신선 설치도 서둘렀다. 또 농민에게 경쟁력이 있는 대마와 연초, 아마 재배를 장려했다. 국민교육을 위한 노력도 병행되었다. 그해 10월 1일 한국 최초의 근대식 학교인 동문학同文學을 열고 교사로 토머스 핼리팩스를 맞아들인 그는 장차 1000만 인구에 필요한 초등학교 800개소, 중학교 84개소, 서울에 자연과학, 어학, 공업을 위한 전문학교 설립을 목표로 삼았다.

한미수호통상조약 수립과 함께 1883년 5월 19일 미국 공사 루셔스 푸트가 서울에 부임했다. 묄렌도르프는 그를 적극 환영하면서 많은 도움을 주었다. 하지만 푸트는 그가 병으로 자리를 비운 틈을 타 일방적으로 고종을 설득해 보빙사報聘使(미국 등 서방 세계에 파견된 조선 최초의 외교 사절단) 파견을 성사시켰다. 묄렌도르프는 몹시 배신감을 느끼고 푸트를 멀리한다.

"내 병을 그따위로 이용하다니 참으로 야비하다."

1883년 6월 16일 제물포 해관, 6월 17일 원산 해관, 7월 3일 부산 해관이 연이어 개설된다. 3개 해관의 운영은 총세무사 묄렌도르프 지휘 아래 외국인 전문가에게 맡긴다. 제물포 해관장에 세무사인 스트리플링Alfred Burt Stripling, 원산 해관장에 라이트T. W. Wright, 부산 해관장에 로배트Nelson Lovatt가 임명되었다. 당시 6명의 중국인을 비롯해 미국·영국·독일·프랑스·이탈리아·러시아·덴마크·노르웨이 등 다양한 국적의 서양인 400여 명이 해관으로 임용되었는데 대부

묄렌도르프의 사저에 모인 사람들. 그는 한옥에서 생활했으며 고종이 하사한 관복을 입고 정무를 관장했다.

분 청국 해관에서 실무를 경험한 인물이었다.•

1876년 개항 이후 문호를 연 두 곳의 개항장 부산, 원산으로 일본 상품이 쏟아져 들어왔지만, 관세는 6년 동안 단 한 푼도 받지 못했다. 늦었지만, 해관 설치와 함께 조선은 상품 값의 10퍼센트를 관세로 징수함으로써 비로소 주권국가의 권리를 행사할 수 있었다.

묄렌도르프는 일본과의 통상 절차도 전담했다. 1883년 7월 14일부터 일본 공사 다케조에竹添進一朗와 관세 협상을 벌여 7월 25일 조일통상장정과 해관세칙을 조인하고 11월 3일부터 발효했다. 당시

• 조선 해관은 1883년 설립된 이래 1905년 일제에 운영권을 빼앗길 때까지 외국인에 의해 주도되었다. 22년간 총세무사는 물론 8개소 지방 해관 세무사에 임명된 조선인은 단 1명도 없었다.

조선과 일본이 합의한 일본 상품의 관세율은 미국 화물과 똑같은 8퍼센트 수준이다. 9월 19일부터 개항장에 감리監理를 두어 해관 업무를 감독하고, 10월 8일에는 해관세 수납은행으로 일본제일은행의 각 지점을 지정했다.• 11월 26일, 조선은 영국, 독일과 맺은 통상조약에서 일반 상품의 관세율을 7.5퍼센트 수준으로 수정했다. 이 수정안은 1884년 4월 28일 비준서 교환과 함께 모든 통상국가에 동일한 기준으로 적용되었다.

고독한 이방인의 꿈

묄렌도르프는 1848년 2월 17일 독일 북부 브란덴부르크의 명문 귀족 가문에서 태어났다. 1865년 할레 비텐베르크 마르틴루터대학에서 법학과 언어학, 동양학을 공부한 뒤 법학박사 학위를 취득했다.

"자네, 혹시 중국에 가볼 생각 있는가?"

1869년 군 복무를 마치고 공무원 임용을 기다리던 그에게 친구인 연방정부 인사 담당자 폰 게르스도르프가 중국행을 권고한다. 청국 해관에 독일인 직원이 필요했던 터다. 제안을 받아들인 묄렌도르프는 그해 9월 200파운드의 계약금과 임명장을 받아들고 머나먼 중국 땅으로 향했다. 스물하나의 야심만만한 그는 신세계 아시아가 부

• 당시 조선에는 은행이 없었고 중국의 은행도 진출하지 않았다. 일본제일은행은 일본의 중앙은행이 아닌 사설 은행이다. 때문에 혹자는 묄렌도르프가 비밀리에 관세 취급을 일본 은행에 넘겨준 것이라 주장하기도 한다. 이 위탁계약서는 총 9가지 내용을 담고 있는데, 해관에 납부하는 관세의 취급을 인천·부산·원산에 있는 일본제일은행 분국에서 하고, 사용 화폐는 일본 은화·멕시칸 달러 및 조선 동전으로 하며, 은행 분국을 해관 공소 안에 개설할 수 있도록 하고, 은행에는 1000원에 2원 반, 즉 0.25퍼센트의 수수료 지급, 잠행기간을 10월부터 3개월간으로 하며, 위탁을 중지할 경우 3개월 전 통지 등이 주요 골자다.

와 명성을 가져다주리라 확신했다.

당시 청국 해관은 1868년부터 총세무사로 임명된 영국인 로버트 하트Robert Hart가 영국, 프랑스, 러시아, 노르웨이 등 17명의 유럽인을 지휘하며 전권을 장악하고 있었다. 그 무렵 상하이에는 4000여 명의 유럽인이 살았다.

청국에 도착하자마자 상하이 해관에 배치된 묄렌도르프는 한 달 만에 차 무역의 중심지인 한커우漢口로 전출된다. 꿈과 열정으로 무장한 그는 낯선 중국 땅에 적응하기 위해 최선을 다했다. 오전 10시부터 오후 4시까지는 해관에서 일하고, 돌아와서는 중국어를 배웠다. 언어 습득 능력이 탁월했던 그는 이미 영어, 프랑스어, 이탈리아어, 러시아어, 히브리어 등 8개 국어를 자유롭게 구사했는데, 중국어도 예외는 아니었다. 배운 지 몇 해 만에 중국인과 자유롭게 한자로 필담을 나누고 심지어 사투리까지 알아들었다고 한다.

뛰어난 능력을 지녔음에도 이미 영국인이 장악한 청국 해관에서 독일인 묄렌도르프의 입지는 한계가 있었다. 업무에서 마찰이 일어나자, 그는 한커우 해관장에게 베이징 발령을 요구했다. 하지만 해관장은 그를 외지인 장시 성의 주장九江으로 보내버린다. 때문에 1871년부터 그는 양쯔 강 후미진 계곡, 주장에서 일종의 유배 생활을 해야 했다. 유일한 위안이라면 훗날 한국 생활을 함께한 친구 로배트와 만난 일이다.

“이런 대접을 견디는 것은 모욕적이다. 새로운 일을 찾아보자.”

1874년, 결국 묄렌도르프는 해관에 사표를 제출하고 5월부터 베이징 주재 독일 영사관 임시통역관을 자청했다. 휴가도 연금도 없었고 영사 눈 밖에 나면 언제든 해고될 수 있는 계약직이었다. 근무지도 일정치 않아서 마카오, 베이징, 톈진, 상하이 등 공관의 통역이 비는 곳이라면 어디든 불려다녔다.

'이렇게 몇 년 일하다 보면 정식 외교관으로 임용될 수 있겠지.'

묄렌도르프는 이런 생각으로 울분을 삭혔지만, 독일 외교부는 좀처럼 그에게 기회를 주지 않았다. 1876년 다행히 정식 통역관이 되지만 신분은 여전히 불안했다. 잦은 이사와 전근에도 학구파였던 묄렌도르프는 베이징에서 독일의 상법을 중국어로 번역했고, 중국의 언어와 역사, 법률, 철학 등을 연구해 《중국도서목록편람》, 《만주어문법》, 《만주어명문선》 등의 저서를 펴냄으로써 중국 전문가로 변신하는 데 성공한다. 그 무렵 중국에 온 동생 오토 묄렌도르프가 큰 힘이 되어주었다.

새로운 이정표, 이홍장과의 만남

1879년 8월, 상하이에 머물던 묄렌도르프는 독일 외교부로부터 고대하던 톈진의 대리 영사 발령을 받았다. 그러나 후임 통역관이 병에 걸려 본국으로 돌아가는 바람에 임명이 취소된다. 8년 동안의 기다림이 수포로 돌아가자 낙담했지만 9월에 다시 톈진의 대리 영사로 임명되어 한숨 돌렸다.

그러나 임지에 도착한 그는 또다시 한숨을 내쉴 수밖에 없었다. 전담 통역관이나 비서도 지원 받지 못했을 뿐만 아니라 휴가 중이던 공사관 통역관 아렌트 대신 베이징 대리 업무를 봐야 했다. 피곤한 나날이었지만 톈진 생활은 그에게 새로운 세계로 가는 이정표가 되었다. 청국의 북양 총독 이홍장李鴻章을 만났던 것이다.

1880년 3월 22일, 묄렌도르프는 독일 영사관에서 주최한 황제 빌헬름 1세의 생일 축하 만찬에 이홍장을 초대했다. 희대의 권력자와 풋내기 야심가가 처음 조우하는 순간이었다. 당시 열강에 대항하기 위해 군비 증강에 몰두하던 이홍장은 독일의 우수한 무기와 장비를 수입하고자 했다. 이에 묄렌도르프가 조력함으로써 두 사람은 친밀해진다. 그해 묄렌도르프는 독일의 병기상인 크루프 상사 대리인 멘즈하우젠을 통해 청국에 무기 공급 계약을 알선했고, 중국 최초로 불칸과의 독일 군함 거래를 성사시켰다. 크루프 상사는 예상치 못한 청국의 대규모 무기 주문에 기뻐하면서 묄렌도르프에게 대리점 개설이라는 엄청난 이권을 제안했지만, 그는 공직을 이유로 거절한다.

"나의 목표는 더 높은 곳에 있다. 일개 무역상으로 주저앉을 수는 없어."

당시 묄렌도르프의 역량을 높이 평가한 이홍장은 베를린 외무성에 압력을 넣어 그를 요직에 기용할 것을 종용했다. 하지만 베를린에서는 그와 이홍장의 밀착 관계를 편치 않은 눈으로 바라보았다. 결국 1881년 그를 상하이 주재 독일 영사관 하위직으로 좌천해버린다. 실망한 묄렌도르프는 1882년 7월 독일의 모든 공직을 사임하고 이홍장의 막료幕僚로 들어간다.

"이제 내가 기댈 사람은 북양 총독뿐이다."

그 무렵 조선에 다녀온 마젠중馬建忠이 이홍장에게 개항 이후 혼란을 겪고 있는 그들에게 외무를 조언해줄 인물을 파견하라고 종용했다. 이홍장은 조선의 개화를 도우면서도 청국의 조선에 대한 영향력을 유지해줄 전문가로는 묄렌도르프가 적임이라고 여겼다. 그만큼 동아시아 정세에 정통하고 자신에게 충성하는 외국인이 드물었던 것이다.

"나는 자네에게 부와 명예를 안겨주고 싶네. 그 시기가 올 때까지 조선 국왕의 고문으로 활동해주게. 해관을 설치하고 총세무사로서 능력을 발휘해보게. 이삼 년 뒤, 자네 앞에는 어떤 유럽인도 누리지 못했던 선물이 준비되어있을 걸세."

그해 10월 이홍장의 소개로 조선에서 왕명을 받고 파견된 조영하를 만난 묄렌도르프는 고종의 공문이 도착하는 대로 한국에 들어가기로 약속했다. 청국의 총세무사 하트가 조선 해관 설립을 위해 나섰지만, 이홍장의 막강한 영향력을 이길 수는 없었다.

11월 18일 조영하가 가져온 계약서에 서명한 묄렌도르프는 생소한 조선어 공부를 시작했다. 그가 조선의 요직에 기용된다는 소문이 돌자 많은 사업가들이 앞다퉈 청탁을 해왔다. 선박회사 이화양행의 상하이 대리점 대리인 거빈스는 청국과 조선 사이의 기선 취항을 제의하기도 했다. 묄렌도르프는 훗날 서태후의 오른팔이 되는 중국인 탕샤오이唐紹儀를 조선에 데려가기로 한다. 그가 얼마나 꿈에 부풀었는지는 그의 11월 13일자 일기에 잘 나타난다.

> 오늘 마젠중이 사람을 시켜 내가 프랑스어로 작성해놓은 계약서를 가져오도록 했다. 멀리서나마 서명이 되면, 내가 동아시아에서 가장 기품 있고 영향력이 큰 지위를 하나 얻게 된다. 그 어떤 공사보다도 더 좋은 보수를 받고 동아시아 국가의 그 어느 대신보다도 강력한 지위를 얻는 것이다. 이 어찌 아라비안나이트가 아니겠는가.

오로지 조선만을 위해

"신이 귀국에 와 불러보시니 감축하와 갈력 진심하올 것이니 귀주께서도 강신에 신임하옵시기를 바라나이다."

묄렌도르프는 1882년 고종을 처음 배알하면서 조영하와 함께 연습했던 이 말을 외워 진언했다. 벽안의 외국인이 어눌하나마 조선어로 인사하자 고종은 몹시 기뻐했다. 그런 정성을 인정받은 그는 재임 내내 고종의 절대적인 신임을 샀다. 1882년 11월 17일자 《고종실록》에는 그 일단이 엿보인다.

> 1월 1일, 왕은 변씨를 보내 커다란 녹색 비단 상자를 하사했다. 상자는 은장식과 은테를 둘렀는데 그 안에는 조선의 관리들이 입는 관복 일습一襲이 들어있었다. 축하 인사를 하면서 2품 서열의 관직을 하사했는데, 그것은 현재 차관에 상응하는 지위였다.

묄렌도르프는 이 같은 고종의 신뢰에 부응해 고용계약서 조건 이상으로 조선의 개화에 열정을 쏟았다. 이제껏 은둔의 나라로 알려진 조선의 근대화가 자신의 손에 달려있다 생각하니 벅찬 감격과 책임감이 몰려왔다. 그는 해관 설립과 관세협정 체결, 청국으로부터의 차관 도입, 뽕나무 10만 그루 수입, 상하이–인천 간 정기 항로 개척, 영국·독일·프랑스와의 국교 수립, 전환국典圜局(우리나라 최초의 근대적 조폐기관) 설립, 광산 개발 등 수많은 일을 해냈다. 심신은 고달팠지만 자신의 포부를 마음껏 펼칠 수 있는 조선 생활이 더없이 행복했다.

이때 장차 조선 병탄을 꿈꾸던 일본은 경제적인 압박을 심화시키는 한편 급진 개화파를 부추겨 조정을 배후 조종하려 했다. 깊어가는 조선의 위기 속에서 묄렌도르프는 종이호랑이가 되어버린 청국보다는 남하 정책을 펴는 러시아 세력과 손잡아야 한다고 고종을 설득한다. 은밀히 서구 열강이 경원하는 러시아와의 수교를 서두른 조선은 1884년 7월 7일 톈진 주재 러시아 공사 베베르와 조러수호통상조약을 체결함으로써 일본과 청국의 뒤통수를 쳤다.

한편 그는 조선의 재정고문으로서 민씨 세력으로부터 전폭적인 지지를 받았으나, 임오군란 사후 처리 비용과 개화 비용 문제로 김옥균 등 급진 개화파와는 충돌을 피할 수 없었다. 기실 그가 추진한 당오전當五錢(법정 가치를 상평통보의 다섯 배로 쳐 발행한 화폐)은 물가 폭등으로 별다른 효과를 거두지 못했고, 김옥균이 추진한 차관도 일본 측의 변심으로 지지부진했다. 그들은 똑같은 꿈을 꾸면서 전혀 다른 방법을 추구했던 것이다. 결국 김옥균은 정변을 일으켰다가 일본으로 망명하는 신세로 전락한다.

1885년 1월 일본이 갑신정변 당시 일본 공사관 습격을 문제 삼아 한성조약을 체결하자, 조선은 갑신정변을 해명하고 김옥균 등 일본으로 망명한 쿠데타 주도 세력 송환을 위해 특명전권대신 서상우와 함께 묄렌도르프를 부사 자격으로 일본에 파견했다. 이때 그는 고종의 명으로 주일 러시아 공사 다비도프와 러시아 훈련교관 초빙 문제를 비밀리에 협의한다. 당시 군사교관은 청나라와 일본의 강권 때문에 미국 교관을 초빙하기로 교섭 중이었던 터라 김윤식 등 정부 관리와 청·일 양국의 반발을 초래했다. 그럼에도 이런 그의 노력에 고종 부처는 깊은 신뢰를 보냈다. 그해 4월 유럽으로 휴가를 떠나던 묄렌도르프에게 명성황후는 하 상궁을 통해 서신과 여비를 전한다.

명성황후가 측근인 일등상궁 하씨를 통해 묄렌도르프에게 선물과 함께 보낸 편지가 전해진다. 편지에 담긴 황후의 마음 씀씀이가 따뜻하다.

갑신삼월십삼일 일등상궁 하.

꽃샘추위가 심한데 기운이 평안한지 궁금하고 아가씨도 무탈하신지요. 마침 날씨가 좋으니 축하드립니다. 이 물건들은 중궁 전하께서 섭섭하다며 행채나 보태라고 주신 것이니 받아주십시오. 원로에 평안하고 보중하길 바랍니다.

갑작스런 낙마, 사막의 신기루처럼

1885년 4월, 영국은 거문도에 군함 6척, 상선 2척을 주둔시키고 영국 국기를 게양하는 등 불법적인 군사행동을 감행했다. 러시아가 조선과 손잡고 본격적인 남하 정책을 펴는 데 대한 시위였다.

"이는 조선과의 조약에 어긋날 뿐만 아니라 만국공법으로도 용인될 수 없는 폭거입니다."

급보를 들은 묄렌도르프는 딩루창丁汝昌이 지휘하는 청나라의 함선을 타고 거문도로 가서 플라잉피시 호 선장에게 해명을 요구했다.

이어서 나가사키로 건너가 영국 제독에게 항의서를 제출하고 각국 외교관을 만나 조정 작업을 벌였다. 이로써 조선은 영국으로부터 한반도의 어떤 지점도 점령하지 않겠다는 서약을 얻어내기에 이른다.*

묄렌도르프의 외교적 활약에 자존심이 상한 영국 정부는 조선 정부에 그를 소환, 파직하라고 압력을 행사한다. 영국과 청국의 언론에서도 그가 러시아와 비밀조약을 맺었고, 제주도를 러시아에 팔아넘기려 하며, 해관도 독일인만 중용하는 등 자의적으로 운영한다고 맹공을 퍼부었다. 결국 그는 중국의 압력으로 6월 외무협판에서 해임되고, 7월에는 해관 총세무사에서도 물러나야 했다. 이홍장은 묄렌도르프를 톈진으로 소환한 다음 그 자리에 미국인 데니를 외교 고문으로 파견한다.

졸지에 총신寵臣을 잃어버린 고종은 한숨을 내쉬며 제물포 해관장이었던 스트리플링**을 임시로 총세무사 서리에 임명했고, 10월 14일 미국인 메릴Henry F. Merill, 墨賢理을 호조참의에 제수한 다음 정식으로 총세무사에 발령했다. 메릴이 이끄는 조선 해관 본부 묵관墨館은 10월 교동에 잠시 머물다가 연말에 정동으로 옮겨왔으며, 미국 공사관과 영국 영사관 사이에 자리를 잡았다.

3년 동안의 꿈 같은 권력을 맛본 묄렌도르프는 톈진으로 소환된 이후에도 조선으로 돌아가기 위해 백방으로 손썼으나 각국의 방해공작 때문에 끝내 뜻을 이루지 못했다. 1889년부터 그는 상하이 해관에서 망외의 세월을 보냈다. 청일전쟁과 을미사변 등 멀리서 들려

------

* 묄렌도르프의 외교적인 노력으로 영국군은 2년 뒤인 1887년 2월 거문도에서 철수했다.

** 《승정원일기》 고종 22년 을유 7월 26일자(1885년 9월 4일). '총세무사 목인덕을 감하하고, 후임을 뽑을 때까지 인천 세무사 설필림이 서리하도록 하라.'

거문도 주민과 함께한 영국군(위). 거문도를 무단으로 점거하고 군막과 침목까지 설치한 영국 함대 사령관 도웰William M. Dowell(아래 왼쪽)과 그가 이끌고 왔던 페가수스 호가 정박한 모습(아래 오른쪽).

오는 조선의 비극적인 현실이 그의 마음을 옥죄었지만 할 수 있는 일이 아무것도 없었다.

1897년부터 통계국 국장으로 유럽인이 8명밖에 살지 않는 닝보寧波에 부임한 그는 1901년 4월 20일, 53세의 나이에 심장마비로 사망했다. 청국의 하수인, 친러파 등 그에 대한 평가는 아직도 분분하지만, 조선의 개화를 주도했고 조선의 독립을 위해 헌신했던 그의 뜨거운 삶까지 함부로 평가절하 해서는 안 될 것이다.

중립주의야말로 생존의 열쇠

조선의 평화를 꿈꾼 미국인 고문 윌리엄 샌즈

> 사람들은 조선인을 세상에서 가장 겁이 많은 백성이라고 말한다. …(중략)… 부실한 화승총을 들고 호랑이에게 팔이 닿을 만큼 접근해 쏘아 죽이거나 쇠몽둥이로 때려잡는 그들이 비겁자라는 말을 나는 믿을 수 없다. …(중략)… 조선군은 강화도 포대에서 화승총과 후장포를 가지고 미국 해군과 대치했으며 미군의 총탄이 옷을 꿰뚫어도 물러서지 않고 그 자리에서 죽었다. 그래서 미국의 수병들은 그들을 겁쟁이라고 생각하지 않았다. …(중략)… 조선은 생존할 가치가 있다. 나는 그들을 보면 볼수록 그들 곁에서 인간이 할 수 있는 일이 무엇인지를 알아보고 싶다.

조선의 망국기에 한국에서 친미적 분위기가 형성된 것은 미국의 대외 정책과 별도로 주한 미국 공사의 개인적 역할이 컸다. 그들은 자신에게 주어진 재량권을 십분 활용하여 미국이 한국을 도와주는

윌리엄 샌즈

William Franklin Sands(1874~1946)

한자명 산도山島. 1898년 주한 미국 공사관 일등서기관으로 부임, 이듬해 25세의 나이에 고종의 외교 고문으로 발탁되었다. 한국의 중립화라는 장밋빛 구상을 품었으나, 각국 외교관들과 한국 조정의 부패한 관리들로부터 외면당했다. 제주에서 발생한 이재수의 난을 무혈 진압했다.

나라라는 이미지를 심었다. 비정한 국제사회의 현실 속에서 그것이 설령 백인우월주의에 바탕한 것일지라도 그들은 저물어가는 극동의 작은 제국 한국과 한국인에 깊은 연민을 품고 있었다.

일본이라는 늑대에게 삼켜지기 직전, 이 가련하고 선한 민족의 상황을 어떻게 하면 자신들의 힘으로 바꾸어볼 수 있을지 고민하고 이를 몸소 행동에 옮긴 미국인 가운데 윌리엄 샌즈가 있다. 그는 외국 변리 공사라는 공직에서 물러나 고종의 고문으로 일하면서 무너져가는 한국을 지키려 애쓴 몇 안 되는 외국인 중 한 사람이었다.

미지의 나라 한국에 오다

윌리엄 샌즈는 1874년 7월 29일 워싱턴 동부의 명문가인 샌즈 가문에서 태어났다. 그의 할아버지는 해군 제독으로 멕시코전쟁에 참전했고, 남북전쟁 당시 남군의 해군 소장으로 활약했다. 아버지 역시 해군 제독으로 남북전쟁 때 남군의 초급장교였으며, 아시아함대에서 근무했고, 스페인전쟁 때는 구축함 콜롬비아 호의 선장이었다. 훗날 그는 해군사관학교 교장과 필라델피아 해군기지 사령관을 지내고 예편한 뒤 해군 재향군인회 회장이 되었다.

이런 든든한 배경을 지닌 샌즈는 어린 시절부터 국제적 감각을 익히게 해주려는 부모의 뜻에 따라 유럽으로 건너가 오스트리아의 펠트키르히Feldkirch에서 공부했고, 귀국한 다음에는 조지타운대학에 진학해 예술학사와 법학사 학위를 받았다. 1896년 졸업과 동시에 국무성에 들어간 샌즈에게 칠레의 일등서기관과 도쿄의 이등서기관 자리가 제시되었다.

"자네 같은 인재라면 원하는 대로 발령을 내주겠네."

"그렇다면 일본으로 보내주십시오."

샌즈는 당시 미국인에게 인기 있던 도쿄의 미국 공사관을 선택했다. 스물두 살 청년이었던 그는 일본에 도착하자마자 의욕적으로 일에 빠져들었다. 일본인과 소통하기 위해 산도山島라는 이름까지 짓는다. 그러나 점차 시간이 지날수록 그는 일본과 정상적인 소통이 어렵다는 사실을 깨달았다. 일본의 국가 정책은 그때까지도 사무라이의 방식에 따라 움직이고 그들의 율법에 따라 조율되었다. 이토 히로부미伊藤博文, 오쿠마 시게노부大隈重信, 나베시마 나오히로鍋島直大, 거구의 사이고 다카모리西鄕隆盛 등을 만나면서 그들의 내심을 알아내는 것이 몹시 힘에 겨웠다.

"뭐, 이런 나라가 다 있담! 도대체 말이 통하는 사람이 없어."

잔뜩 기대에 부풀었던 샌즈는 일본에서 근대적인 외교 교섭이 불가능하다는 것을 알고 낙담한다. 그런 샌즈에게 새로운 기회가 주어졌다. 1897년 제25대 미국 대통령으로 취임한 매킨리가 정권을 인수하며 국무성에서 해외 외교관을 재배치했기 때문이다. 도쿄의 공사관 직원들도 새로운 임지를 선택해야 했다. 샌즈가 남미 쪽을 생각하고 있을 때 동료인 록힐William W. Rockhill이 한국행을 권했다.

"조선이 바로 네가 원하는 곳이다. 그곳이 비록 지금은 너무나 무의미한 나라지만, 너라면 거기에서 신선한 외교를 보게 될 것이다. 장갑도 끼지 않고, 향수도 뿌리지 않고, 미사여구도 필요 없는 곳이 바로 거기다. 지금 미국은 조선의 모든 것을 알 수 있는 인물이 필요하다. 우리는 거대한 음모가들이 아닌 보통 사람들로부터 정보를 얻어야 한다."

고무된 샌즈는 국무성에 한국 배치를 청원했다. 가문과 인연이 깊었던 보스턴 출신 상원의원 로지Henry C. Lodge는 매킨리 대통령에게 그를 조선의 영사로 임명하라고 부추긴다. 하지만 샌즈는 무거운 직책을 사양하고 일등서기관에 만족했다.

"저는 아직 어리고 배워야 할 것이 많습니다. 영사직은 나중에 생각해보겠습니다."

1898년 그는 조선 주차 미국 공사관 일등서기관 자격으로 서울에 부임했다. 당시 한국 주재 미국 공사는 선교사에서 외교관으로 변신한 호러스 알렌이었다. 그의 눈에 비친 알렌은 키가 크고 대단히 말라서 링컨 대통령보다 훨씬 홀쭉해 보이고 머리가 많이 벗겨졌으며, 우뚝 솟은 코와 뾰족하고 타는 듯한 붉은 턱수염을 가진 인물이었다.

당시 고종의 전폭적인 신임을 받던 알렌은 이전의 어느 미국 공사보다도 막강한 영향력을 행사하고 있었다. 그의 후원으로 미국인은 운산금광을 개발하고 경인선 철로를 부설하며, 발전소·전구 제조 공장·공중전화·상하수도 시설 등 각종 이권을 독차지했다.

> 나는 여러 곳을 돌아다녀보았지만, 정원이 있는 서울의 공관은 동양에서 경험한 가장 마음이 끌리고 매력적인 곳 중의 하나였다. 조선의 정원에는 내가 세계의 어느 곳에서도 보지 못한 평화로움이 있다. 정원은 그저 조용한 것이 아니라, 맑은 공기를 품은 숲속에는 온갖 새소리가 가득 차있다. 지붕 위에는 까치가 앉고 하늘 높은 곳에서는 솔개들이 지저귀며 수영하듯 난다. 그것은 아일랜드 전설에서 나오는 쉬Shee[•] 혹은 어떤 성지에서 느낄 수 있는 완전한 평화다. 공사관에서 궁궐로 임지를 옮겨야 했을 때 나는 그곳을 떠나기가 싫었다.

이역만리 낯선 타국 땅에 온 젊은 외교관 샌즈를 감동시킨 것은 그를 환영하는 사람들이 아니라 아름다운 미국 공사관의 분위기였다. 그것은 초대 미국 공사 루셔스 푸트[••]와 그 부인의 작품이었다. 1883년 4월 입국한 푸트는 임오군란 이래 흉가로 방치된 정동의 민

• 아일랜드 전설에 나오는 이상향으로 그곳에 사는 시드Sidhe라는 부족에게는 고통이나 죽음이 없다고 전한다.

•• 루셔스 푸트는 새크라멘토 시 재판관과 캘리포니아 주 재판장 등을 역임하고 외교관으로 변신, 칠레 주재 영사를 지냈다. 미국은 1871년 신미양요 때 해군 장교로 참전한 전력을 감안, 그를 한국 공사에 임명했다.

'서울에서 가장 멋진 외국 공관' 미국 공사관에 열강 공사들이 모였다. 알렌 미국 공사, 플랑시 프랑스 공사를 비롯해 독일, 영국, 벨기에, 청나라 공사 들이 보인다.

계호와 민영교의 집을 매입해 공사관으로 삼고, 아내와 함께 마당에 복숭아, 자두, 살구나무 따위를 심고 꽃을 가꾸는 등 정성을 다했다. 샌즈가 부임했을 무렵 미국 공사관은 서울에서 가장 멋진 외국 공관으로 정평이 나있었다.

풋내기 외교관의 혈기

청년 외교관 샌즈는 총영사 알렌의 소개로 고종을 알현했다. 흰 얼굴에 키가 작고 소심한 태도의 고종은 따뜻한 손을 내밀며 그를 반겼다. 퇴궐 후 사람들로부터 고종이 즉위하기까지의 이야기를 들은 샌즈는 새삼 연민의 정을 품었다. 을미사변으로 세상을 떠난 왕비에 대해서도 소상히 알게 되었다. 샌즈에 따르면, 그녀는 심약한 남편을 보호하면서 시아버지 대원군의 억압으로부터 고종을 독립시킨 여걸이었다.

당시 조선 조정은 게으른 아귀들로 가득했다. 파벌을 지어 다투기 일쑤였고, 각국 공사의 영향력에 따라 그들에 대한 예우를 달리했다. 이에 맞추어 외교관들도 자국에 유리한 분위기를 조성하기 위해 아첨과 뇌물을 아끼지 않았다. 누군가 그런 방식으로 조선의 이권을 얻어냈다는 소식을 들으면, 최혜국 대우 규정을 빌미로 비슷한 것을 요구하곤 했다. 조선 내부는 너무나 취약해서 작은 바람에도 금방 무너질 것만 같았다.

샌즈는 고종의 총애를 받는 엄비, 명성황후의 신임을 받는 광부 출신 이용익, 내관의 우두머리인 강석호가 한통속이 되어 제국을 좌지우지함을 알았다. 외교가에서 엄비는 일본보다는 러시아에 기울어있었고, 합리적인 견해를 가지라고 설득할 수 있는 인물이었다. 내관인 강석호는 알렌의 친구이자 왕실 내 친미파의 대표로 알려져 있었다. 이용익은 청렴결백해서 매수당하지 않는 인물이라고 판단했다. 이들이 고종을 세심하게 보호하고 있었으므로 왕실에 대한 모든 음모와 외교는 그 세 사람 모르게 황제에게 접근하는 데 향해있었다.

한국에 부임한 지 얼마 지나지 않아 혈기 방장했던 샌즈는 자칫 국제적인 망신을 살 뻔했다. 1899년 6월 8일 한국을 방문한 프로이센 하인리히Heinrich 왕자와의 불화 때문이었다. 그는 강국의 실력자답게 거친 행동으로 눈살을 찌푸리게 했다. 관례대로 샌즈가 독일공관으로 가서 인사하자 하인리히는 샌즈의 집에 머물던 네덜란드

화가 휘베르트 보스Hubert Vos 내외를 만나고 싶다고 청했다. 그런데 만찬이 끝난 후 숙소로 돌아가기 위해 마차 쪽으로 가던 하인리히가 정색을 하고 그에게 말했다.

"나는 미국 공사나 당신이 아니라 단지 네덜란드 친구를 만나러 가는 것뿐이오."

그의 무례한 태도에 화가 난 샌즈는 낯을 붉히며 대답했다.

"너무 무례한 것 아닙니까? 어떻게 그런 말을 할 수 있지요?"

그 말을 들은 하인리히가 화를 벌컥 내며 주먹을 쥐고 달려들었다. 샌즈도 울컥하는 마음에 앞으로 나섰다. 긴장된 순간, 그 자리에 있던 독일 해군 장교가 왕자의 팔을 부여잡고 샌즈에게 소리쳤다.

"샌즈 씨, 제발 참으시오."

장교는 왕자를 서둘러 말에 태우고 사라졌다. 순간의 해프닝으로 끝났지만, 이로써 샌즈는 서양인이 동양에서 얼마나 오만한 작태를 보이는지 알게 되었다. 하지만 한국인은 그런 서양인을 제대로 다루지도 못하면서 그들이 한국의 친구나 보호자 역할을 해줄 수 있으리라 기대하고 있었다.

조선의 중립화를 꿈꾸다

1899년 프랑스 출신 미국인으로 대한제국 황실 고문직을 맡고 있던 르젠드르Charles W. LeGendre가 급서하고 군사고문 다이William M. Dye 장군까지 귀국해버리자 러시아, 일본, 프랑스, 벨기에 영사관 측은 자국인을 황실에 들여보내고자 분주히 움직였다. 고종은 미국 공사 출신 딘스모어를 기용하고 싶어했지만 그는 이미 하원의원으로 의회에 진출한 상태였다. 어떻게든 미국과 가까워지고 싶었던 고종은 25세에 불과한 미국인 샌즈를 고문으로 초빙했다. 전갈을 받은 샌즈가 국무장관 헤이John Hay에게 자문을 구하자 그는 말했다.

"당신은 정말 재미있는 경험을 하게 될 것이고 많은 것을 얻을 수 있을 것이다. …(중략)… 분명한 것은, 미국 정부가 어떤 상황에서도 당신이 겪는 복잡한 문제에 끌려들어가지 않으리라는 점이다. 당신은 어떤 형태로든 미국 정부나 미국의 영향력을 대표할 수 없다."

미국 정부가 한국에 고용된 미국인 개인에게는 어떤 도움도 주지 않으리라는 것이 헤이의 뜻이었다. 반면 고종은 그를 통해 미국 정부가 호의를 베풀어주기를, 곧 일본과 열강들 사이에서 친절한 중재자가 되어주기를 원하고 있었다. 이렇듯 고문이란 자리 하나에도 상호 간에 입장 차이가 분명했다.

이윽고 샌즈가 그 제의를 수락하자 고종은 공사관 숙소 가까이에 있는 집 한 채와 궁궐 안에 방 하나를 배정해주었다. 그에게는 통역관과 서기 몇 사람, 외국인 학자가 배속되었다. 통역과 중개인 역할을 한 사람은 현상건으로, 프랑스어를 유창하게 구사했다. 고희경은 영어에 능통했고 서구식 생활양식에 익숙했다. 그는 영국 특별사절단 서기관으로 파견되었을 때 보수적인 영국인에게 사랑을 받은 사람이었다. 일본어 통역관은 '검둥이 현'이라는 별명으로 불린 현상건의 사촌형이었다. 샌즈가 관리들과 대화를 하고 글을 쓰면 고희경이 조선어로 번역했고, 다시 현상건이 프랑스어로 번역한 다음 보관했다.

샌즈는 민영환, 민승호, 민영기 등과도 깊은 교분을 맺었다. 내시 강석호도 그와 친했고, 워싱턴에서 생활한 적이 있는 한성판윤 이채

고종의 외교 고문이 된 샌즈의 관저(왼쪽)에서 내다본 서울. 황궁우와 원구단이 한눈에 들어온다.

연李采淵은 죽기 직전 그를 불러 대화를 나누기도 했다. 다이 장군의 보좌관이었던 이학균이나 외부대신 박제순과도 각별한 우의를 다졌다. 당시 그는 러시아와 일본의 전쟁을 내다보며 한국의 안전을 지키기 위해 다양한 방법을 모색했다. 그 결과물이 스위스 같은 중립화 방안이었다. 샌즈는 민영환과 협의하면서 조선의 중립화야말로 강대국의 틈바구니에서 생존할 수 있는 유일한 길이라고 확신했다.

"말뿐인 중립을 부르짖기 전에 국제사회에 내보일 만한 무엇이 필요합니다."

샌즈는 조선이 각국과 절대적인 평화조약을 맺기 위해서는 내치를 안정시켜야 한다고 생각했다. 무엇보다 부패한 행정을 개선하고 교육을 강화하는 일이 시급했다. 또 국세 조사에 기초한 명확한 조세제도의 확립, 공평한 소송법도 필요했다. 샌즈는 친미파와 미국 선교사들에게 교육받은 조선인, 압제에 허덕이는 하층민이 그런 개혁 정책을 지지해주리라 믿었다. 또 대한제국 총세무사 맥레비 브라운John McLeavy Brown 같은 정직한 인물의 협력도 필수적이었다. 그런 노력이 결실을 거둔다면 중립화를 보장하는 국제협약이나 평화 조약을 기대할 수 있으리라는 것이 그의 판단이었다.

이런 샌즈의 장밋빛 구상은 조국인 미국은 물론, 각국 정부 외교관들과 외국인 고문관, 한국 내 부패한 관리의 방해로 벽에 부딪혔다. 일례로 우정국에 배속된 프랑스인 고문관 크레마지Laurent Cremazy는 국제 우편 연맹의 규정대로만 활동하면서 다른 쪽에는 눈길조차 주지 않았다. 전신국의 덴마크인 고문관도 맡은 부서 안에서 자기 일만 했다. 다이를 계승한 프랑스인 군사고문관은 당연히 프랑스 육군의 일원이었다. 전화와 철도는 미국과 일본의 민간인이 개인적으로 부설권을 얻어 경영했다.

이런 상황에서 외국인들에게 샌즈의 개혁 정책은 자신의 이권을 방해하는 불편한 계획일 뿐이었다. 특히 러시아 공사 파블로프Aleksandr K. Pavloff와 일본 공사 하야시 곤스케林權助는 공공연히 샌즈를 공격했다. 그들에게는 한국의 무질서만이 간섭의 구실이 되기 때문이었다. 당시 샌즈에게 동정적인 외교관은 프랑스 공사 플랑시뿐이었다.

그 후 4년 동안 샌즈가 한 일은 개인적인 비리에 맞서고 지방의 무질서를 줄이거나 없애는 일, 무질서를 야기하는 외국인의 자극적 도발을 막는 일, 또는 고종이 조금이라도 평화롭게 지내도록 하는 일, 그리고 이 왕국의 붕괴를 가능한 한 오랫동안 지체시키는 일 등이었다.

장티푸스, 장쭤린을 구하다

샌즈가 고종의 고문으로 활동하던 시기, 한국에서는 독립협회가 자유 민권 운동의 기치를 높이 내걸고 어용단체인 황국협회와 사사건건 맞서고 있었다. 일본인은 이런 한국인끼리의 소요 사태에 교묘히 개입해 상황을 부추겼다. 이는 미국인이 니카라과나 남미의 몇몇 나라에서 혁명에 끼어들어 분쟁을 심화시키는 책동과 비슷했다.

샌즈는 이 분위기가 고조되면 외세 배척을 목표로 조직된 청나라의 비밀결사 의화단의 사례처럼 극단적인 무장투쟁으로 번지지 않을까 염려했다. 당시 연합국은 톈진에서 멀리 떨어져 싸우고 있었으므로 베이징에서 의화단에 포위된 공사관 직원이나 선교사의 생사를 알지 못했다. 샌즈는 그와 같은 반외세의 불똥이 어떤 방식으로 조선에 튈지 몰라 촉각을 곤두세웠다.

그 무렵 만주에는 수많은 마적들이 웅거했는데, 이들은 조선의 북부 지대까지 들어와 노략질을 일삼았지만 의화단과 싸우는 러시아군과 일본군은 상호 충돌을 우려해 진압을 자제하던 터였다. 샌즈는 어명을 받아 이학균 장군과 함께 이러한 북방의 불온한 기운을 제압하기로 마음먹는다.

여러 가지 풍문과 정보를 취합해본 결과, 가장 위험한 마적은 장쭤린張作霖이라는 인물이었다. 그는 훗날 봉천의 유력한 군벌로 내란을 틈타 세력을 떨치다 일본군에 의해 기차에서 폭사했고, 그의 아들은 시안 사건으로 유명한 장쉐량張學良이었다. 그때 장쭤린은 일개 마적이었지만 동학군 지도자 출신의 조선인 부두목과 함께 한국의 북방을 장악하려는 계획을 꾸미고 있었다. 경각심을 품은 샌즈가 북쪽 지방 조사 차 황제에게 출장을 윤허받았는데, 러시아 공사 파

馬賊上りの
滿洲王の野心
喰へない男の張作霖
馬賊の出身
縱橫に怪腕
後の手中に
滿洲大王の
政治の中心
奉天に蟠踞
部下に俊才
側面から見た議會(三)

〈다이쇼일일신문大正日日新聞〉에 실린 장쭤린의 기사. 마적 두목 출신으로 일제의 비호를 받으며 군벌로 성장, 만주 일대를 장악한 이야기를 다뤘다.

블로프가 이에 격렬히 반대했다. 이는 당시 러시아 당국이 일본에 조선을 39도 기점으로 분할통치하자는 제안을 했다는 소문과 관계가 있었다.

샌즈는 진남포까지 연안 여객선을 타고 간 다음 48킬로미터마다 나귀를 바꿔 타며 육로로 올라갔다. 출발한 지 며칠 지나서부터 그는 고열과 어지럼증에 시달렸다. 게다가 낯선 북방의 음식을 삼키지 못했다. 쇠약해질 대로 쇠약해진 몸을 이끌고 그는 북진을 계속했다. 의주에서부터는 바꿔 탈 말이 없어서 도보로 전진해야 했다. 이윽고 북방의 한 마을에서 마침내 장쭤린의 부두목을 추종하는 조선인을 극적으로 만날 수 있었다. 샌즈는 그를 통해 부두목에게 경고했다.

"나는 조선인이 국경 너머에서 중국인과 손잡고 나라를 혼란에 빠뜨린다면 더 이상 조선을 도와줄 수 없다. 상황이 계속되면 군대를 동원할 수밖에 없다. 나는 조선인이 조선인을 죽이는 것을 원치 않는다."

경호원들이 그를 죽이려 했지만 샌즈는 총구를 막았다. 장쭤린과 이어질 수 있는 유일한 정보원을 희생시키고 싶지 않았기 때문이다. 일을 마치고 철도가 부설된 의주에 도착했을 때 샌즈는 고열로 그만 정신을 잃고 말았다. 급히 이학균 장군의 지방 막사로 옮겨진 그는 사경을 헤맸다. 그가 잠시 정신을 차리자 이학균은 부음을 전하기 위해 샌즈의 고향 주소를 받아 적기까지 한다. 다행히 그는 위스키와 날계란을 먹고 기력을 회복했다. 얼마 후 호위병이 운 좋게 미국인 의사를 만나 데려왔다.

의사는 장티푸스에 걸렸는데도 의사 없이 생명을 부지하다니 천행이라며 놀라워했다. 응급처치를 마친 샌즈는 치료도 마다한 채 급히 의주로 돌아오다가 말에서 떨어져 하수구에 처박혔다. 그를 꺼내온 광부들은 그가 죽었다고 보고했다. 장례가 준비되던 중 샌즈는 이학균 장군에 의해 다시 정신을 차렸다. 이렇듯 천우신조로 생명을 부지한 샌즈는 장쭤린 제거 작전을 포기하고 서울로 실려 왔다.

극동을 등지고 라틴아메리카로

누구도 예측하지 못했던 러일전쟁의 결과로 조선의 망국은 멈출 수 없는 대세가 되었다. 샌즈는 조선을 구할 수 있는 마지막 카드로 예의 중립화 방안을 다시 제기했다. 그러나 어떤 열강의 외교관도 그의 말을 들어주지 않았다. 그는 이토 히로부미와 일본 공사 하야시 곤스케를 찾아가 애타게 중립을 부르짖었지만, 이미 병탄을 확정한 상황에서 그의 말은 공허한 메아리에 불과했다.

그 무렵 샌즈는 이토 히로부미가 일본, 조선, 중국을 아우르는 극동 연합을 추진하고 있다고 생각했다. 이 때문에 그는 이토를 세계적인 정치가며 시대의 영웅이라고 추켜세웠다. 이런 관점에서 그는 훗날 안중근이 이토를 사살하고, 자신의 후임자인 스티븐스까지 처단된 일을 최악의 사건으로 규정한다.

1904년 을사조약과 함께 조선의 운명이 결정되자 고문직을 박탈당한 샌즈는 미국으로 돌아가야 했다. 그는 일본 나가사키에서 미군 수송선 토머스 호를 타고 워싱턴으로 갔다. 백악관에서 루스벨트 대통령을 만난 그는 그동안 자신이 파악한 아시아의 정황과 대통령이 아는 정보가 전혀 다르다는 사실에 낙담했다. 극동의 정세에는 관심 없는 국무성 관료들을 보고는 자신의 열정이 부끄러울 지경이었다.

몇 달 뒤 샌즈는 전쟁성 장관인 태프트로부터 연락을 받았다. 파나마 공사로 부임해달라는 내용이었다. 신천지가 눈앞에 다가오자 샌즈는 즉시 아시아에 대한 미련을 버렸다.

"내 모험은 여기서 끝났다. 나는 극동 지역의 지도를 둘둘 말았고, 라틴아메리카를 알기 위해 눈길을 돌렸다."

그 후 샌즈는 파나마, 과테말라, 멕시코 등지에서 근무하다가 사임한 뒤 1909년 결혼했다. 1910년 사업가로 변신한 그는 푸에르토리코와 런던 등지에서 설탕이나 면화 같은 상품을 사고파는 국제무역에 종사했다.

제1차 세계대전이 끝난 뒤 그는 상트페테르부르크에 있는 러시아 포로 송환 위원회에서 일하면서 150만 명의 독일 및 오스트리아 포로 송환 협상에 성공했다. 그 유명세로 스웨덴과 덴마크의 적십자사에서 포로 송환 협상을 계속했다. 또 1922년까지 미국-러시아 국제 협력 협회의 연락관으로 활약하기도 했다.

1927년 그는 모교인 조지타운대학교 외교대학에 세미나 과정을 개설했으며, 멕시코에 가서는 종교와 국가 간의 갈등을 중재했다. 미국 지리학회와 미국 국제법학회 회원으로 활동하기도 했다. 1946년 워싱턴에서 세상을 떠났다. 저서로 격동기 조선의 현실을 기록한 《조선비망록Undiplomatic Memories》과 자서전 《우리의 정글 외교Our Jungle Diplomacy》를 남겼다.

더 읽는 글

이재수의 난을 무혈 진압하다

일찍이 천주교는 조선에서 숱한 박해를 받다가 1886년 조불수호통상조약 이후 종교로 인정받았다. 그러나 한국의 유교 및 토착 종교 세력과 충돌을 빚으면서 1895년부터 10여 년 동안 무려 300여 건에 달하는 분쟁이 일어났다. 그중 가장 큰 사건은 1901년 제주도에서 벌어진 신축교난辛丑教難, 즉 '이재수의 난'이다.

1899년 프랑스 신부 라크루Larcrouts와 한국인 신부 김원영金元永이 제주읍을 근거로 포교 활동을 시작했고 1900년에 무세Mousset가 동참했다. 그들은 고종으로부터 '여아대如我對', 곧 '나를 대하는 것처럼 대하라'는 호조護照를 지니고 있었으므로 관리들도 함부로 하지 못했다. 선교 초기에는 입교자가 적었지만 신부들이 입교자에게 정치·경제적 이권을 부여하자 신도가 900여 명으로 늘어났다. 당시 신부들은 자신의 권력을 남용해 제주에 유배된 죄인 이용호, 장윤선, 이범주, 최형순 등을 임의로 석방하고 교인으로 만들었다. 1901년 3월 17일 김창수 군수가 서주보, 정병조, 이범주를 불순한 일이 있다 하여 투옥하자 라크루 신부가 복사를 보내 따졌다.

"이범주는 교인이다. 형량이 유형 10년에 불과한데 어찌 수감하는가. 빨리 석방하라."

군수가 거부하자 라크루 신부는 쇠끌로 자물쇠를 부수고 감옥 문을 연 뒤 이범주를 끌어내면서 함께 투옥되어있던 서주보와 정병조까지 데리고 나오려 했다. 하지만 두 사람은 천주교도가 아니라며 법관의 명령이 아니면 나갈 수 없다고 거부했다. 그러자 김창수 군수는 혀를 차며 두 사람을 풀어주었다.

그때 군수가 서양인 신부에게 굴복하는 것을 보고 감탄한 사람들이 앞다퉈 입교했다. 그중에는 교리에 감복한 사람도 있었지만, 질 낮은 불량배도 많았다. 신자들은 우상숭배를 타파해야 한다는 교리에 따라 마을의 신목을 베어버리고 신당을 헐어버리는 작폐를 저질러 다른 도민의 원성을 샀다.

한편 관기의 문란과 탐관오리의 출현이 도민의 분기에 불을 지폈다. 1899년 10월 도임한 이상규 목사牧使는 이방 홍우순이 관방을 냉대했다는 이유로 곤장 15대를 치고 투옥했다. 그는 다른 이속吏屬들도 같은 수법으로 추궁해 부임한 지 20일 만에 장전贓錢을 6만 냥이나 거두었다. 그러자 성문마다 목사와 5인 간리의 죄를 묻겠다는 방이 붙었다. 그제야 겁이 덜컥 난 이상규는 횡포를 멈춘다. 이듬해 그는 제주를 떠나면서 그동안 긁어모은 장전 수만 냥을 옮기기 위해 산지포구에 가져갔다가 안렴사按廉使 이도재에게 발각되어 처벌을 받았다.

때마침 조정의 봉세관封稅官이 상황을 악화시키는 조치를 취했다. 1901년 4월 12일 홍서순이 탁지부 훈령을 가져왔는데, 앞서 징세 독쇄관으로 와있던 강봉헌을 봉세관으로 임명하고 어사의 마패를 주어 삼읍의 공토와 생산물을 일일이 조사해 봉세하게 했다. 그러자 강봉헌은 천주교도 불량배를 이용해 갑오년 이후 없어졌던 민포를 추징하고, 가옥세, 수목세, 어장세, 어망세, 염분세, 노위세, 잡초세 등 갖은 명목으로 수탈을 일삼았다. 이 불량배들은 또 이미 판 토지와 가옥을 원가로 돌려받아 고가로 팔고 백성의 재산을 탈취했으며, 타인의 금지에 무단 매장하고, 범법자를 교인이라 하여 빼돌리는 등 갖은 악행을 자행했다.

1901년 정월, 전 훈장 현유순과 오신낙이 대정의 교당에서 매를 맞다가 죽는 사건이 발생했다. 이에 분개한 대정大靜군수 채구석과 유림의 좌수 오대현, 강우백, 제주관노 이재수 등이 상무사商務社라는 비밀결사를 조직, 그해 5월 도민을 규합해 제주읍을 습격한다. 깜짝 놀란 강봉헌은 육지로 도망했다.

상무사의 무력시위에 맞대응하기로 결정한 라크루 신부와 교인은 교도 수백 명을 이끌고 민당을 습격해 오대현, 강박, 마천삼, 강희봉 등 6명을 잡아 제주목에 넘겼다. 15일 대정현에 다다른 일행은 무기고를 부수고 흥분한 군중에게 발포하고 구타했다. 그러자 이재수는 흩어지는 군중을 질타하여 민병을 조직한 다음 제주성을 공격했다. 신부와 교도의 대응으로 40여 명의 사상자가 나오자 민병대는 삼읍 포수 300여 명을 동원해 천주교도 학살에 나섰다. 또 일본인으로부터 양총 50정을 구해 무장을 강화했다.

사태가 악화되자 앞서 감옥에서 풀려난 유배인 정병조와 이용호가 대정군수 채구석에게 민병 해산을 종용했고, 교회 측에서도 5월 20일에 유배자인 교인 장윤선을 목포로 보내 서울 교당에 프랑스 군함 파견을 요청하는 급보를 띄운다.

민병들은 황사평에 진을 치고 성문을 공격했지만 반격이 만만치 않아 물러섰다. 그러자 채구석이 단신으로 황사평에 가서 그들을 달랬다. 하지만 이들은 광양에서 무고한 백성 13명을 살해한 최형순을 인도하라고 요구하며 버텼다. 민병들은 각 마을의 교인과 그 가족을 잡아와 성을 공격할 때 방패막이로 삼았고 작폐가 심한 자를 죽였다. 민병대의 오랜 포위로 땔감과 식량이 떨어진 백성은 신부들에게 성문을 열어달라고 요

신축교난 때 관덕정 앞에서 살해된 천주교도의 시신. 당시 제주도로 출동한 프랑스 군함 함장이 촬영했다고 알려졌다.

구했다. 결국 5월 28일 퇴기 만성춘과 시기 만성원이 성안 여인을 설득해 대포를 뽑아 성 밖으로 내던지고 교인들을 위협한 다음 성문을 열었다. 놀란 두 신부는 급히 동헌東軒에 몸을 숨겼다.

제주성에 들어온 이재수와 민병은 관덕정觀德亭에 진을 친 다음 천주교도 170여 명을 체포해 모조리 학살했다. 이때 최형순도 잡혀와 효수 당했다. 동헌에서 그 광경을 목도한 신부가 흥분하자 이재수가 그들을 죽이려 했다. 그러나 채구석과 김창수가 극력 저지했다.

갑작스런 제주도의 소요 사태에 놀란 고종은 고문 샌즈에게 사태 진압을 명했다. 그 무렵 의화단의 난 진압차 출동한 프랑스의 전함 랄루에트 호와 서프라이즈 호가 제물포항에 도착했다가 선교사 보호 명목으로 신임 목사 이재호를 태우고 제주도로 향했다. 분란의 원흉인 강봉헌도 파직된 대정군수 채구석의 후임이 되어 동승했다.

샌즈는 제주 출신의 통역관 고영희와 일본군 장교를 대동하고 강화 도수비대 중대장 홍순명과 병사 100명을 모아 제주도로 달려갔다. 프랑스군이 상륙하면 애꿎은 백성만 희생될 것이었다. 마침내 프랑스 군함과 기선의 제주행 경주가 시작된다. 5월 31일 군함이 먼저 통과했고 6월 2일 샌즈 일행이 당도했다.

샌즈는 프랑스 함대의 기함 리도터블 호의 제독 포티에Pottier와 참모장 피에르 로티Pierre Loti를 만나 포격을 저지한 뒤 수비대원들과 함께 성벽 아래 있는 산지포에 상륙했다. 제주성에 들어가보니 상황은 심각했다. 성안에 시체들이 가득했는데 목사 관저에는 참혹하게 손발이 잘린 남녀노소 90여 명의 시신이 널려있었다. 반란군은 파괴와 살인을 마친 다음 군함이 나타나자 정황을 살피기 위해 인근 산으로 철수했던 것이다. 학살의 와중에 간신히 살아남은 교인 2명이 신부와 함께 그들을 맞이했다.

제주성은 섬 주민과 반란군, 일본의 어민 등 1만여 명의 성난 군중에 의해 포위되어있었다. 정부군의 수효를 파악하지 못한 민병들은 외곽에서 밤낮으로 후장포와 청동 대포를 쏘아댔지만 성으로 접근하지는 않았다. 신임 목사 이재호는 채구석으로부터 소요의 전말을 들은 뒤 강봉헌의 죄상을 알게 되었다. 그가 민병들에게 사람을 보내 협상을 청하자 그들은 봉세관을 돌려보내고 교회당을 없애며 백성의 죄를 감해줄 것을 요구했다.

상황을 알게 된 샌즈는 반란군에게 편지를 보내 대규모 증원부대가 오고 있지만 현재 병력만으로도 충분히 진압이 가능하다고 위협했다. 그와 함께 수하 병사들과 현지 병사 250여 명에게 총검을 착용하고 성 밖에서 무력시위를 펼치게 했다. 샌즈는 또다시 편지를 보내 서울에 있는 최고법원이 공정한 재판을 약속했다며 반란군 주동자만 체포하면 유혈 참사는 면케 하겠다고 통고했다.

날씨가 개고 섬 주변을 배회하던 프랑스 군함을 목격한 반란군은 겁에 질렸다. 바다 멀리 일본 군함도 동정을 살피고 있었다. 6월 10일, 찰리사察理使 황기연과 참령參領 윤철규가 강화병 100명, 수원 진위대 100명, 순검 13명과 함께 상륙했다. 그들은 어명에 따라 제주군수에 홍희, 대정군수에 허철, 정의군수에 유극환을 임명하고, 소요에 관련된 교인을 비롯해 강봉헌, 이용호, 이범주, 장윤선 등을 모조리 체포했다.

이튿날, 자신들의 요구가 관철된 것을 안 민병 지도자 이재수, 오대현, 강우백, 김남학 등이 자수했다. 군중도 구식 무기를 버리고 모두 항복했다. 6월 13일, 사건이 마무리되자 샌즈와 김창수는 현익호를 타고 제주도를 떠났다.

그해 10월 9일 서울에서 채구석, 오대현, 강우백, 이재수 등 13명의 민병 지도자에 대한 재판이 열렸다. 우리나라에서 처음 열린 서양식 재판이었지만, 프랑스의 압력으로 애초부터 공정한 재판은 기대할 수 없었다. 이재수, 오대현, 강우백은 사형, 김남학과 조사성은 징역 15년, 고영수, 이원방은 징역 10년에 처해졌다. 채구석도 사형이 언도되었지만, 소요에 대한 배상금 청산 책임자로 임명되어 1902년 석방되었다.

샌즈는 훗날 이 민란의 근본 원인은 과도한 세금이었고 천주교도 학살은 단지 부수적인 문제였을 뿐이라고 술회했다. 프랑스 정부는 제주도에 대한 포격을 막고 자국 신부를 보호했으며 조선에서 의화단 운동과 같은 사태를 예방했다는 명목으로 그에게 프랑스에서 가장 명예로운 훈장인 레종 도뇌르를 수여했다.

조선 사람의 미래는 영어에 있다

한국 최초의 영어 교사 토머스 핼리팩스

아무래도 19세기 후반은 한국 최초라는 기록이 많이 나타날 수밖에 없는 시기다. 그 가운데 오늘날 영어 교육 열풍의 선구자라 할 최초의 영어학교, 최초의 영어 선생도 있다. 오늘날까지 국제어의 대표주자로서 위세가 당당한 영어, 백 년 전에도 개화의 필수과목이었던 영어의 한반도 상륙작전은 어떻게 전개되었는가.

1883년 3월 22일 나가사키에 있던 영국 영사관 이등영사 헨리 보나Henry Bonar는 고베 주재 영국 영사 애스턴과 함께 제2차 한영통상조약 준비를 위해 제물포에 도착했다. 그때 보나는 우연히 북한산 주변에서 소규모 군사훈련 장면을 목격했는데, 기이하게도 두 명의 한국군 장교가 청색 군복 차림의 좌군 소속 병사들에게 영어로 명령을 내리고 있었다. 그 장교들은 위안스카이의 휘하인 이조윤과 윤태준으로 밝혀졌지만, 그들이 왜 영어를 사용해 병사들을 훈련시켰는지는 아직까지 밝혀지지 않았다.

토머스 핼리팩스

Thomas Edward Halifax(1842~1908)

한자명 해래백사奚來百士. 조선 정부에 고용돼 조선인에게 영어를 가르친 국내 최초 공식 영어 교사다. 본래 일본에서 전신 회선 기사로 일했고, 일감이 떨어진 후에는 선원 생활을 했다. 그의 이런 이력은 묄렌도르프의 추천으로 동문학 교장에 취임할 때 걸림돌이 되기도 했다. 3년간 동문학 교장직을 수행했고, 관립한성영어학교에서 13년간 근무했다.

그로부터 5개월 뒤인 1883년 8월 1일, 경복궁과 창덕궁 사이에 있는 통리교섭통상사무아문統理交涉通商事務衙門, 즉 외아문 구내에 동문학同文學이 설치되었다. 외국과의 교섭이 증대되면서 외국어 통역관을 양성하기 위함이었다. 학생은 주로 양반과 고위 관리의 자제들이었는데, 학비는 물론 점심과 문구류를 포함한 교육비 일체를 정부에서 부담했다. 같은 시기에 개항장인 원산에서도 영어와 신교육의 필요성을 느낀 주민들이 원산학사元山學舍•를 설립하고 정부로부터 인가를 받았다. 바야흐로 개항의 물결이 한국의 전통적인 교육체계를 뒤흔들고 있었다.

• 원산학사는 동문학과 함께 우리나라 근대 교육의 효시다. 학습 기간은 1년이었고, 설립 초기에는 문예반과 무예반으로 나누어 250명을 입학시켰다.

동문학과 핼리팩스의 인연

우리나라 최초의 국립 고등교육기관으로 문을 연 동문학은 중국의 동문관同文館을 본떠서 만든 것으로, 초기에 영어학숙만 문을 열었는데 학생수는 40명 정도였다.

동문학의 초기 멤버는 장교掌敎에 김만식金晩植, 교사에 중국인 오중셴吳仲賢과 탕샤오이•였다. 두 중국인은 묄렌도르프가 차관 교섭과 해관원 선발을 위해 중국에 갔다가 귀국할 때 데려온 사람이었다. 그러나 언어학자였던 묄렌도르프는 더 정확한 영어를 구사하고 학생을 지도해본 경험이 있는 전문 교사를 원했다. 그런 면에서 영국인 핼리팩스가 적격이라 판단했다. 그의 아내 로잘리 묄렌도르프 Rosalie von Möllendorf는 그녀의 자서전에서 당시의 정황을 이렇게 기록했다.

> 1883년 봄, 국민교육에 관한 기본 방침이 완성되었다. 1천만 인구에 필요한 800개소의 초등학교, 84개소의 중등학교, 그리고 수도에는 자연과학, 어학 및 공업을 위한 전문학교를 설립해야 했다. 이미 여름에 영어교사 핼리팩스가 기선 편으로 왔다. 그는 가족과 함께 새로 설립된 학교에 부임했다.

한국 최초의 영어 전문 교사가 된 토머스 핼리팩스는 영국 출신

• 탕샤오이는 1873년 13세의 나이로 미국에 가서 코네티컷 주 하트포드에서 고등학교를 졸업하고 컬럼비아대학교에 입학했다. 1881년 중국으로 돌아온 뒤 1882년 12월 총세무사 묄렌도르프의 조수가 되어 한국에 건너왔다. 그는 1908년 청의 마지막 황제 '푸이溥儀'가 제위에 오르자 피휘避諱를 위해 자신의 본디 이름 마지막 자인 '儀'를 같은 발음의 '怡'로 바꾸었다. 그는 1911년 신해혁명 이후 중화민국 최초의 총리를 역임했다.

으로 1871년 일본에 들어와 6년 동안 전신 사업을 감독했다. 1877년 일이 끊기자 선원이 되어 태평양을 떠돌다가, 2년 뒤 다시 일본으로 돌아가 도쿄에서 영어 교사로 일했다. 5년 뒤인 1883년 초 묄렌도르프가 그에게 한국의 전신 사업을 제안하자 일본인 아내와 어린 딸을 현지에 두고 홀로 한국에 들어왔다. 하지만 한국은 아직 전신 체제를 시행할 만한 기반 시설이 전무했다. 갑자기 할 일이 없어져 생계를 걱정하던 핼리팩스에게 묄렌도르프가 동문학의 교장직을 제안했다.

"일개 선원 출신에게 교장 자리라니 너무 심한 것 아닌가요? 더군다나 영어 교수법도 독학으로 익혔다면서요."

그의 취임이 임박하자 일부 서양인이 그의 이력을 걸고 넘어졌다. 하지만 찬성하는 쪽에서는 영리하고 극동 지역에 정통한 인물이란 점을 높이 평가했다. 묄렌도르프의 전폭적인 지지를 받아 동문학을 맡은 핼리팩스는 한국 생활 초기에 제한된 행동 반경과 높은 식료품 가격 때문에 고생했다. 그러나 곧 매달 150달러라는 비교적 높은 임금을 받으면서 교습에 몰두할 수 있었다.

동문학은 통역학교 이상의 고등교육기관이었고, 학생은 초등교육과 중등교육을 마친 15세 이상의 양반집 자제들로 구성되었다. 그들은 졸업한 뒤 통역관이 아니라 조선의 개화를 직접 견인하는 실무자로 활약하게 되어있었다. 1884년 3월 19일 발행된 〈한성순보〉 제15호에는 '영어학도근황'이라는 제하로 동문학에 대하여 다음과 같이 보도했다.

> 통상아문에서 동문학 영어학숙을 개설하고 생도를 모집했다. 작년 7월 영국인 해래백사奚來百士를 초빙하여 교사로 삼았는데, 일본어

까지 통하는데다 학술도 있고 교수법이 좋아 생도들이 점점 발전일로에 있다. 현재 인원은 29명이고, 도강都講시에 우등생도 나왔다. 본 아문에서 반채飯菜(음식), 신수薪水(봉급), 등촉燈燭(등과 촛불)을 대주고, 기숙사에서 생활하므로 한 사람도 노는 사람이 없다. 지필묵은 생도 자신이 준비해야 하고, 교과서와 서양 종이와 필기구는 본 아문에서 준비하여 공급하므로, 주야로 공부에 열중하여 조금도 게으름이 없다. 교학규례는 생도를 반으로 나누어, 오전과 오후에 수업하고, 하루는 장어長語와 단어短語, 문장 해독과 변통하는 법을 가르치고 하루는 장어를 빼고, 단어와 서양 필산筆算을 가르치는데, 날로 발전하고 있어 앞으로 여러 곳에 파견하여 견문을 넓힐 예정이다.

1883년 《통서일기統署日記》에는 동문학 어학 생도였던 윤정식과 민상호, 윤시병 세 사람이 각국의 어학을 익히기 위해 상하이와 홍콩으로 떠났다는 기록이 있다. 그리고 1886년 2월 22일자 〈한성주보〉 제4호 기사에도 동문학 학생의 활동이 잘 나타나 있다.

동문학에서는 해마다 음력 6월과 12월에 시험을 보아 우수한 학도를 뽑는데, 그 가운데 우등인 학도 남궁억, 신락균, 권종린, 홍우관, 성익영, 김규희 등은 이미 관官에 임용되었고, 상무商務 교제에 유익함이 있을 것이다. 이철의, 유홍열, 이자연, 송달현 등은 전국電局에 파견하여 학습시키고 있는데, 모두 민첩하고 숙달하여 정식을 임용할 만하다.

그러나 동문학의 역사는 3년으로 끝난다. 고종의 뜻에 따라 1886년 9월 23일 동문학이란 현판을 내리고 육영공원育英公院을 출범시켰기 때문이었다. 핼리팩스도 육영공원에 동참할 예정이었지만 후원자 묄렌도르프가 정부 고문직에서 해임되자 더 이상 학교에 남아있을 수 없었다. 다시 일본으로 돌아간 그는 1890년부터 후쿠시마 현에서 영어 교사로 일했다.

육영공원의 탄생

동문학의 후신으로 1886년에 설립된 육영공원은 1894년에 폐교될 때까지 한국을 대표하는 근대 교육 시설이었다. 1883년 미국에서 돌아온 보빙사 민영익 일행은 고종에게 근대 문명 수용을 위한 근대 학교 설립을 제기했다. 여기에 홍영식, 서광범 등 개화파가 동의하면서 육영공원 설치에 대한 재가가 내려졌다. 1884년, 왕실은 미국 공사 루셔스 푸트를 통해 3명의 영어 교사를 파견해 달라고 미 국무성에 요청했지만, 갑신정변으로 인해 육영공원의 개교는 연기되었다.

2년 뒤인 1886년 7월 미국 선교사 길모어 부부, 벙커Dalziel A. Bunker, 房巨, 헐버트 등이 한국에 들어왔다. 이들은 모두 프린스턴, 오베린, 다트머스 같은 일류 대학을 졸업하고 유니언신학교를 나온 20대 열혈 청년이었다.

1886년 9월 23일, 교사진을 갖춘 육영공원이 드디어 문을 열었다. 학교의 운영이나 학생들의 면면은 이전의 동문학과 비슷했다. 육영공원의 설립 목적은 학칙인 내부의 계사啓辭에 잘 나타나있다. '현금 각국 교제에 있어 어학이 가장 긴급한 일이다. 따로 공원을 설립하고 연소 총민한 자를 선택하여 이습肄習하게 한다'는 내용이었다. 따라서 교수 과목은 주로 영어에 치중하였으나, 독서·습자·학해자법學解字法·산학算學·사소습산법寫所習算法·지리·학문법 등의 초학 과정은 물론, 대산법大算法·제반학법제반역학자諸般學法諸般易學者·만물격치萬物格致와 각국의 언어·역사·정치 등도 포함되었다.

학급의 편성은 젊은 문무 현직 관료 중에서 선발한 좌원左院, 그리고 양반 자제 가운데 어린 학생을 선발해 기숙사에 합숙시키며 가르치는 우원右院 두 반이었고, 정원은 35명이었다. 이완용, 김승규, 윤명식 등이 좌원의 학생들로, 8년 동안 육영공원을 거친 학생은 모두 112명이었다.

육영공원의 교사는 본래 2년 계약직이었지만 3년을 연장해 재직했다. 그러나 정부의 재정난으로 1889년 길모어, 1891년 헐버트가 연달아 귀국하고 1894년 벙커까지 사임했다.* 고종은 알렌을 통해 다시 미국인 교사를 초빙했으나 지원자가 없었다. 정부에서는 어쩔 수 없이 육영공원을 폐쇄하고 영국인 허치슨W. F. Hutchison, 轄治臣에게 학교를 넘겼다.

육영공원은 한국 최초의 관립 근대 교육 시설이었으나 정부 고관 자제만을 수용하는 신분적 제한과 어학 교육을 주로 하는 교육 내용상의 한계, 외국인 교수에 의해 교육되는 특수학교였기에 민족사회에 뿌리내리지 못하고 문을 닫았다. 그런 면에서 배재학당이나 이화학당의 운영과 커다란 대조를 이룬다.

------

* 길모어와 벙커는 얼마 후 다시 한국에 들어와 배재학당 교사가 됐다. 제3대 배재학당 당장을 지낸 벙커는 명성황후의 시의 역을 했던 광혜원(제중원)의 간호사 애니 엘러스와 결혼해 배재학당에서 부부 교사로 지냈고, 엘러스의 동료 릴리어스 홀턴은 언더우드와 결혼했다.

우리나라 최초의 사립학교인 배재학당은 1885년 8월 감리교 선교사 아펜젤러가 앞서 도착한 스크랜턴의 집을 구입해 방 두 칸의 벽을 헐어 만든 교실에서 두 명의 학생을 가르치며 시작되었다. 1886년 6월 고종은 '배재학당培材學堂'이라는 이름을 하사했는데, 그해 10월 학생수가 20명으로 늘었다. 그해에 여성 선교사 스크랜턴 여사가 우리나라 최초의 여성 사립학교를 세웠고, 1887년 명성황후로부터 '이화梨花'라는 명칭을 하사 받았다. 우리나라 근대 교육은 정부와 선교사들의 노력으로 가녀린 싹을 틔우고 있었다.

관립한성영어학교에 뼈를 묻다

그 무렵 일본에 머물던 핼리팩스는 1890년 잡지 〈후소노하나扶桑の花〉에 '조선의 사정'이라는 글을 발표했다. 이 글에서 그는 자신이 겪은 조선의 풍속이 기이하고 아름답다면서 '민족으로서 아름답고 몸이 강하며 강인한 사람들이다. 지니고 태어난 기질도 솔직하고 온순하며 손님을 접대할 때 진심으로 친절하게 대한다'고 조선인을 칭찬했다. 그때까지 조선을 그리워하고 있었음을 알 수 있다.

1895년 5월 핼리팩스는 한국 정부와 영어 교사 계약을 맺고 학부 직할 영어학교 교사로 돌아온다. 그리고 남부 훈도방薰陶坊(지금의 충무로 부근) 초동에 54간 반 크기의 기와집과 200간 공대지가 있는 가옥을 은화 508원에 구입하여 살았다. 1897년에는 딸 애그니스Agnes를 양화진에 묻는 아픔도 겪었다.

1900년 6월 27일 학부령 제11호로 외국어학교 규칙이 발표되었다. 이에 따르면 외국어학교는 일어학교*, 영어학교, 법어학교, 아어학교, 한어학교, 덕어학교 등으로 구분되는데, 수업 연한은 일어학교와 한어학교가 3년이고, 그 외의 학교는 5년이었다. 외국어학교는 만 15세 이상 23세 이하의 신체 강건한 사람 중 시험에 통과한 자만 입학할 수 있었다. 관립이었으므로 수업료도 무료였고 교과서나 지필묵도 무상으로 지원했다. 1년에 2학기, 수업은 하루 5시간이었다. 교사는 외국인 교사를 뜻했고, 한국인 교사는 교관, 부교관 등으로 불렸다. 학교에서는 외국어 외에도 독서, 작문, 역사, 지지地誌 등을 가르쳐 실무에 능한 인재 양성에 주력했다.

봄 학기는 1월 4일부터 하기 휴학일까지로 하고, 가을 학기는 12월 30일까지로 하는데, 여름방학은 60일 이내 겨울방학은 12월 30일부터 1월 3일까지로 했다. 또 명절 휴일은 음력 섣달 25일부터 정월 15일까지, 한식 전날부터 한식일까지, 그리고 추석 전날과 추석 날까지로 정했다.

외국어학교 학생들은 재학 중에도 취직자리가 생기면 학교를 그만두는 일이 잦았다. 프랑스인이 우체국 기술자로 초빙되면서 법어학교 학생이 대거 퇴교했고, 미국인 측량기사가 일본인 기술자와 함께 초빙되자 영어학교와 일어학교 학생 20명이 측량 견습생이 되기 위해 학교를 그만두었다. 아관파천 당시에는 아어학교에 학생들이 몰렸으나 러일전쟁 이후 수효가 격감했다. 마르텔Emile Martel, 馬太乙이 교장으로 있던 법어학교에서는 육교시사六橋詩社 동인 이원긍의

• 그 무렵 일본의 영향력이 확대되면서 일본어의 인기가 치솟았다. 일어학교에서 1910년까지 배출한 졸업생은 190명으로 다른 5개 외국어학교 졸업생을 압도했다. 인천에서도 71명, 평양에서도 63명을 배출한 데다 서울에는 야간부와 속성과까지 생겼다. 1905년에 을사조약 체결과 함께 일어학교 졸업생에게 취직자리가 많이 생겼기 때문이었다.

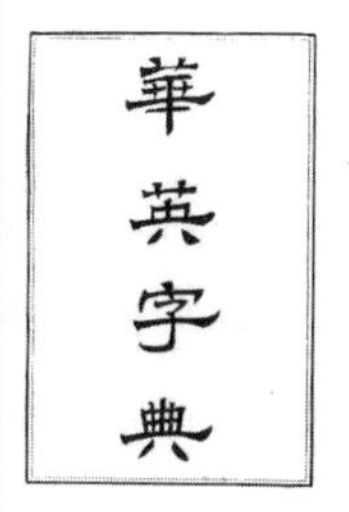

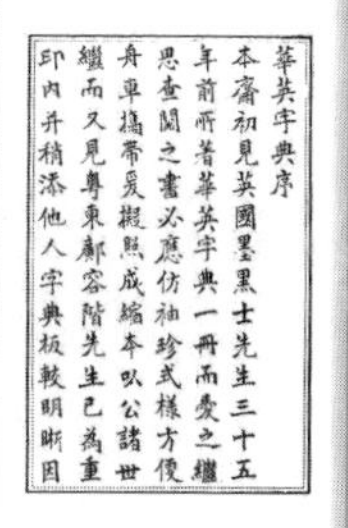
華英字典序
本齋初見英國墨黑士先生三十五
年前所著華英字典一冊而愛之繼
思查閱之書必應仿袖珍式樣方便
舟車攜帶爰擬照成縮本以公諸世
繼而又見粵東鄺容階先生已為重
印内并積添他人字典較明晰因

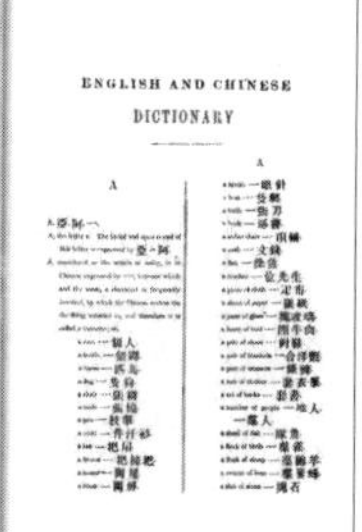
ENGLISH AND CHINESE
DICTIONARY

육영공원에서 사용한 영어사전과 본문. 우리말을 풀이한 영어사전이 없어서 영국 롱맨출판사에서 펴낸 한영漢英사전을 보았다.

아들 이능화李能和가 뛰어난 능력을 발휘하면서 졸업하기 전에 교관으로 임명되기도 했다.

1906년 8월 27일 칙령 제43호로 외국어학교령이 반포되고, 9월 1일부터 시행되었다. 그때부터 외국어학교는 관립·공립·사립의 세 종류로 구분되었고 수업료를 받았다. 수업연한은 본과 3년, 연구과 2년 이내로 했으며, 입학 자격은 상당한 학력을 갖춘 12세 이상의 남성으로 정했다.

외국어학교령 시행규칙에서 하나의 외국어만 가르치는 학교는 그 외국어 명칭을 써서, 영어를 가르치는 학교인 경우 '관립한성영어학교'라고 표기하도록 했다. 한 학급당 학생 수는 50인 이내로 하고, 수신·국어·한문·미술·역사·지리·이과·법제·경제·부기·체조 등을 의무적으로 가르치도록 했다. 또한 1906년 9월 3일 반포와 함께 시행된 칙령 제45호 학부직할학교직원 정원령 제1조에 의거, 교관급 부교관 관립한성일어학교에 8명, 영어학교에 6명, 한어·덕어·법어학교·인천 일어학교에 각기 4명씩, 또 각 학교마다 서기를 한 명씩 배치했다.

당시 핼리팩스는 자신이 봉직하는 관립한성영어학교 운영에 정성을 다했고 외국인을 위해 많은 공헌을 해 신망을 얻었다. 그 과정에서 치부에도 성공해 서울에 10채의 집과 일본과 한국의 우표, 칼 등 귀중품을 수집했다. 무일푼으로 한국에 들어와서 커다란 성공을 거둔 것이다.

1908년 5월 핼리팩스는 13년간 근무하던 영어학교를 그만두었고, 6월에는 정부로부터 공로 상여금과 함께 훈4등에 서임되어 태극장을 받았다. 1908년 11월 24일 조용히 생을 마감한 그는 양화진에 잠든 딸의 곁에 묻혔다. 영국 영사관 옆 성공회 장림성당에서 장례식이 거행되었다. 그날 〈황성신문〉 잡보란에 다음 기사가 실렸다.

> 영어교수 장례, 외국어학교 영어과 교수 할내백스 씨가 3일전 하오 3시에 병으로 서거했는데, 장례는 금일 상오 9시에 정동의 영국야소교당에서 예식을 설행한 후 양화진 외국인 묘지에 출장한다.

더 읽는 글

한국과 일본 국가를 모두 작곡한 프란츠 에케르트

독일제국의 해군 소속 음악가인 프란츠 에케르트Franz von Eckert(1852~1916)는 1902년 〈대한제국 애국가〉를 작곡했다.* 이 애국가는 영국 국가인 〈신이여, 황제를 지켜주소서God save the king〉와 흡사한 내용으로, 군악대 창설과 함께 고종 탄신 50주년 기념일에 연주되었다. 훗날 후렴부 가사 '오천만세에 복록이 날마다 새롭게 하소서'가 '오천만세에 무궁케 하소서'로 약간 수정되었다.

〈대한제국 애국가〉의 작곡 경위를 자세히 설명한 민영환閔泳煥의 〈대한제국 애국가 발문〉에 따르면 에케르트의 애국가는 본디 군가로 지어졌다. 미국 뉴욕 시립도서관에서 발견된 원본 《대한제국 애국가》는 전부 10면으로, 표지에는 '대한제국 애국가'라는 제목 아래 무궁화 문양과 독일어 설명이 부기되어있다. 1902년 왕실 음악 지휘자 에케르트가 한국적인 모티프로 작곡한 '대한제국 애국가'라는 게 그 내용이고, 본문에는 우리말 가사와 독일어 번역문이 실려있다.

프란츠 에케르트는 1852년 4월 5일 독일에서 판사의 아들로 태어났다. 어린 시절부터 음악성이 뛰어났던 그는 음악학교에서 오보에와 음악

------

* 상제여 우리 황제를 도우소서/성수무강聖壽無疆하사/해옥주海屋籌를 산같이 쌓으시고/위엄과 권세를 천하에 떨치시어/오천만세에 복록이 날마다 새롭게 하소서/상제여, 우리 황제를 도우소서

1880년 일본 국가인 〈기미가요〉를 작곡한 프란츠 에케르트. 우리나라 최초로 군악대를 창설했으며, 〈대한제국 애국가〉도 작곡했다.

이론을 전공했다. 장성한 뒤 프러시아 육군 군악대에서 의무 병역을 마쳤고, 빌헬름스 하펜에서 해군 군악대장으로 복무했다.

1879년 3월, 그는 주일 독일 명예영사의 알선으로 독일 해군성을 통해 일본에 파견되어 해군 군악대 교수로 일했다. 그 무렵 일본은 서양음악의 불모지대나 다름없었다. 에케르트는 다양한 서양 악기 연주법을 시작으로 서구식 가락과 화성을 일본 음악계에 전파했다. 그러던 중 1880년 일본 해군으로부터 국가를 작곡해달라는 부탁을 받는다. 〈기미가요君が代〉는 이렇게 세상에 태어났다. 그리고 1880년 11월 3일, 천황의 생일에 황궁에서 처음 연주되었다.

1883년부터 1886년까지 일본 교육성 음악 분과에서 관악과 타악 부문을 맡았고, 1888년 3월부터는 일본 황궁 고전음악부에 근무하며 일본의 공식 제례 음악을 분석했다. 1892년부터 1894년까지 도야마富山 군악대에서 독일 군악을 가르치는 교습소를 운영하기도 했다. 그동안에도 도쿄의 황실 가족을 위한 오케스트라를 조직하고, 초등학생용 음악 교과서를 편찬했다. 1897년에는 메이지 일왕의 어머니 장례식 때 쓸 '깊은 고통'이라는 뜻의 〈가니시미노 기와미悲しみの極み〉를 작곡했다.

일본에 독일 음악을 전파하고 대중화시킨 그는 1899년 건강 악화를 이유로 돌연 독일로 돌아가 프로이센 왕립악단의 단장이 된다.

한편 19세기 말경 대한제국에서는 서양식 군악대 조직의 필요성이 대두했다.

“폐하, 우리나라도 제국의 위상에 걸맞은 악대를 갖추어야 합니다.”

1896년 러시아 황제 니콜라이 2세 대관식 참석을 겸해 영국, 독일, 프랑스, 오스트리아, 미국 등지를 순방한 민영환이 귀국하자마자 고종에게 군악대 설치를 적극 권유했다. 이후 1900년 12월 19일 군악대 설치에 관한 법령이 공포되었고, 군악장, 부참교, 서기, 악공, 악수를 두기에 이른다.

그 무렵 한국 내에는 일본에서 활동했던 에케르트의 명성이 널리 퍼져있었다. 1899년 그가 오랜 일본 생활을 접고 귀국했다는 소식을 들은 외무대신 박제순朴齊純은 독일 영사를 찾아가 그의 한국행을 부탁했다. 1901년 2월 19일 서울에 도착한 에케르트는 3월 19일에 고종황제를 알현했고, 4월 5일 정부와 용빙계약서傭聘契約書를 작성했다.

6월 14일, 군부 소속 군악대 교사로 정식 채용된 에케르트는 한국 최초의 군악대 조직과 창설 작업에 착수했다. 그는 왕실 지원으로 악대 구성에 필요한 각종 악기를 구입하는 한편, 대원에게 서양식 제복을 입히고 악기 다루는 훈련을 시켰다. 당시 관립한성덕어학교를 수석으로 졸업하고 훗날 제2대 군악대장이 되는 백우용白禹鏞이 통역을 맡았다. 군악대는 에케르트의 열성적인 조련으로 불과 4개월 만에 능숙하게 악기를 다루게 되었고, 여러 가지 음악을 자유롭게 연주할 수 있었다. 대원 수도 처음에는 27명이었지만 곧 70여 명으로 불어났다.

군악대 지휘는 에케르트의 수제자 격인 백우용, 강홍준, 김창희 등이 맡았다. 늠름한 제복 차림, 번쩍이는 악기, 정확한 박자, 서양음악의 강렬한 리듬은 난생처음 군악대를 접한 사람들에게 강한 인상을 남겼다. 군악대는 매주 목요일 탑골공원에서 수많은 인파가 운집한 가운데 정기 공연을 했고, 1901년 9월 7일에 있었던 고종의 제50회 탄신 기념식 행사에서도 큰 찬사를 받았다.

1902년 7월 1일, 에케르트가 〈대한제국 애국가〉를 작곡하자 고종은 그 공을 크게 치하하며 태극 3등급 훈장을 수여했다. 그러나 1907년 군대 해산으로 군악대는 해체되었고, 그가 만든 〈대한제국 애국가〉는 국권 피탈과 함께 연주가 금지되었다. 아이러니하게도, 그때 이 땅에 상륙한 일본의 국가 〈기미가요〉 역시 에케르트의 작품이었다.

에케르트는 1910년 이후에도 귀국하지 않고 음악학교를 설립해 학생들을 가르쳤다. 양악대를 조직해 탑골공원에서 시민을 위한 정기 연주

에케르트가 조직한 대한제국 군악대. 1900년 창설된 군악대의 연주 모습은 당시 사람들에게 무척 흥미로운 광경이었다.

회도 개최했다. 그의 제자 백우용과 정사인 등은 우리나라 서양음악의 선구자가 되었다. 1914년 제1차 세계대전 발발로 본국의 지원이 끊기고 설상가상으로 위암까지 발병해, 에케르트는 더 이상 양악대 운영을 이어갈 수 없었다. 1916년 8월 6일, 서울의 자택에서 에케르트는 조용히 세상을 떠났다. 8월 8일 〈매일신보〉에는 그의 부음을 알리는 기사가 실린다.

> 어쩐 일인고 하였더니 불행히 전쟁으로 인하여 금년 사월의 고용계약 기한을 한정 삼아 해고된 후 경성에서 여생을 보내더니 작금에 병이 침중하여 욱정의 자기 집에서 6일 오후 9시 반에 자는 듯이 운명하였더라.

장례식은 명동성당에서 치러졌고 유해는 양화진에 안장되었다. 〈기미가요〉의 작곡자인 그에게 일본 정부는 고위 대표를 파견해 조의를 표하고 그의 고향에 동상을 세워주었다.

Darkhan-gul
Miao-shan-tung
Kara-ordu
Chang-tu-fu
Shan-tu-tsi
Ying-1899
Chi-tong-hsien
Taunaitu
Olonau
Mt. Pechan
Dolon-nor-ting
Lawning-fu
Karenguka
Harapaishan
Wang-leo-kai
Taliin-tin
Ta-hsi-ying-erh
Kiu-tu-ho-chong
Hsing-min-ting
Mukden
Kwang-ning-hs.
Yang-chang-ho
Kien-chang-hsien
Tong-ning-hsien
I-chau
Lu-yang-yi
SHÖNG-
Chang-te-fu
Kin-chau-fu
Ta-ling-ho
Liao-Yang-chau
Chi-chöng-hsien
Great Wall
Ping-tsüen-chau
Palisade
Chien-shan
Hai-chöng-hsien
Tien-chwang-tai
LIAO-
Nu-chwang
Ying-tze
Hai-fong-kou
Ning-yuen chau
Kai-ping-hsien
Tong-ho-kou
PEKING
Tsien-wei-chong
Hsiung-yo-ching
Yung-ping-fu
Shan-hai-kwan
Hsiu-yen
Tung-chau
Lwan-chau
Kai-ping
Chang-li-hsien
Yang-ning-hsien
Ta-ku-shan
Gulf of Liao-tung
Fu-chau
Chang-hsing-tao
Ta-chwang-ho
Port Adams
Pa-chau
Tien-tsin-fu
Society Bay
Pi-tsz'-wo
Kin-chau
Elliot Group
Ta-ku
Murchison I.
Talien-wan B.
Hai-yiln-tau
Louisa B.
Port Arthur
Korea
Tsing-hai-hsien
Lao-ti-chan
Tsing-hsien
Chi-kou
Gulf of Chi-li
Strait of Chi-li
Tsang-chau
Hwang-ching-tao
Miao-tao Is.
Ta-king-tao
To-ki-tao
Yen-shan-hs.
Nan-pi-hs.
Mouth 1852-1889
Tong-chau-fu
Chang-shan-tao
Fu-ching-hs.
Te-chau
Pin-chau
Wu-ting-fu
Li-tsin-hsien
Chi-fu
Wei-hai-wei
Ai-shan
Chong-shan
Lai-chau-fu
Lei-shan
Ning-hai-chau
Ying-cheng-hsien
Tsi-yang-hs.
Wön-tung-hsien
Sang-kau-kau
Tsi-nan-fu
Weihsien
Ping-tu-chau
Tsing-hai-wei
Tsing-chau-fu
Chang-tsing-hsien
Hai-yang-hsien
Tai-shan
I-shan
Tai-ngan-fu
Tsi-mo-hs.
Lao-shan
SHAN-TUNG
Kiao-chau
Kiao-chau Bay
I-shui-hsien
Yen-chau-fu
Tsi-ning-chau
Kü-chau
Sui-chau-hsien
YELLOW
(HWANG-
I-chau-fu
Tong-hsien
Yü-tai-hs.
Pei-hsien
Kan-yü-hsien
Yü-chou I.
Hai-chau
Hsü-chau-fu
Su-tsien-hsien
Old Mouth of Hwang-ho
Sui-ning-hsien
Fu-ning-hsien
Su-chau
KIANG-SU
Hwai-ngan-fu
Sz'-chau
Yen-cheng-hsien
Hwai-ho
Kwang-sung-hu

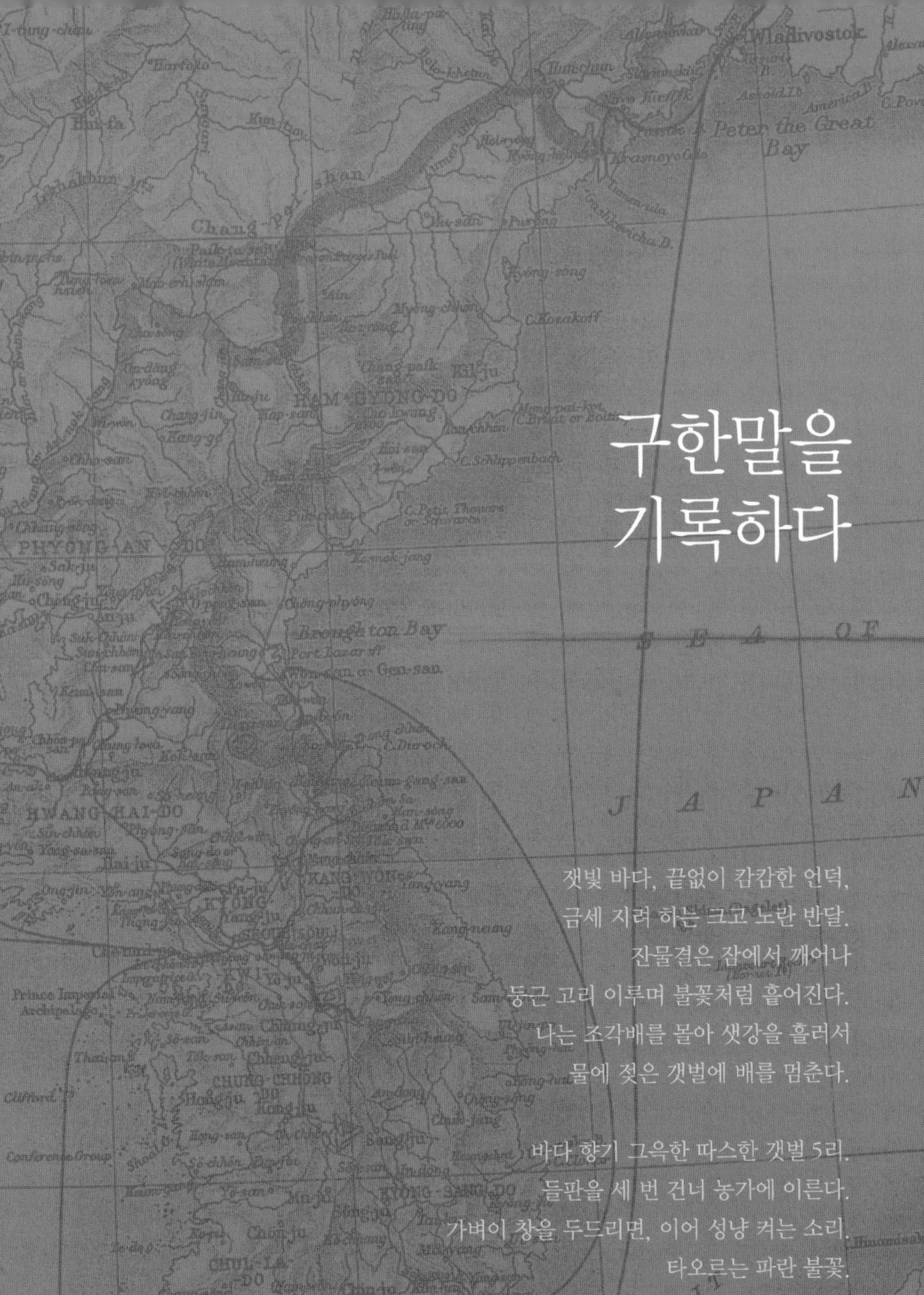

구한말을 기록하다

잿빛 바다, 끝없이 캄캄한 언덕,
금세 지려 하는 크고 노란 반달.
잔물결은 잠에서 깨어나
둥근 고리 이루며 불꽃처럼 흩어진다.
나는 조각배를 몰아 샛강을 흘러서
물에 젖은 갯벌에 배를 멈춘다.

바다 향기 그윽한 따스한 갯벌 5리.
들판을 세 번 건너 농가에 이른다.
가벼이 창을 두드리면, 이어 성냥 켜는 소리.
타오르는 파란 불꽃.
목소리는 두 사람의 심장 합친 소리보다 낮고
기쁨과 두려움으로 마냥 설렌다.

—브라우닝Robert Browning, 〈밀회Meeting at Night〉

한국은 결코 가난한 나라가 아니다

이 땅의 참모습을 예찬한 지리학자 이사벨라 버드 비숍

> 한국인은 대단히 명석한 민족이다. 그들은 스코틀랜드 식으로 말해 말귀를 알아듣는 총명함을 상당히 타고났다. 외국인 교사들은 한결같이 한국인의 능숙하고 기민한 인지 능력과 외국어를 빨리 습득하는 탁월한 재능, 나아가 중국인과 일본인보다 한국인이 훨씬 더 좋은 억양으로 더 유창하게 말한다는 사실을 증언한다.

영국 왕립지리학회 최초의 여성 회원이었던 이사벨라 버드 비숍은 역저 《한국과 그 이웃 나라들Korea and Her Neighbors》(1898)을 시작하며 한국인을 매우 잘생기고 체격도 매우 큰 멋진 인종•으로 묘사한다. 게다가 중국인이나 일본인보다 훨씬 명민하다고 강조하기까

• 신채호는 《조선 상고사》에서 고대 동아시아인을 지나인과 우랄인으로 나누고, 우랄인을 다시 돌궐인과 조선인으로 나누었다. 조선인은 파미르 고원 지대에서 빛의 고향을 찾아 동쪽으로 이동하면서 몽고족과 만주족, 이어서 여진족, 조선족으로 분화했다고 주장한다.

이사벨라 버드 비숍

Isabella Bird Bishop(1831~1904)

1890년대 한국을 여행한 체험을 담은 기록문 《한국과 그 이웃 나라들》로 유명한 영국의 여행가 · 작가 · 지리학자다. 허약했던 그녀는 스물셋에 의사의 권유로 여행길에 오르게 된다. 미국을 시작으로 일본, 중국, 한국, 말레이시아, 인도, 티베트, 터키 등 자유와 미지에 대한 탐험을 쉬지 않았다. 강한 의지와 지성을 겸비한 19세기 여성 여행가로 명망을 얻었다. 저서로 《한국과 그 이웃 나라들》, 《양자강을 가로질러 중국을 보다》 외 여러 권을 남겼다.

지 했다. 그러면서도 벽안의 서양인에게 속마음을 드러내지 않는 한국인에 대한 경계심을 숨기지 않았다.

> 한국인은 외국인에 대해 의심, 교활함, 진실성 없음 등의 동양적 악덕을 보여준다. 그들 서로에 대해서는 얼마만한 신용과 미덕이 형성되어있는지 우리로선 알 수 없는 일이다.

1883년 10월 27일 조영수호통상조약이 조인되면서 그녀는 한국에 대해 관심을 갖게 되었다. 9세기 경 아라비아의 지리학자 이븐 코르다베Ibn Khordadbeh의 《제국지Book of Roads and Provinces》에 등장하는 한국 전설과 기원전 12세기 경 키즈Kit-z, 箕子가 한국에 들어왔다는 것을 알 정도로 그녀는 한국에 대해 해박했다.

일찍이 세계 곳곳을 여행하며 풍부한 경험을 쌓은 비숍은 1894

비숍 여사는 조선을 네 번에 걸쳐 찾아와 여행했으며, 일행은 짚신을 신고 조랑말과 함께했다. 그는 남한강 이북을 여행한 최초의 서구인으로 알려졌다.

년부터 1897년까지 3년 동안 한국을 네 차례 방문, 막 개방된 이 땅의 각종 풍속과 지리, 정치, 경제, 사회, 문화, 풍물 등을 자세히 조사하고 영국인다운 정확성과 여성 특유의 섬세한 필치로 기록했다. 그녀는 너무나 치밀한 조사와 풍부한 자료, 정확한 기억력을 발휘하여 한국의 근대를 생생하게 표현해주었고, 난세의 조선이 겪는 슬픔과 고통까지도 그려냈다. 때문에 이 책은 타의에 의해 억류되었다가 개인의 이익을 위해 쓰인 《하멜 표류기》와 비교되기도 한다.

이 책은 1898년 1월 10일 런던의 〈세인트 제임스 신문St. James Gazette〉에서 두 권으로 출간되었고 같은 해 뉴욕의 플레밍 H. 레벨사에서 동시 출간되었는데, 여사가 살아있는 동안 11판까지 찍었고 그 후에도 중판을 거듭했다. 오늘날까지 서구인이 쓴 조선 관련 서적 가운데 가장 방대한 주제와 자료, 생생한 현장감과 실증성을 담아 한국 개화기 연구의 필독서로 간주된다.

그녀는 실로 다양한 주제를 매우 상세하게 다룬다. 길가에 버려진 쓰레기의 내용물, 식생활, 요리, 양념, 한국식 빨래의 6가지 공정, 결혼식의 8가지 순서, 장례식의 11가지 절차, 조랑말의 습성, 상품의 품질과 가격, 숙박 요금, 기생춤과 무당춤, 음주 가무 비용, 유행가 가사, 어촌 마을의 악취, 한국 귀신의 계보, 귀신 서열……. 동학 지도자 김개남金開男의 효수된 머리를 개가 뜯어먹는 장면을 묘사한 대목은 압권이다. 이 같은 실증성은 구한말 주역들의 인물평으로 이어진다.

고종과 명성황후, 대원군, 박영효, 위안스카이, 베베르, 오토리 게이스케大鳥圭介, 이노우에 가오루, 탐관오리와 양반들, 돈을 밝히는 승려 등을 매우 간결하고 적확하게 묘사한다. 특히 평소 멍한 표정으로 코나 후비며 귀부인에게 천박한 말을 던지던 일본 공사 오토리가 청일전쟁 발발과 함께 본색을 드러내는 모습은 일제의 두 얼굴을 짚어낸 명장면이기도 하다.

비숍은 또한 근대와 정면으로 맞닥뜨린 한국인이 극복해야 할 많은 문제점을 제기한다. 편협, 관례, 자부심, 거드름, 노동을 경멸하는 잘못된 위선, 이기적 개인주의, 너그러운 공공 정신과 사회적 신뢰의 파괴, 관습과 전통에 대한 노예 근성, 편중된 지식, 얕은 도덕심, 여성 비하 등. 특히 당시 조선인들이 일을 외면하게 만든 착취 구조•는 오늘날까지도 해소되지 못한 화두다.

• '한국에는 착취하는 사람들과 착취당하는 사람들, 이렇게 두 계층만이 존재한다. 전자는 허가받은 흡혈귀인 양반 계층으로 구성된 관리고, 후자는 전체 인구의 4/5를 점하는 하층민으로서 그들의 존재 이유는 흡혈귀에게 피를 제공하는 것이다.'

우울한 빅토리아 시대의 여인, 빛을 찾다

이사벨라 버드 비숍은 1831년 10월 15일 영국 요크셔 주 보로브리지에서 유서 깊은 성직자 집안의 딸로 태어났다. 그녀는 키가 160센티미터 정도밖에 되지 않았지만 매우 아름답고 우아한 풍모를 지녔다. 23세 때 캐나다와 미국을 7개월 동안 여행한 다음 1856년 1월 런던 머레이 출판사에서 여행기 《미국의 영국 여인The English Woman in America》을 간행했다. 순수한 종교적 신념과 인도주의를 표방하며 미국 남부의 노예제도를 비판하고 흑인과 인디언에 대한 애정을 보여준 이 책은 무려 45판을 거듭해 그해 영국에서 최고의 베스트셀러가 되었다.

1857년 다시 미국 동부의 노예주였던 버지니아, 사우스캐롤라이나, 조지아 주를 순방하면서 교회를 통한 흑인과 인디언의 인권 운동에 헌신했다. 하지만 스물아홉 살 때 아버지가 사망하자 동생 헨리에타와 함께 스코틀랜드 에든버러로 거처를 옮긴다. 그리고 문학에 빠져들어 철학적인 시를 쓰기 시작한다. 그 무렵 그녀는 빅토리아 시대가 여성에게 강요하는 사회·문화적 차별을 깊이 인식하면서 우울증에 빠져들었다.

"도대체 이 세계는 여성을 사람으로 인정하지 않는군."

해가 지지 않는 대영제국의 번영에는 비참한 노동자의 삶과 위선적인 가족 윤리에 옥죄인 여성, 다윈으로부터 시작된 지식인의 방황이 내재했다. 특히 학교 교육을 받았지만 가정교사 외에는 할 일이 없던 여성의 자기 인식은 비참하기 이를 데 없었다. 이사벨라의 우울증은 1866년 어머니가 사망하면서 심해졌다. 비슷한 시기에 동생 헨리에타도 우울증을 앓으면서 자매는 의사 존 비숍의 치료를 받았다.

41세의 이사벨라는 건강을 되찾기 위해 하와이로 갔다. 그곳에서 화산과 삼림, 하천과 식물, 주민들의 순수한 열정으로 몸을 추스른 그녀는 미국의 로키산맥에서 '내 깡패 같은 남자My dear desperado'라는 별명으로 부른 연인 짐 뉴젠트Jim Nugent를 만나 사랑에 빠진다. 사랑의 힘으로 재기한 이사벨라는 《샌드위치 섬에서의 6개월》(1875), 《로키산맥의 어느 여인》(1876) 등의 책을 쓰면서 필력을 과시했다. 하와이에서 돌아와 지리학을 공부하면서 여성적인 감성과 사건 중심의 자유분방한 여행기에 학문적인 향기까지 더하게 된다.

새삼 여행과 지리학에 관심을 갖게 된 이사벨라는 1878년 2월 일본 홋카이도의 오지에 들어가 아이누 족의 생활상을 관찰한 다음 홍콩, 광저우를 거쳐 말레이반도를 답사했다. 그 결과를 《일본의 망가지지 않은 길들》, 《황금빛 반도》로 완성하여 학계의 호평을 받았다.

1881년 3월 8일, 이사벨라는 50세의 나이로 열 살 연하인 존 비숍과 결혼식을 올렸다. 존 비숍은 동생 헨리에타의 연인이었는데, 그녀가 장티푸스로 죽으면서 유언으로 언니를 부탁하자 청혼한 것이었다. 하지만 존은 결혼한지 5년 만에 수술 도중 단독erysipelas에 감염되어 사망한다. 그때부터 이사벨라는 미망인 비숍 여사가 되었다.

비숍 여사는 1889년 58세의 나이로 중동 답사를 시도했다. 수에즈운하를 거쳐 카라치, 라호르, 카슈미르의 이슬람 지역을 관찰했다. 이어서 인도의 스리나가르Srinagar에 가서 남편을 기리는 존비숍기념병원과 그 옆에 작은 진료소 헨리에타버드병원을 세웠다. 그렇게 남편과 동생에 대한 감정을 훌훌 털어버리고 《페르시아와 쿠르디스탄 여행》(1891), 《티베트 사람들 사이에서》(1894)를 써서 대중적 인기를 얻었다. 이 두 권의 책으로 그녀는 지리학자이자 아시아 문제

전문가가 되었다.

"더 늦기 전에 전인미답의 나라 한국을 탐사해야겠다."

1893년, 62세의 비숍 여사는 '몽골리언 민족의 국가와 지리, 민족적 특징'이라는 학문적 명제를 완성하기 위해 한국 여행을 준비했다. 류머티즘이 악화되고 폐가 나빠 호흡이 불안정했지만, 의사의 만류를 뿌리치고 길을 나섰다. 1894년 2월 일본 요코하마와 나가사키를 거쳐 한국에 도착했다. 그때부터 4년 동안 4차례에 걸쳐 한국 답사를 진행했고, 동시에 그녀의 일생에서 가장 오랜 현지 탐사와 자료 수집, 문헌 연구로 이루어진 《한국과 그 이웃 나라들》의 집필을 시작했다. 그녀는 이 책의 성공으로 부와 명성을 쌓았다.

1898년 그녀는 15개월에 걸친 중국 여행의 대미를 장식하는 후반부 6개월간 양자강과 그 지류를 둘러보았다. 중국인으로부터 '양귀洋鬼'라는 욕설과 함께 돌팔매와 린치를 당하는 극단적인 상황에서도 그녀는 끝까지 여행을 포기하지 않는 강단을 보였다. 그런 간난신고艱難辛苦는 《양자강을 가로질러 중국을 보다The Yangtze Valley and Beyond》로 결실을 맺었다. 이 책에서 그녀는 중국의 기이하고 아름다운 풍광과 중국인의 독특한 생활상을 세밀하게 그려냈다.

이사벨라 비숍 여사는 1901년 71세의 노구를 이끌고 아프리카를 답사했다. 모로코에서 말을 타고 사하라 사막을 횡단하여 아틀라스 산맥에 오르는 6개월 동안의 강행군이 그녀 인생의 피날레였다. 모로코에서 돌아온 뒤 패혈증으로 3주간 신음하다가 결국 영국으로 이송된다.

1904년 10월 오랜 친구 사토Ernest Satow 경이 베이징 주재 영국 대사로 부임하면서 동행을 요청하자 신이 나 짐을 꾸렸지만, 끝내 그 짐을 풀지 못하고 그달 10일 에든버러의 자택에서 74세의 나이로 세상을 떠났다.

경이와 감동을 빚나다

1894년 3월 1일, 한국에 들어온 비숍 여사는 끓어오르는 구토를 참기 어려웠다. 부산과 제물포의 풍경은 헐벗은 산, 무덤만 즐비한 언덕, 소심한 사람들, 단조로운 일상의 풍경뿐이었고, 서울의 빈민가에서 목도한 사람들은 형용할 수 없이 궁핍한 모습이었으며, 특히 골목과 개천에서 풍겨나오는 악취는 너무나 고통스러웠다.

> 베이징을 보기 전까지 서울은 지구상에서 가장 불결한 도시였으며, 사오싱紹興(중국 저장 성의 도시)의 냄새를 맡기 전까지는 세계에서 가장 악취가 심한 도시였다. 대도시로서, 수도로서의 천박함은 이루 말할 수 없을 정도였다.

그 무렵 서울에는 약 25만 명 정도가 살았는데, 대개는 짐을 실은 황소를 끌고 한 사람이 지나가기도 어려운 미로와 같은 좁은 길가에서 살았다. 그런 골목길 옆에는 하수도 역할을 하는 개천이 있었는데, 옷을 반쯤 벗은 채 오물로 더럽혀진 아이들과 지저분하고 눈이 침침한 개들이 애용하는 휴식처였다. 또 거리 한쪽의 도랑에 걸쳐 세워진 야외 변소는 여성용이었다. 남자나 어린아이는 길거리에서 용변을 처리하는데, 이것들이 한꺼번에 개천으로 흘러가 썩어갔다.

그렇듯 불쾌했던 한국의 첫인상은 여행 도중 완전히 바뀌었다.

남한강 상류를 거슬러 올라가 단양에 이르고, 북한강 상류를 거슬러 올라가 금강산을 거쳐 원산에 이르는 내륙 여행에서 빈대와 벼룩이 들끓는 주막을 전전하며 추위에 시달렸지만, 그녀의 눈은 경이와 감동으로 빛났다.

> 며칠이 지나자 풍경은 더욱 아름다웠을 뿐만 아니라 웅장하기까지 하여 온통 경이의 대상이었다. 봄의 아름다움이 펼쳐지면서 나무들은 푸르고, 붉고, 황금빛으로 생동감을 보였다. 꽃 핀 관목들은 빛을 발휘하고 있었고, 곡식들이 매우 매력적이었다. 새들은 수풀 속에서 지저귀고 있었고, 향기로운 냄새가 물위로 퍼져나갔다. 드물게 소들이 무릎을 덮을 정도의 풀을 뜯기도 했다. 하류인데도 물은 수정처럼 맑았다. 티베트의 하늘처럼 창공에서 퍼져나온 햇빛이 부서지는 물결에 반사되고 있었다.

그녀는 특히 금강산을 바라보면서 가슴이 터질 것 같은 감동의 도가니에 빠져들었다. 지리학자로서, 여행가로서 한국을 찾은 그녀에게 다가온 최고의 선물이었다.

> 사당祠堂에서 정상을 올려다보면 가슴이 사무치도록 아름다운 광경이 펼쳐진다. 굽이굽이 이어진 숲의 물결, 시냇물의 아스라한 반짝임, 구릉의 완만한 선들, 그 뒤로 해발 1638미터가 넘는 금강산에서 가장 높은 산봉우리가 솟아있었다. 아, 나는 그 아름다움, 그 장관을 붓끝으로 표현할 자신이 없다. 진정 약속의 땅인저!

외금강 북쪽 오봉산의 바위 능선이 절경을 이룬다. 비숍은 금강산의 아름다움을 표현할 자신이 없다고 쓸 정도로 크게 감동했다.

그러면서 한국을 바로 보려면 서구의 관습적인 가치판단에서 벗어나야만 함을 깨닫는다. 한국인은 천혜의 환경 속에서 서구인과 전혀 다른 삶을 살아가고 있었던 것이다.

명성황후와의 만남

금강산 여행을 마친 비숍 여사는 원산에 있는 캐나다인 게일의 집에 머물다 6월 21일 제물포로 돌아왔다. 그때 여사는 청일전쟁을 위해 제물포에 상륙한 일본군을 보고 깜짝 놀랐다. 전쟁이 코앞이었다. 영국 공사관의 요구에 따라 한국을 떠난 비숍은 중국 산둥반도에 있는 체푸에 상륙한 뒤 잉쿠, 펑톈, 베이징, 옌타이를 둘러보았다.

무리한 여행 때문에 열병에 걸려 신음했고, 두 팔이 부러지고 마적의 습격을 받기도 했지만 낙천적인 성격을 잃지 않았다. 이윽고 나가사키에 돌아온 비숍은 러시아의 블라디보스토크와 두만강, 훈춘 등지를 방문한 뒤 시베리아 횡단철도를 타고 니콜스코예, 스파스코예를 거쳐 우수리 강에 이르는 동시베리아 답사를 감행했다.

블라디보스토크에서 배를 타고 원산, 나가사키, 부산을 거쳐 1895년 1월 5일 제물포에 도착한 그녀는 서울에 들어와 한국 주재 영국 총영사 힐리어Walter C. Hillier의 집에 5주간 머문다. 이때 언더우드 여사의 소개로 고종과 명성황후를 네 차례 알현했다. 유명한 지리학자이며 영국 왕실의 지친至親이라는 신분으로 남자 복장을 한 채 궁궐을 자유롭게 출입했다. 그녀는 명성황후에 대해 이렇게 썼다.

> 왕비는 40세가 넘었는데 우아한 자태에 늘씬한 여성이었다. 머리카락은 윤이 나는 흑단이었고, 피부는 투명하여 진주 빛을 띠었다. 눈빛은 차갑고 예리했으며 반짝이는 지성미를 풍기고 있었다. …(중략)… 나는 왕비의 우아하고 매력적인 예의범절과 사려 깊은 호의, 뛰어난 지성과 당당함에 깊은 인상을 받았다. 통역자를 통해 나에게 전달되기는 했지만 그녀의 화법은 탁월한 것이었다. 나는 그녀의 기묘한 정치적 영향력, 왕뿐만 아니라 그 외의 많은 사람을 수하에 넣고 지휘하는 통치력을 충분히 이해하게 되었다.

여기에 나타난 명성황후는 이지적이며 사려 깊을 뿐만 아니라 친절하며 특출한 정치력을 가진 인물로 묘사된다. 그녀의 고종에 대한 평가 또한 우리의 고정 관념을 부수기에 충분하다. 우리에게 무능력과 우유부단의 대명사로 각인된 고종을 다음과 같이 기록했다.

> 왕의 표정은 온화했다. 왕은 놀라운 기억력을 지녔으며, 조선의 역사에 대해 상당한 지식을 가지고 있었다. 그는 어떤 종류의 질문을 해도 명확하고 상세하게 답변할 수 있었다. 역사적인 사건이 일어난 지역과 연고까지 정확하게 설명할 수 있는 기억력을 가지고 있었다. …(중략)… 그는 통치자로서 지극히 근면한 사람이며 각 부처의 모든 일을 잘 파악하고 있었고 무수한 신하들의 보고에도 지친 기색 없이 정성을 가지고 이들을 수렴했다.

비숍 여사는 약 8개월여에 걸쳐 중국 중부와 남부 지방을 여행한 다음, 일본 나가사키에 들렀다가 을미사변의 비극적인 소식을 접한다. 깜짝 놀란 그녀가 서울에 왔지만, 자상하고 총명한 왕비의 흔적은 지워진 지 오래였다.

그해 11월 놀란 가슴을 진정시킨 그녀는 한국 북부 지방 답사를 계획하고 서울을 떠나 경기도 고양, 파주를 거쳐 개성의 인삼 농사를 취재했다. 한국인의 순후한 인심에 걸맞게 개성 또한 안정된 치안을 유지하고 있어서 늙은 여성 외국인도 별다른 두려움 없이 여행할 수 있었다.

비숍 여사는 다시 북상하여 서흥과 봉산, 황주를 거쳐 평양에 이른다. 개성의 인삼 교역, 청일전쟁 직후였음에도 상품이 넘쳐나는 황해도 봉산 7일장에 깜짝 놀랐고, 색향 평양의 흥청거리는 분위기와 유흥의 현장을 비판적으로 바라보았다. 특히 1890년대의 평양을 소돔의 안개에 비견될 만한 전설처럼 눈부신 도시로 묘사했다. 평양의 부호나 관리는 집을 항상 개방하고 손님에게 오락을 제공하기 위해 하루 60달러에 달하는 돈을 쓴다는 대목이다. 당시 환율은 1달러에 32냥으로 60달러면 1920냥이다. 황소 한 마리의 가격이 100냥 내외였음을 감안하면 엄청난 금액임을 알 수 있다.

한국 북부 내륙 지방의 답사를 마친 비숍 여사는 그해 중국 양자강 상류 등 서부 지역을 6개월 동안 답사했다. 그 후 일본에서 3개월 동안 체류한 뒤 1896년 10월 23일부터 이듬해인 1897년 1월 23일까지 다시 서울에 들어왔다.

이때 그녀는 완전히 뒤바뀐 서울 풍경에 깜짝 놀랐다. 첫 방문 때 그토록 더러웠던 서울 거리가 지상에서 가장 깨끗한 도시로 변모했던 것이다. 그것은 한성판윤 이채연과 영국인 총세무사 맥레비 브라운의 힘이었다. 비로소 비숍 여사는 서울의 진정한 아름다움을 음미할 수 있었다.

> 서울을 알게 된 지 1년이 지나서야 인구 25만 명의 도시 서울이 세계의 거대한 수도들 중의 하나로 당당히 간주될 자격이 있으며, 어느 곳도 이보다 아름다운 곳은 없다는 점을 깨닫게 되었다. …(중략)… 저녁이 되면 출입이 금지된 산봉우리들은 투명한 분홍빛 자수정처럼 빛나고, 코발트빛 그림자를 드리우며, 푸른 하늘은 금빛으로 물든다. 초봄이 오면 새파란 안개가 산을 덮고, 연보랏빛 진달래가 산등성이를 물들이며, 불꽃같은 자두며 홍조의 벚꽃이며 흐느적거리는 복숭아꽃이 소스라치게 의외의 곳에서 나타난다.

그때부터 비숍 여사는 서울에 머물며 아관파천 이후 조선 정부의 조직 변화, 교육제도와 무역 현황, 한국의 무속 신앙 등을 조사하고, 서울에 있던 외국인을 상대로 다섯 차례 강연한 다음 제물포에서 상하이 행 헨릭 호를 타고 한국을 떠났다.

조선 여인의 숙명

비숍 여사는 조선 여인의 삶에 각별한 애정을 보인다. 당시 여성은 다른 어떤 나라보다도 철저하게 남성에게 예속되었다. 그로 인해 서울에서는 매우 흥미로운 제도가 실시되었다. 저녁 8시경이 되면 대종大鐘이 울리는데, 그것은 남자들에게 귀가 시간을, 여자들에게는 외출하여 산책을 즐기며 친지들을 방문할 수 있는 시간임을 알려주는 신호였다.

처음 서울에 도착했을 때 그녀는 깜깜한 거리에 등불을 들고 길을 밝히는 몸종을 대동한 여인만이 길을 가득 메운 진기한 풍경을 목도했다. 한데 자정이 되어 다시 종이 울리자 여인들은 거짓말처럼 깨끗이 거리를 비우는 것이었다.

> 빨래는 조선 여인의 숙명이다. 어떤 옷은 돌 위에 올려놓고 무거운 방망이로 두들긴다. 여성은 빨래의 노예다.

비숍 여사의 눈에 비친 조선 여인의 일은 오로지 빨래뿐이었다. 흰 빨래를 이고 개천에 몰려가 하루 종일 방망이로 두드리고 해진 곳을 깁는 그네들의 행위는 평생이 가도 끝날 것 같지 않았다.

조선인의 음식 문화도 그녀의 호기심을 자극했다. 어머니가 아이들에게 밥을 먹일 때 아이가 똑바로 앉은 자세에서 더 이상 밥을 먹을 수 없으면 자신의 무릎 위에 아이를 눕혀서 먹이고, 평평한 숟갈로 배를 두드리면서 아이가 밥을 더 먹을 수 있는지 확인하는 것을 보고 그녀는 벌어진 입을 다물지 못했다.

> 나는 조선 사람들이 지극히 대식가라는 사실을 목격했다. 그들은 배고픔을 만족시키기 위해 먹는 것이 아니라 포만감을 즐기기 위해서 먹는다. 내가 여러 차례 관찰한 바에 의하면 포식의 훈련은 어릴 적부터 시작된다.

그녀의 눈에 한국인은 밥을 많이 먹기 위해 사는 것만 같았다. 어떤 사람은 하루에 2킬로그램에 달하는 음식을 먹어도 불편해 하지

평양 연광정 아래에서 본 대동강의 어선과 빨래하는 아낙네들. 밤늦도록 계속되는 한국식 빨래와 농사를 감당했던 농촌 여성은 기쁨이 없는 듯 보였다.

않았다. 게다가 부자들은 술과 과일, 과자까지 더했다. 남녀노소 모든 계층이 대식가였다. 어쩌면 그것은 탐관오리의 약탈에 대응하는 민초의 소박한 대응 방식이기도 했다. 먹는 것이 남는 것이고, 금강산도 식후경이란 말이 달리 나오지 않았을 터. 하지만 당대 최고 문명국가였던 영국의 여행자로서는 분명 이해할 수 없는 풍경이었다.

한국에 대한 희망

> 수 세기에 걸친 잠에서 거칠게 뒤흔들려 깨워진 이 미약한 독립 왕국은 지금 반쯤은 경악하고 전체적으로는 멍한 상태로 세상을 향해 걸어나오고 있다. 강력하고 야심에 차있으며, 공격적인 데다 꼼꼼하지도 못한, 서로서로 이 왕국에 대해서는 사정을 두지 않기로 담합한 서구 열강은 이 왕국의 유서 깊은 전통에 거친 손으로 조종弔鐘을 울리며, 시끄럽게 특권을 요구하며, 자기 자신도 의미와 필요성을 이해하지 못하는 중구난방의 교정과 충고를 떠벌이고 있다. 때문에 이 왕국은 한 손엔 으스스한 칼을, 다른 한 손엔 미심쩍은 만병통치약을 든 낯선 세력에 휘둘리는 자신을 발견하고 있는 것이다.

비숍 여사는 서양 문명의 거센 폭풍에 휩쓸린 이 동방의 작은 제국의 운명을 바라보며 깊은 연민의 정을 품었다. 1897년 그녀가 바라본 한국은 이용할 줄 모르는 선물을 받은 채 어쩔 줄 모르는 아이 같았다. 그 와중에 영국은 한발 뒤로 빠졌고, 미국은 정세를 관망하면서 일본의 손을 들어주는 형국이었다. 이제 러시아와 일본이 한국의 운명을 놓고 어떤 절차를 밟을지가 열강의 호기심을 자극할 뿐이었다.

풍전등화의 상황이었지만, 강인하고 평균적인 지능을 가진 한국인이 명예로운 독립심을 갖추고, 교육을 강화하고, 생산계급을 보호하고, 부정직한 관리를 처벌하고 실력 있는 관리를 등용한다면 충분히 극복할 수 있다고 그녀는 생각했다. 그러기에 비숍 여사는 지리학자의 입장에서 한국인에게 최후의 희망은 바로 당신들의 땅과 바다, 선한 국민성에 있다고 조언한다.

> 한국은 결코 가난한 나라가 아니다. 자원은 고갈되지 않은 채로 미개발되어있다. 성공적인 농업을 위한 능력도 거의 이용되지 않고 있다. 기후는 최상이며 강우량도 풍부하고 토질도 생산적이다. 구릉과 계곡에는 철, 구리, 납, 금이 있다. 2800킬로미터의 해안선을 따라 있는 어장은 밝혀지지 않은 부의 원천일지도 모른다.

시인 김수영, 비숍 여사를 되살리다

1960년대 중반, 한국이 남북 갈등과 남남 갈등의 소용돌이 속에서 민족적인 자존감을 잃고 방황하고 있을 때, 시인 김수영의 목소리로 부활한 이사벨라 비숍 여사는 한국인의 나태와 불의를 질타했다. 한국인의 뇌수를 바스러뜨릴 듯 두드린 절창이 바로 〈거대한 뿌리〉•였다.

그는 비숍이 쓴 《한국과 그 이웃 나라들》을 읽으면서 정작 이 땅에 사는 우리조차도 몰랐던 60년 전의 사건을 알게 되었을 때 받은 충격을 계기로 삼아 이 시를 썼다고 한다. 일상적 삶에서 몸에 배인

습관이나 관습을 민족의 오랜 역사와 전통으로 결합시키는 것, 그것이 우리에게 가장 좋다는 깨달음이었다.

그동안 하찮게 생각했던 것들, 요강과 곰보, 무식쟁이까지도 우리의 것은 새롭고 다정하다. 그런 전통과 역사를 이어온 것은 민중이고, 그런 민중의 삶을 이해하고 사랑하게 될 때 남과 북이 통일된 민족관을 갖게 된다. 그와 같은 민족적 일체감이야말로 분단의 아픔이나 외세의 강압에 흔들리지 않는 우리의 거대한 뿌리라는 것이다.

나는 아직도 앉는 법을 모른다
어쩌다 셋이서 술을 마신다 둘은 한 발을 무릎 위에 얹고
도사리지 않는다 나는 어느새 남쪽식으로
도사리고 앉았다 그럴 때는 이 둘은 반드시
이북친구들이기 때문에 나는 나의 앉음새를 고친다.
8 · 15 후에 김병욱이란 시인은 두 발을 뒤로 꼬고
언제나 일본여자처럼 앉아서 변론을 일삼았지만
그는 일본대학에 다니면서 4년 동안 제철회사에서
노동을 한 강자다

나는 이사벨 버드 비숍과 연애하고 있다 그녀는
1893년에 조선을 처음 방문한 영국왕립지학협회 회원이다

• 이 시는 사람들의 앉는 방식의 다양성에 대한 이야기에서 출발한다. 이북식, 남쪽식, 일본식 등 사람마다 제각기 앉는 방식이 다르다는 것은 그 시대 사회가 일제의 잔존을 다 버리지 못하고, 전쟁과 분단 등으로 불안정한 상태였음을 뜻한다. 이 시가 처음 북한에 있는 시인 김병욱을 거론하는 것은 어두운 현실을 반영하고자 하는 김수영의 내면을 상징한다.

그녀는 인경전(人定殿)의 종소리가 울리면 장안의
남자들이 사라지고 갑자기 부녀자의 세계로
화하는 극적인 서울을 보았다 이 아름다운 시간에는
남자로서 거리를 무단통행할 수 있는 것은 교군꾼,
내시, 외국인의 종놈, 관리들뿐이었다 그리고
심야에는 여자는 사라지고 남자가 다시 오입을 하러
활보하고 나선다고 이런 기이한 관습을 가진 나라를
세계 다른 곳에서는 본 일이 없다고
천하를 호령하던 민비는 한번도 장안외출을 하지 못했다고……

전통은 아무리 더러운 전통이라도 좋다. 나는 광화문
네거리에서 시구문 진창을 연상하고 인환寅煥네
처갓집 옆의 지금은 매립한 개울에서 아낙네들이
양잿물 솥에 불을 지피며 빨래하던 시절을 생각하고
이 우울한 시대를 파라다이스처럼 생각한다
버드 비숍 여사를 안 뒤부터는 썩어빠진 대한민국이
괴롭지 않다 오히려 황송하다 역사는 아무리
더러운 역사라도 좋다
진창은 아무리 더러운 진창이라도 좋다
나에게 놋주발보다도 더 쨍쨍 울리는 추억이
있는 한 인간은 영원하고 사랑도 그렇다

비숍 여사와 연애를 하고 있는 동안에는 진보주의자와
사회주의자는 네에미 씹이다. 통일도 중립도 개좆이다

은밀도 심오도 학구도 체면도 인습도 치안국
으로 가라 동양척식회사, 일본영사관, 대한민국관리,
아이스크림은 미국놈 좆대강이나 빨아라 그러나
요강, 망건, 장죽, 종묘상, 장전, 구리개 약방, 신전,
피혁점, 곰보, 애꾸, 애 못 낳는 여자, 무식쟁이,
이 무수한 반동이 좋다
이 땅에 발을 붙이기 위해서는
—제3인도교의 물속에 박은 철근기둥도 내가 내 땅에
박는 거대한 뿌리에 비하면 좀벌레의 솜털,
내가 내 땅에 박는 거대한 뿌리에 비하면

괴기영화의 맘모스를 연상시키는
까치도 까마귀도 응접을 못하는 시꺼먼 가지를 가진
나도 감히 상상을 못하는 거대한 뿌리에 비하면……

서울은 암살 당하고 짓밟혔다

비운의 궁녀 리진을 추억한 이폴리트 프랑댕

> 이것은 신비롭고도 전설적인 장소이자 삶과 죽음, 궁핍과 풍요, 공포와 평화의 현장인 서울에 관한 이야기다. 서울은 명성이 드높은 고장이며 때론 부패의 바닥이기도 하다. 잠자는 미녀이기도 하고 포획되어 미쳐 날뛰는 짐승이기도 하다. 서울은 암살 당하고 짓밟혔으며 짓눌렸다. 그러나 서울은 살아남았고 숨 막히도록 비극적인 세기말의 비인간적인 세상에서 찬란히 빛을 발하기까지 했다. 서울은 변모했으며, 사람들이 전혀 상상하지 못했던 모습으로 탈바꿈했던 것이다.

1905년 프랑스 파리에서는 이폴리트 프랑댕과 클레르 보티에Claire Vautier의 공동 저술로 《한국에서En Corée》가 출판되었다. 비슷한 시기에 똑같은 제목으로 장 드 팡주, 에밀 부르다레, 앵거스 해밀턴의 여행기도 나왔다. 이 책들은 깊은 통찰과 사색의 결과물이 아니

이폴리트 프랑댕

Hippolyte Frandin(1852~1912)

한자명 법란정法蘭亭. 초대 주한 프랑스 대리 공사 콜랭 드 플랑시 후임으로 공사관 업무를 맡았다. 약 13년간 한국에서 외교관 생활을 마치고 프랑스로 돌아간 프랑댕은 극작가 클레르 보티에와 함께 《한국에서》라는 책을 출판한다. 이 책에는 대원군과 대신들, 궁중 무희, 당시 서울의 모습을 담은 희귀한 사진 18점이 들어있다. 특히 궁중 무희였던 리진과 플랑시의 사랑 이야기로 주목을 받는다.

라 프랑스 시민들에게 신비로운 나라로 알려진 조선의 각종 풍물과 자신의 경험 등을 일방적으로 소개하는 데 그쳤다. 동양에 대해 상대적 우월감을 지닌 서양인의 관점에서 무지와 야만에서 갓 벗어난 한국이란 나라를 신기한 듯 바라본다. 한국에 처음 도착한 프랑댕이 제물포와 서울 사이의 객관客館에서 바라본 시골 풍경에 대한 묘사가 좋은 예다.

> 나는 처음에 그것을 거대한 거북이의 집단이 모여있는 것이라고 착각했다. 하지만 가까이 다가가면서 그 갑각류 같은 형상이 바로 토착민의 오두막 지붕이라는 사실을 확인할 수 있었다. …(중략)… 한국의 건축술은 시골뿐만 아니라 도시에서조차 원시시대의 우스꽝스런 모습이었다. 벽도 지붕과 마찬가지로 진흙으로 만들어졌다.

이처럼 문화적인 특성을 이해하지 못한 서양인의 편향적인 시각은 시간이 지나면서 조금씩 유연해지지만, 어디까지나 형식적이었다. 이 헐벗은 극동의 오지에 파견된 프랑댕은 자신을 유대 전설에서 예수를 박해한 죄로 신으로부터 평생 유랑의 형벌을 받은 '아하스베루스Ahasvérus'에 비유하기도 했다.

깃털 같은 외교, 태산 같은 한국학

1886년 5월 3일 조선 측에서는 전권대표로 한성부 판윤 김만식과 미국인 고문관 데니가, 프랑스 측에서는 전권대표로 조르주 코고르당Georges Cogordan과 게랭François Guérin 서기관이 통상 협상에 나섰다. 양측이 날카로운 신경전 끝에 합의한 통상조약은 여타 서방국가와 달리 무역뿐만 아니라 문화 개방, 조선 전역에서의 프랑스 선교사 보호, 자유로운 선교 활동까지 보장했다. 과거 천주교 박해로 인해 수많은 프랑스 신부가 희생되었기 때문이지만, 프랑댕조차 명백히 프랑스에게 유리한 조약이라고 말한다.

> "이 조약에 따르면 프랑스가 주장하는 종교적 교리와 문학, 과학, 예술을 한국에 전파하기 위해 프랑스의 전문가를 이 동양의 반도에 파견할 권리를 갖게 된다."

그 무렵 조선은 청의 위안스카이로부터 정치·경제 전반에 걸쳐 심한 간섭을 받았고 프랑스보다 먼저 수교한 미국, 영국, 러시아의 이권 다툼이 극에 달해있었다. 프랑스는 사태를 관망하면서 선교사

프랑스 공사관의 전경 그리고 서울에 머물던 프랑스인들. 인천 해관장을 지낸 라포르트를 제외한 대부분이 선교사였다. 다른 서방국가와 달리 프랑스와의 통상조약에서 무역뿐 아니라 선교사 보호와 자유로운 선교 활동이 보장된 것도 이런 배경 때문이다.

보호 및 천주교 전교傳敎 활동 지원에 전념했다. 선교사를 제외하고 수교 초기 조선에 머문 프랑스인은 1883년 세관리에 임명된 라포르트E. Laporte, 羅保得뿐이었다.

조선 주재 프랑스 전권특사로 임명된 빅토르 콜랭 드 플랑시Victor Collin de Plancy*는 1887년 윤4월 9일 정식으로 조약문을 교환하고, 1888년 6월 6일 초대 공사 겸 총영사로 조선에 부임했다. 플랑시는 프랑스 동양어학교 출신으로 베이징 주재 프랑스 공사관 통역 견습생을 거쳐 1883년부터 상하이 주재 영사로 일하다가 서울에 왔다.

그 후 플랑시는 일본과 알제리 등지를 떠돌다 1896년 다시 제3대

---

* 플랑시는 서울에서 《육조대사법보단경》, 《경국대전》, 《가곡원류》 등 귀중한 서적과 회화, 도자기 등을 수집했는데, 그 가운데 세계 최초의 금속활자본 《직지심체요절》이 가장 유명하다. 플랑시는 훗날 수집품 대부분을 모교인 동양어학교에 기증했는데, 《직지심체요절》만은 1911년 경매에 내놓았다. 이를 외교관이자 골동품 수장가인 앙리 베베르Henri Vever가 180프랑에 매입했고, 그가 죽은 후 유언에 따라 1950년 프랑스 국립도서관에 기증했다.

주한 프랑스 공사로 임명되어 1910년까지 머물렀다. 그러므로 조선이 일본에 병탄될 때까지 공식적인 프랑스 공사는 두 명뿐이었다. 초대와 3대 공사가 플랑시였고, 2대 공사가 이폴리트 프랑댕이다. 그 외 기록에 프랑스 공사로 나오는 로쉐, 게랭, 르페르브 등은 모두 대리공사였다. 1905년 11월 18일 을사조약*으로 조선이 외교권을 상실하자 이듬해 프랑스 공사관이 폐쇄되고 주일 공사관 관할 하에 주 경성 프랑스 총영사관으로 격하되면서 한불 외교는 공식적으로 단절되었다.

이처럼 당시 조선과 프랑스의 외교 관계는 깃털처럼 가벼웠지만, 프랑스 지식인의 한국학 연구는 태산처럼 무거운 업적을 남겼다. 일찍이 천주교 포교를 위해 입국했던 프랑스 신부들은 조선의 역사와 언어, 동식물 등을 연구했는데, 1866년 신유박해辛酉迫害로 모든 것을 잃었다. 하지만 그들이 보낸 서한을 토대로 달레Claude Charles Dallet 신부가 정리한 《조선 교회의 역사Histoire de l'Eglise de Corée》(1874)에서 다양한 조선의 문화를 소개했고, 살아남은 3명의 신부들에 의해 《한불자전韓佛字典》(1880), 《한어문전韓語文典》(1881)이 발간되었다.

조선과 정식으로 수교하면서 프랑스 외무성은 문헌 연구를 목적으로 언어학자이자 동양학 전문가인 모리스 쿠랑Maurice Courant**을 주

------

* 을사조약이 체결되자 프랑스에서는 일본을 비난하는 여론이 비등했고, 파리 법대의 레이F. Rey 교수는 을사조약의 무효와 일본의 식민지 정책을 통박하는 논문을 〈국제법학〉지에 게재하기도 했다.

** 모리스 쿠랑은 1899년 외무성을 떠나 동양학에 전념하여 1912년 리옹대학 문학부에서 〈중국고전음악사고-부 조선음악에 대하여〉라는 논문으로 박사학위를 받았다. 그 후 파리국립도서관에서 소장하고 있는 중·일 관계 도서의 분류 목록 작성을 위촉받고 중국 관계를 완성했다. 모교인 리옹대학 교수, 프랑스아카데미 회원, 중불협회 회장을 역임했다.

한 프랑스 공사관에 파견했다. 쿠랑은 한국에 도착하자마자 한국의 각종 고서를 수집하고 체계적인 정리를 시작했는데, 뮈텔Gustave Charles-Marie Mutel 주교와 플랑시 공사, 공사관 통역 이인영이 많은 도움을 주었다.

모리스 쿠랑은 1892년부터 그동안 모은 자료를 바탕으로 본격적으로 한국 서지를 정리하기 시작했다. 당시 프랑스 국립도서관이 소장한 조선의 외규장각 도서, 플랑시가 수집해 동양어학교에 기증한 한국 서적, 영국 도서관 소장본을 연구했고, 1893년에는 도쿄에 있는 프랑스 공사관의 통역관으로 근무하면서 우에노 도서관에 소장된 한국 자료를 수집했다. 이어서 유럽과 아시아의 유명 박물관과 도서관을 찾아다니며 한국에 대한 자료를 꼼꼼하게 조사한 끝에 19세기 한국학의 정수로 손꼽히는 《한국서지La Bibliographie Coréenne》를 완성했다. 이 책은 앙리 코르디에Henri Cordier의 《중국서지》, 오스카 나호스트의 《일본서지》와 함께 서양인이 쓴 동양서지학의 금자탑으로 알려져있다.

조선에서 발간된 수천 종의 한국 서적이 정리된 《한국서지》는 1894년 요코하마에서 1권이 출간되었는데, 일본에서는 한글 활자를 구할 수 없어 서울에서 직접 제작, 운반했다. 1895년에는 2권이 요코하마에서 출판되었고, 3권은 모리스 쿠랑이 중국 톈진 영사관의 통역관으로 근무하던 1896년에 발행되었다.[**] 1901년에는 증보판으로 제4권을 출판했는데 여기에는 플랑시의 개인소장 도서 목록도 포함되어있다. 그때부터 우리나라 《직지심체요절直指心體要節》이 세계에서 가장 오래된 금속 활자본으로 공인받게 되었다.

실속 없는 외교관 생활에 지치다

이폴리트 프랑댕은 1852년 1월 3일 이탈리아에서 태어났다. 제정 러시아 황제의 참사관을 지낸 부친을 따라 러시아에서 어린 시절을 보냈다. 러시아어, 영어, 이탈리아어에 능통했는데, 파리에 있는 동양어학교에서 중국어를 공부하고 1875년 파리 주재 중국 대사관의 명에 일등서기관으로 임명되면서 직업 외교관 생활을 시작했다. 스물여덟이었던 1880년에는 중국-베트남국경확정위원회 위원장이 되어 프랑스와 중국 사이의 분쟁 해결에 나서기도 했다.

1892년 4월 8일, 제2대 조선 주재 프랑스 공사 겸 총영사로 부임한 프랑댕은 공사관의 해군 무관 드 라브리de Labry 자작과 함께 총융청摠戎廳(수도 북부 외곽 방어를 강화할 목적으로 설치된 군영)을 시찰하면서 포도대장 한규설 등 조선 무관과 교류했고 이준용, 이하영 등 왕족, 민영달, 민종묵, 민영소 등 척족들과 사귀었지만, 구체적으로 어떤 외교 활동을 했는지는 알려지지 않았다. 그는 고종을 접견하러 갔다가 접견실에서 몰래 창호지에 구멍을 뚫고 궁녀들에게 둘러싸인 명성황후를 훔쳐보기도 했다.

> 왕비의 의상은 시녀들과 마찬가지로 비단 종류와 얇은 천으로 만들어졌는데 매우 화려했다. 땋아서 만든 머리 장식은 매우 복잡한 왕관 모양으로 얹혀있었고 머리의 중간에 보석으로 치장했다. 그리고 길이가 최소한 60센티미터 정도 되는 거대한 비녀를 꼽았다. 이런 머리 장식은 가뜩이나 키가 평균치에 모자란 왕비에게 과중한 부담으로 느껴졌다. 다른 한국 여인처럼 왕비와 시녀들도 너무 화장이 진해서 나이는 물론이고 생김새를 짐작하기 어려웠다.

프랑댕은 충동을 자제하지 못한 자신의 행동을 외교관으로서 무례한 짓이라고 고백했다. 한편, 자신이 알현한 고종의 복장은 이렇게 묘사했다.

> 국왕의 옷은 얇은 비단인데 마치 공기를 짜서 만든 듯 흡사 흐르는 물이나 저녁 이슬 같이 아주 섬세한 거미줄과 같았다. 국왕은 여러 색깔로 된 그 얇은 옷 위로 일본의 푸코사스로 만든 덧옷을 걸쳤고, 그 위로 소의 피처럼 붉은 색조의 공단을 둘렀다. 그 옷의 깃과 가슴팍과 아래쪽 모퉁이에는 눈부시게 화려한 초록 색조를 띤 황금빛 용이 수놓여있었다. …(중략)… 왕의 머리에는 보석이 박히고 영락없이 용무늬가 새겨진 왕관이 얹혀있었는데 마치 종처럼 생겼다. 신고 있는 구두는 다리를 감싸는 장화처럼 생겼는데 공단으로 만들어졌다. 구두의 밑창은 약 2인치 정도의 두께로 기워져있고, 끝은 발목까지 굽어져있어 마치 작은 배와 같은 모양이었다.

그가 재임했던 기간은 1892년 4월부터 1894년 2월까지 23개월에 불과했지만, 이 시기 명동성당이 지어졌고, 척왜척양斥倭斥洋을 요구하는 동학의 벽보가 나붙어 민심이 술렁였으며, 위기감을 느낀 외교관들은 본국에 군함 증파를 요청하기도 했다. 지방에서는 동학교도들이 전봉준의 지휘 아래 갑오동학농민전쟁을 일으켰다. 하지만 조선 조정은 사태의 해결보다는 정쟁에 치중하면서 내란이 심화되었다. 그런 가운데 프랑스는 정치적 개입을 자제하고 천주교도 보호라는 소극적 외교에 전념했다.

제8대 조선교구장을 지낸 뮈텔 주교의 일기에 따르면, 수교 이후 정부 차원의 천주교 박해는 사라졌지만, 지방관이나 백성들의 부정적 인식으로 인한 신부 폭행이나 천주교도 축출 같은 피해 보고가 잇따랐다. 1893년에는 양양에서 블라두 신부가 관가의 문을 부수고 소訴를 제기해 천주교도와 관민들의 불화를 부추겼고, 1894년 7월에는 충청감영 관할 지역에서 프랑스 신부가 피살되었다.

천주교 교리도 문제였지만, 이런 사건은 총기를 소지한 선교사들의 잦은 발포가 주된 원인이었다. 1895년 원산에서 브레 신부의 발포 사건, 1897년 칠곡에서 파이아스 신부의 발포 사건이 대표적이다. 게다가 항간에 선교사들이 어린이를 유괴해 잡아먹고 약으로 쓴다는 유언비어가 퍼지면서 분개한 조선인의 습격을 받기도 했다. 1901년 제주에서 발생한 이재수의 난은 선교사와 천주교도, 탐관오리가 결탁해 가렴주구苛斂誅求를 일삼다 백성의 거센 저항을 받은 경우다.

프랑댕은 프랑스 공사로서 정부에 천주교 관련 사건이 일어나면 범인 처벌이나 분쟁 해결책을 제시했고, 드문 경우였지만 본국에 함대 파견을 요청하기도 했다. 1892년 7월 그는 천주교도와 백성들 사이에 벌어진 사건을 처리하려다 외아문 독판과 포도대장 한규설韓圭卨 장군이 개입되어있음을 알고 신부들에게 소를 취하하게 했다. 자칫하면 게도 구럭도 모두 잃을 수 있다 판단했기 때문이다.

1893년 그는 프랑스 외무성에 명동성당에 설치되는 종탑이 풍수사상을 신봉하는 한국인들에게 불안감을 줄 것이라고 보고했다. 당시 한국인은 하늘을 향해 돌출하는 건축물이 자연의 조화를 파괴하여 재앙을 가져온다고 믿었기 때문이다. 이처럼 프랑댕은 한국인의 전통적인 풍수 관념에 맞서 천주교 수호 임무에 전념했지만, 외교관 본연의 임무와는 동떨어진 일을 수행해야 하는 현실에 환멸을 느끼고 있었다.

1894년 2월 11일, 어머니의 사망 소식을 전해 들은 프랑댕은 고종을 알현하고 나서 일등서기관 르페브르에게 자신의 임무를 맡기고 3월 2일 조선을 떠났다. 장례를 마치고 조선에 돌아올 계획이었지만 알려지지 않은 이유로 무산되었고, 1896년 4월 27일 콜랭 드 플랑시가 다시 조선 공사로 부임했다.

비운의 궁녀 리진을 기억하라

> 궁중에 소속된 기생들은 그 빼어난 미모로 인해 다른 여인들과 금방 구별되는데, 유럽인의 눈으로 보더라도 정말 아름다웠다. 젊은 유럽인 공사가 그중에 한 기생의 미모와 우아한 태도에 완전히 마음을 빼앗겼다. 그는 고종에게 그녀를 양도해달라고 부탁했고 왕은 너그럽게 허락했다.

프랑댕은 《한국에서》에서 조선 궁중의 무희 리진Li-Tsin의 기록을 남겼다. 상황으로 보아 리진은 장악원掌樂院 소속 궁녀, 혹은 기생청妓生廳 소속 기녀였을 것이다. 그녀의 신분이 궁녀든 기생이든 자유가 없었으므로 국왕의 뜻에 따를 수밖에 없었다. 그녀에게 매혹된 사람은 다름 아닌 초대 조선 공사 콜랭 드 플랑시였다. 얼마 후 본국의 소환 명령을 받은 플랑시는 리진을 프랑스에 데려가기로 결심한다.

"그녀는 한국의 여신과 같습니다. 우리나라에서도 천사 같은 대접을 받게 될 겁니다."

한국을 떠나기 전 플랑시는 서양식 복장을 한 리진과 함께 프랑댕을 찾아와 작별을 고했다. 그때 프랑댕은 그녀의 지적인 미모에 전율하며 '빛나고 깊은 눈동자가 영혼의 꽃Fleur d'ame처럼 빛나고 있었다'고 고백했다. 그 역시 리진의 특별한 아름다움에 반했음을 알 수 있다.

플랑시는 1891년 그녀와 함께 도쿄에서 1년 8개월간 머문 뒤 상하이, 싱가포르, 스리랑카 등지를 거쳐 프랑스로 향했다. 1893년 마르세유에서 기차를 타고 파리에 도착한 그는 약속대로 리진과 결혼했다. 고귀한 프랑스 외교관과 기생이라는, 당시로서는 상상조차 할 수 없는 신분의 결합이었다. 그러나 이들이 법적 절차를 거치지는 않은 듯 보인다. 만약 그랬다면 훗날 리진의 비극은 일어나지 않았을 테니까.

19세기 말 궁중 무희의 모습. 이들은 주로 궁중 행사 때 춤을 추거나 노래했다. 궁중 행사에 동원되는 무희는 대부분 관기官妓였지만, 필요에 따라 민간의 기녀가 동원되기도 했다고 전해진다.

어쨌든 플랑시는 사랑스런 한국인 아내에게 가정교사를 구해주고 프랑스어와 다양한 학문을 배우게 했다. 총명했던 리진은 그 과정을 통해 서구 사회를 휩쓸던 자유와 평등의 가치를 알게 되었고 자신의 생각을 기록으로 남겼다. 프랑댕은 그 이야기를 전해 듣고 출판을 구상하기도 했다.

두 차례나 우리나라에서 프랑스 공사를 지낸 콜랭 드 플랑시. 리진을 아내로 맞이하고 고국 프랑스까지 데려갔다. 그러나 궁으로 복귀하라는, 받아들이기 힘든 조선의 명령을 리진에게 순순히 따르도록 한 비겁한 인물이다.

19세기 말, 프랑스인에게는 조선에 대한 호기심이 충만했다. 그때 파리의 사교계에 혜성처럼 등장한 조선 여인 리진은 세간의 이목을 끌기에 충분했다. 게다가 높은 지적 수준과 뛰어난 예술 감각이 그녀를 더욱 돋보이게 만들었다. 하지만 시간이 지나면서 리진은 서양인의 동양인에 대한 편견, 신체적 열등감, 조국에 대한 그리움으로 인해 깊은 우울증에 빠져들었다. 플랑시는 그런 아내를 위해 한국식 규방을 만들고 태극무늬 칠보장 등을 채워주었다. 훗날 프랑스 기메박물관의 한국관을 세운 이도 바로 그였다. 하지만 환락의 도시 파리에서 이방인 리진의 외로움은 깊어만 갔다.

1894년 10월, 플랑시가 모로코 대사로 부임하면서, 리진은 조선 여인으로서는 처음으로 아프리카 땅을 밟았다. 모로코의 항구도시 탕헤르는 아프리카 식민지 건설의 교두보로 제국 열강의 각축장이었다. 리진은 식민 통치에 저항하는 모로코인을 통해 위기에 빠진 조국의 현실을 목도했으리라. 2년 뒤인 1896년 4월 27일, 플랑시가 조선의 3대 프랑스 공사로 취임하면서 리진은 그리던 고국으로 돌아왔지만, 기다리는 것은 슬픈 현실뿐이었다.

당시 조선에는 명성황후가 일본 낭인에게 살해되고, 위기를 느낀 고종이 러시아 공사관으로 피난하는 등 정치 혼란이 극에 달해있었다. 그 와중에 리진에게 궁궐로 복귀하라는 명령이 떨어졌다. 그녀의 신분이 외교관 부인이었음에도 조정에서는 그녀를 여전히 최하층으로 인식했던 탓이다. 더욱 놀라운 것은 남편 플랑시가 그 조치에 아무런 저항도 하지 않았다는 점이다. 리진에게 정이 떨어져서 그랬는지 아니면 외교적 마찰 때문이었는지 밝혀지지 않았지만, 아내를 궁궐에 돌려보낸 상황 자체가 충격적이었다.

> 리진의 남편 되는 외교관은 그런 사악한 제도에 한 번도 저항하지 않고 비겁하게 그녀를 포기했다.

옆에서 이 모든 과정을 지켜본 프랑댕은 이렇게 플랑시의 비열한 행각을 비난했다. 졸지에 비참한 운명의 그물 아래 갇혀버린 리진은 절망할 수밖에 없었다. 프랑스에서 배우고 체험한 자유와 평등의 가치를 버리고 국왕의 노리개로 전락하는 운명을 도저히 받아들일 수 없었다. 결국 리진은 얇은 금 조각을 삼켜 스스로 목숨을 끊었다. 프랑댕은 그녀의 최후를 기록하면서 이렇게 탄식했다.

> 나는 미개한 나라에서 방황해야만 했던 한 슬픈 영혼의 이야기를

들려주고픈 욕망을 주체할 수 없다. 이 영혼은 숭고한 소망을 품고 있어 한국 민족의 문명된 미래에나 살아야 할 운명이었지만, 불행하게도 너무 일찍 태어났다.

더 읽는 글

프랑스의 한국 알림이인가, 자객인가?

1890년을 전후해 많은 한국 청년이 프랑스에 유학을 떠났는데, 특기할 만한 인물이 훗날 김옥균을 사살한 홍종우洪鍾宇다. 1887년 외무독판 김윤식이 발행한 그의 여권에 의하면, 그는 딸 하나를 둔 양반가의 기혼 남성으로 법률 공부가 목적이었다. 그는 1888년 한국을 떠나 2년 동안 일본에 체류하면서 친분을 쌓았던 일본의 유력한 개화사상가 이타가키板垣退助가 클레망소에게 보내는 추천장과 프랑스 신부가 써준 소개장을 품고 1890년 12월 24일 파리에 도착했다.

파리에서 외무장관 코고르당과 실증주의 대표 사상가인 르낭Joseph Ernest Renan 등 명사들과 두루 교류한 홍종우는 기메박물관에서 일하며 조선을 알리는 작업을 시작했다. 1892년 인기 소설가인 로니Joseph Henri Rosny와 함께 《춘향전》을 번안한 《향기로운 봄》을 펴냈다. 이 책이 인기를 끌자 1895년 《심청전》을 번역한 《마른 나무에 꽃이 피다》, 1897년에는 저명한 동양학자 슈발리에와 공저로 점성술을 다룬 《직성행년편람》을 펴냈다. 이들은 홍종우가 미리 번역해둔 원고였다.

또 카페 '되 마고'에 모인 왕족 앙리 필립 등 프랑스의 대표적인 정치인, 소설가, 사상가에게 한국의 역사와 문화를 소개하면서, 하루빨리 유럽의 우수한 문명을 받아들여 독립을 쟁취하게 도와달라고 부탁했다. 그의 연설에 감명 받은 오를레앙 왕자는 직접 기금을 모아주기도 했다. 홍종우가 파리에서 활약하던 때는 비운의 여인 리진이 파리에 머물던 시기와 겹친다.

3년여의 파리 유학을 마친 홍종우는 귀국길에 일본에 들렀다. 그곳에는 갑신정변 이후 십 년 동안 망명 중인 김옥균이 있었다. 홍종우는 그를 상하이로 유인해 1894년 3월 28일 사살했다. 외국에 의탁해 나라를 위험에 빠뜨린 공적을 응징하겠다는 소신에 의한 행동이었지만, 이 일로 홍종우는 프랑스에 한국을 알린 지식인이 아니라 근대화의 선각자를 죽인 자객이라는 비판을 오랫동안 받았다. 득세한 친일파와 일본의 조선 병탄이라는 상황이 일방적으로 뒤집어씌운 오명이었다.

프랑스에서 귀국하던 홍종우는 일본에서 이일직을 만나 김옥균 암살을 제의 받는다. 당시 일본 정부는 김옥균을 압박해 조선 침략의 앞잡이로 삼으려 했다. 이에 김옥균은 청을 움직여 일본을 견제해야 한다는 생각으로 청나라로 향한다.
김옥균을 수행한 홍종우는 1894년 3월 28일 상하이에서 김옥균을 권총으로 살해했다. 다음 날 체포되어 김옥균의 시신과 함께 본국으로 인도되었다. 김옥균 암살의 공을 인정받아 홍문관교리직을 제수받았다.

점점 드러나는, 진실은 저 너머에

을미사변의 자초지종을 남긴 카를 베베르

> 1895년 10월 8일 왕후가 일본인에 의해 잔인하게 시해된 사실이 알려지자 복수를 위해 전국적으로 봉기가 일어났다. 그 후 수개월 동안 임금은 일본군의 감시 아래 포로처럼 대궐에 갇혀있었다.

개항 이후 조선에 부임한 각국의 외교관 가운데 베베르만큼 광범위한 영향력을 행사한 이는 없었다. 1885년부터 1897년까지 12년 동안 주한 러시아 공사로 재임하면서 고종의 최측근으로 활약했다. 고종이 러시아 공사관에 피신해있는 동안 그는 친러파 내각을 출범시키는 등 조선의 국정을 좌지우지했다.

그가 남긴 144쪽 분량의 수기 《1898년 전후, 대한제국》에는 당시 러시아가 펼친 대한 정책의 실상과 비화가 고스란히 담겨있다. 수기 전반부에서 베베르는 자신이 공사로 재임했던 1898년 이전 한국의 실정과 러시아의 극동 정책을, 후반부는 1903년 고종 재위 40년을

카를 베베르

Karl Ivanovich Veber(1841~1910)

한자명 위패韋貝. 1885년부터 1897년까지 12년 동안 공사로 재직하면서 고종의 최측근 인사로 통했다. 그는 고종이 러시아 공사관에 머무는 동안 사실상 대한제국의 국정을 좌지우지했다. 고종은 베베르가 멕시코 공사로 발령 나자 '이임이 유감스럽다. 장기간 유임시켜 달라'는 친서를 니콜라이 2세에게 보냈을 정도다. 최근 공개된 그의 기록은 을미사변의 진실을 이야기하고 있다.

맞아 러시아의 경축 특사로 다시 찾은 대한제국이 일본의 경제 식민지로 전락한 상황을 상세하게 묘사했다.

명성황후가 시해 당한 후 수개월 동안 일본군의 감시 하에 포로처럼 대궐에 갇혀있던 고종은 1896년 2월 11일 아침 7시 30분, 여인 복장으로 변장하고 왕세자와 함께 부인용 가마 두 대에 나눠타고 공사관으로 피신해오는 데 성공했다. 뜻밖의 정변이 발생한 것이다. 고종의 탈출 소식을 들은 수천 명의 군중이 공사관 담벼락 아래로 몰려와 국왕의 탈출을 만세로 환호했다. 고종이 러시아 공사관으로 피신해온 이후 모든 국사는 러시아제국의 국기가 걸린 러시아 공사관에서 경비해군 160명의 호위 아래 행해졌으며, 각부 대신들은 공사관에 병풍을 치고 임시 사무실로 사용했다. 공사였던 본인과 협의하라는 왕명을 받으면 어떤 사건이든 대신과 단 둘이서 논

러시아 공사관은 을미사변 이후 고종이 피신하여 이듬해 경운궁으로 환궁할 때까지 세자와 함께 머문 곳이다. 아관파천 중에 친일 내각이 무너지고 친러 내각이 조직되는 등 역사적 의의가 큰 건물이다. 현재는 탑부만 남아있다.

의할 기회가 주어졌다.

러시아는 1884년 수교 이후 10여 년 동안 중국 시장과 시베리아 개발에 전념하느라 조선에는 별다른 관심을 보이지 않았다. 때문에 베베르는 청국과 일본이 조선을 독식하지 못하도록 소극적인 방어 자세를 취하고 있었다. 하지만 아관파천으로 상황이 완전히 바뀌었다. 베베르는 고종이 자국 공사관에 머무는 동안 조정을 장악한 친러파를 이용해 일본이 행사해오던 권리를 야금야금 갉아먹었다. 그런 상황에서 고종은 열강의 세력균형을 통한 조선의 독립을 구상했다. 러시아 공사관 서기 쉬테인은 그런 고종의 근황을 수시로 본국에 보고했다.

> 그는 두 개의 방에 왕세자와 각각 따로 앉아 공사관 뜰을 무심히 바라보기도 하고 때로는 서서 방안을 이리저리 거닐었다. 가끔씩 이웃 궁궐에 계신 노대비(명헌태후)에게 문안을 드리기 위해 세자와 함께 빠져나가기도 했다. 그러나 대부분의 시간은 방안에 우두커니 앉아있었다.

슬픈 망국의 운명을 예감하다

베베르는 1841년 7월 5일 러시아 리바프 지방에서 독일계의 독실한 기독교 가정에서 출생했다. 1865년 상트페테르부르크대학 동양학부를 졸업한 후 러시아 외무성 외교관 시보로 채용되어 베이징에서 5년 동안 중국어를 익혔다. 그 후 톈진 주재 영사, 일본 주재 총영사, 베이징 주재 임시 공사 대리를 지냈다.

1884년 톈진 주재 영사였던 베베르는 묄렌도르프의 중재로 조선과의 수교를 밀약한 뒤 전권대사가 되어 조러수호통상조약을 체결했고, 이듬해인 1885년에 대리공사 겸 총영사로 조선에 부임했다. 동양식 예절에 밝았던 그는 고종의 총애를 받으면서 조선의 친러 정책 수립에 결정적인 공헌을 했다. 처세에도 뛰어나서 처남댁의 언니인 독일인 손탁에게 손탁호텔을 경영하게 했고, 그녀를 명성황후에게 소개해 측근이 되도록 도왔다. 이러한 노력 덕분에 당시 베베르는 한국의 외국 공관장 가운데 가장 영향력 있는 인물이 되었다.

1894년 베베르는 청국 주재 러시아 대리대사로 전임되었다가 동학농민운동이 발발하자 다시 한국에 들어와 청일전쟁 이후 삼국간섭에 중요한 역할을 했다. 이어서 1896년 아관파천을 성사시킨 후에는 고종을 도와 친러 내각 조직에 주동적인 역할을 했다. 고종이 대한제국을 출범시키자 베베르는 영국인 존 맥레비 브라운을 재정 고문으로 천거해 국가 안정에 커다란 도움을 주었다.

아관파천 이후 일본인 재정 관리자와 고문관이 조선을 떠나자 국고 잔액이 얼마며, 어디에 보관되어있는지를 아는 사람이 없었다. 게다가 청일전쟁 이후부터 지방세가 중앙에 납입되지 않는 등 내정이 엉망진창이었다. 브라운은 지방에서 올라온 수입을 정확하게 수령, 장부에 기입하고 지출을 줄이는 한편, 군인과 관리에게 월급을 지불함으로써 행정을 정상화시켰다. 이러한 노력으로 1896년 말에는 1660만 엔의 국고 여유가 생겼다. 그래서 일본에서 들여온 차관 300만 엔 중 200만 엔을 상환하는 성과도 올렸다.

맥레비 브라운은 또 한성판윤 이채연과 함께 대대적인 도시계획 사업을 펼쳐 서울의 모습을 획기적으로 바꾸어놓았다. 그 무렵 한국

베베르가 부임할 때 아름다운 여인이 따라왔는데, 바로 손탁이다. 그녀는 베베르 부부의 소개로 자연스럽게 궁중을 드나들다가 외국인 요리 접대를 맡았다. 그리고 고종으로부터 덕수궁길 건너편의 대지를 하사받아 우리나라 최초의 서양식 호텔인 손탁호텔을 열었다.

을 다시 찾은 영국의 지리학자 이사벨라 비숍 여사의 눈이 휘둥그레질 정도였다. 바야흐로 대한제국의 앞날에 서광이 비치고 있었다.

"이제 군사적인 면만 보완한다면, 일본의 위협으로부터 벗어날 수 있겠다."

베베르는 고종의 환궁 이후 예상되는 일본의 도발을 예방하기 위해 조선군의 개편을 적극 지원했다. 두 차례에 걸쳐 시베리아에 주둔한 러시아군의 군사교관단을 불러들여 대궐시위대 2개 대대를 교육시켰고, 종래의 일본식 군 운영 체계를 러시아 방식으로 바꿨다. 이어서 재정 고문 알렉세예프 영입, 러시아어학교 개교, 러청은행 지점 개설, 서북 석탄광 개발과 압록강·두만강변의 벌목 이권을 확보하는 등 자국의 영향력을 키워나갔다.

이렇듯 대한제국의 정계를 좌지우지하던 베베르가 1897년 갑자기 낙마한다. 영국과 프랑스, 청, 일본 등 주변 국가에는 친한파로 미운 털이 박힌 데다 이권 청탁 명목으로 2만 엔을 수뢰한 사실이 밝혀졌기 때문이다. 각국의 압력을 이기지 못한 러시아 외무부가 그를 멕시코 주재 공사로 발령하자 고종이 니콜라이 2세에게 친서를 보내 그를 유임시켜 달라고 간청했으나 소용없었다.

> 베베르는 고종과 개인적으로 친분이 두텁고 한국인에게 지금도 좋은 평가를 받고 있다.

1902년 고종 재위 40주년 경축식이 열리자 니콜라이 2세는 당시 야인이던 베베르를 사절단장으로 특파했다. 5년 만에 서울에 들어온 베베르는 깊은 한숨을 내쉬었다. 제국은 이미 일본의 손아귀에서 빠져나올 수 없어 보였다.

"아아, 내가 없는 동안 대한제국은 이미 망해버렸구나."

그의 탄식처럼 한국은 일본과 열강들의 국제관계 및 그들의 정치적 거래를 전혀 알지 못한 채 망국의 길로 치닫고 있었다. 약간의 성공에 도취해 긴장감을 잃어버린 고종은 미신을 신봉했으며, 관직은 공공연히 거래되었다. 일본인은 대한제국의 독립을 보장한다고 큰소리치면서 은밀히 경제적 예속을 강화하고 있었다.

그 무렵 한국에 거주하는 일본인은 2만 명이 넘었는데, 일본인 1인당 식모, 사무실 서기, 잡부, 납품 상인 등 평균 한국인 다섯 명을 고용하고 있었다. 또 대한제국 연간 무역액의 72퍼센트를 일본이 차지할 정도였다. 1898년 9월 경부선 철도 부설권 협정서 중 '철도에 필요한 역사驛舍, 창고 등 대한제국 측이 제공하는 부지는 철도회사에 귀속되며 역사는 필요한 곳에 건설하되 역 앞에는 일본인 이외 타민족의 거주를 금한다'는 불평등 조항 때문에 철도 부설과 동시에 대한제국의 철도 및 역사 주변이 일본의 소유물로 전락했다. 일본은 또 대한제국이 다른 국가와 통신할 수 있는 유일한 수단인 해저 전신선을 통제했을 뿐만 아니라 개항지마다 일본은행을 개설하여 시장을 지배했다.

조선의 뿌리가 흔들리다

> 일본은 서법西法으로 천하를 얻었지만 조선은 서법으로 천하를 잃었으니, 세상에서 서법의 피해를 가장 혹독하게 입은 것은 조선이다.

개화기의 선각자 유인석柳麟錫이 《우주문답宇宙問答》(1912)에서 통탄했듯 조선은 개항으로 근대화의 길에 나섰지만 그것은 타의에 의한 것이었다. 게다가 메이지유신을 통해 근대화에 성공한 일본이 정한론을 부르짖으며 조선을 향해 칼날을 휘두르는 상황이었다.

임오군란 이후 조정에서는 청국을 배경으로 점진적 개화를 모색하던 민씨 일파 및 보수 사대당과 일본의 원조를 얻어 전면적인 개혁을 주장하는 김옥균 중심의 개화당이 각축전을 벌였다.

1884년 9월 안남(베트남) 문제로 청불전쟁이 일어나자 개화당은 청나라가 당분간 조선에 관심을 갖지 못할 것이라고 오판했다. 10월 12일 개화당은 고종에게 국내외의 정황과 사대당의 폐단을 고해 신임을 얻은 뒤 일본의 협조를 보장 받는다. 그리고 10월 17일(양력 12월 4일) 우정국 낙성식 축하연을 기회로 사대당 요인을 암살하는 일대 정변을 일으킨다. 그러나 예기치 못한 청군의 개입으로 실패하고 만다.

사태가 종료된 뒤에도 위안스카이의 내정간섭이 이어지자 고종과 명성황후는 러시아를 끌어들여 정국을 일신하기로 결정하고 은밀히 베베르를 불러들였다. 이 와중에 조선이 러시아에 영흥항을 조차한다는 소문이 나자, 영국은 1885년 3월 1일 거문도를 무단 점령하며 견제에 나섰다. 청국에서도 새롭게 등장한 친러 정권을 누르기 위해 대원군을 석방하는 강경 조치를 취했다.

한반도를 향한 열강의 각축전이 한창이던 1886년 7월 10일, 고종은 베베르에게 러시아의 보호를 요청하는 국서를 전달했다. 그러자 분개한 위안스카이는 고종을 끌어내리고 대원군의 장손 이준용을 추대하기 위해 톈진의 이홍장에게 파병을 요청했다. 사실 이 같은 고종

서양의 침략과 조선의 내재적 위기 속에서 유교는 명분주의에 빠져 변화하는 시대에 대처하지 못했고, 불교 역시 새로운 사회를 주도할 역량이 부족했다. 그런 조선 사회를 흔들던 서학(천주교)에 대항하는 한편, 새로운 이상 세계를 건설하기 위해 최제우는 동학을 창시했다.

의 행보는 열강과의 활발한 교섭을 통해 자주권을 확립하기 위함이었다. 1887년 9월 28일, 영·독·러·이·불 겸임공사로 조신희를 파견하고, 11월 26일에는 박정양을 주미공사로 워싱턴에 보냈다. 고종은 당시 청국이 내세웠던 영약삼단*을 무시하고 박정양을 시켜 미국 대통령 클리블랜드Stephen Grover Cleveland에게 직접 국서를 전달하게 했다.

그 무렵 한반도 남쪽에서는 '수심경천守心敬天'과 '보국안민輔國安民'을 표방하는 동학東學이 농민 사이에 급속히 퍼져나갔다. 1892년 이후에는 대규모 집회가 벌어지기 시작했다. 지배 계층의 개혁과 백성들의 설득을 담보하지 못한 채 진행된 정부 주도의 일방적 개화 정책은 동학이라는 역풍을 맞으면서 조선을 비극적인 상황으로 몰고 갔다.

---

* 청나라가 주문한 영약삼단另約三端의 내용은 다음과 같다.
첫째, 조선 공사는 임지에 도착하는 대로 그곳의 청나라 공사관에 먼저 보고하고, 청나라 공사와 함께 주재국 외무성을 방문해야 한다. 둘째, 조회나 공적 연회 등의 교제석상에서 청나라 공사의 다음 자리에 앉아야 한다. 셋째, 중대한 외교상 안건은 미리 청나라 공사와 의논해야 한다.
이는 조선의 자주권을 제한하는 조처였다.

1894년 1월 고부에서 시작된 동학농민운동이 파죽지세로 전북 일대를 휩쓸자 고종은 청나라에 지원을 요청했다. 청군이 조선에 들어서자 일본은 텐진조약을 빌미로 조선에 군대를 투입했다. 조선에 대한 주도권을 장악하고자 청국과의 일전을 벼르던 일본은, 1894년 7월부터 이듬해 4월까지 벌어진 청일전쟁에서 월등한 군사력으로 청군을 제압하며 승리를 거두었다.

일본의 극단적 만행, 을미사변

청일전쟁에서 승리한 일본은 1895년 3월 23일 체결한 시모노세키조약에 따라 랴오둥반도를 얻는다. 그러나 극동에서 남하 정책을 펴던 러시아는 독일, 프랑스와 합세하여 일본의 퇴거를 요구했다. 이른바 삼국간섭이다. 그때까지도 열강의 힘을 두려워했던 일본은 두 달 만에 눈물을 머금고 랴오둥반도를 포기해야 했다.

"역시 우리가 믿을 나라는 러시아밖에 없다."

그 소식을 듣고 가장 기뻐한 사람은 명성황후였다. 고종을 일왕 메이지 무쓰히토처럼 군림하되 통치하지 않는 입헌군주로 만들려는 일본의 계획에 거부감을 가진 그녀는 자신의 행보를 가로막은 이노우에를 당황케 할 묘책을 구상했다. 핵심은 삼국간섭의 주인공 러시아을 끌어들이는 것이었다. 이 계획을 접한 러시아 공사 베베르는 호언장담을 늘어놓았다.

"우리 러시아와 손을 잡으면 일본은 금세 꼬리를 내릴 겁니다."

1895년 7월, 명성황후는 이노우에 가오루와의 약속을 파기하고 정치 활동을 재개하면서 박정양, 이범진, 이완용을 망라한 친러 내각을 출범시켰다. 또 민영환을 비롯한 척족 16인을 조정에 불러들여, 1894년 6월 이후 친일 내각이 추진해온 내정 개혁을 백지화했다. 이른바 '인아거일책引俄拒日策'이다.

"작년 6월 이래 칙령이나 재가 사항은 어느 것이고 짐의 의사에서 비롯된 것이 아니다. 그러므로 이를 취소한다."

고종은 명성황후의 조언을 받아들여 자신이 매일 대신들과 만나 직접 대소사를 심의하고 시행하겠다는 조칙을 발표했다. 이어서 관복을 옛날식으로 환원하고, 일본군의 지휘를 받는 훈련대를 해산시키려 했다. 일본의 그늘에서 벗어나겠다는 단호한 선언이었다.

이와 같은 변화는 일본을 몹시 당황케 했다. 랴오둥반도의 포기로 일본 정부가 여론의 비난을 받는 상황에서 러시아 세력이 한국에 들어온다면, 그때까지 추진하던 한국 병탄 정책이 수포로 돌아갈 가능성이 농후했다. 때문에 최후의 비책으로 친러 정책을 주동하는 왕후를 제거하기로 결정한다.

"더 이상 고종의 배후에서 암약하는 왕비를 좌시할 수 없다."

그해 7월 13일 이노우에는 명성황후가 방심하도록 일본 공사직을 사임하고, 후임으로 미우라 고로三浦梧樓를 발령했다. 미우라는 이노우에와 동향으로 예비역 육군 중장 출신이었다. 그는 고종에게 신임장을 제출하면서 이렇게 너스레를 떨었다.

"정치에는 관심이 없고, 이 땅의 풍월이나 즐기면서 왕후께 《관음경觀音經》*의 일부를 청사淸寫하여 드릴까 합니다."

그렇듯 교묘한 수작으로 고종 부처를 안심시킨 미우라는 은밀히 왕후 시해 계획**을 확정했다. 시해에 참가할 병력은 일본인 30여 명, 경찰 10여 명, 조선군 훈련대, 일본군 수비대로 구성했다. 당초

〈한성신보〉 사옥 앞에 을미사변을 일으킨 낭인들이 모였다. 러시아에 한반도의 주도권이 넘어가는 현실을 두고볼 수 없었던 이노우에 가오루는 이들을 동원해 명성황후를 잔혹하게 살해하고 말았다.

예정은 1895년 8월 22일(양력 10월 10일) 새벽 4시 30분이었으나, 조정에서 8월 19일 일본군이 교육해온 조선인 훈련대의 해산을 결정하고, 20일 무장해제하겠다고 미우라에게 통보해오자 8월 20일(양력 10월 8일)로 앞당겼다.

짜여진 각본에 따라 궁내부 고문관 오카모토가 이끄는 무장한 일본인 30여 명이 대원군이 사는 공덕리에 도착한 시각은 19일 자정 무렵이었다. 그런데 무슨 문제가 있었는지 대원군이 집을 나선 것은 이로부터 세 시간이 지난 20일 새벽 3시 30분경이었다.

새벽 5시 30분경 훈련대 연대장 홍계훈이 군부대신 안경수와 함

• 《묘법연화경》 중 〈관세음보살보문품〉을 따로 떼어 만든 불경. 관세음이 33신身으로 모습을 바꾸어 중생의 고뇌를 구제하고 소망을 이루게 한다는 내용.

•• 첫째, 궁중의 간신을 제거하여 국정을 바로잡는다는 명분 아래 대원군을 입궐시키고 왕비를 시해한다. 둘째, 행동 부대의 표면에는 훈련대를 내세워 조선인이 일으킨 쿠데타로 가장한다. 셋째, 행동의 전위대로는 일본 낭인 부대를 앞세우고, 이들을 위한 엄호와 전투의 주력은 일본군 수비대가 담당한다. 넷째, 대원군 호위의 별동대로는 일본인 거류지의 경비를 담당하는 일본 경관을 동원한다.

께 1개 중대의 시위대 병력을 이끌고 광화문을 들어오는 흉도와 첫 접전을 벌였다. 그러나 10분 만에 홍계훈이 전사하고, 안경수와 시위대 병력은 사방으로 흩어져 도주했다. 이어서 일본 수비대 앞을 미국인 교관 다이 장군이 지휘하는 시위대가 막아섰으나 금세 패주했다.

그와 동시에 일본 낭인이 두 패로 나뉘어 건청궁乾淸宮에 진입했다. 동쪽 곤녕합은 고종의 침전이고 서쪽 옥호루는 왕후의 침전이었다. 폭도가 왕후의 침실로 향하자 궁내부 대신 이경직이 두 팔을 벌려 가로막다가 양 팔목이 잘려 죽었다. 위기에 빠진 명성황후는 뜰 아래로 뛰어나가다 폭도에게 붙잡혀 가슴을 짓밟히고 칼에 찔려 목숨을 잃었다. 혹시나 모를 실수에 대비해 낭인들은 그녀와 용모가 비슷한 궁녀를 여럿 살해했다. 곤녕합에 있던 고종도 폭도들이 난폭하게 잡아끌어 옷이 찢겼고 왕세자는 부상을 입었다. 민태호의 딸이며 민영익의 동생이었던 왕세자비도 현장에 있었는데, 명성황후를 보호하다가 넘어져 반나절이나 기절해있었다.

폭도는 왕후의 시신을 녹원鹿園 숲속으로 운반한 뒤 장작 더미 위에 올려놓고 불을 질렀다. 계속 석유를 뿌려가며 뼈만 남을 때까지 반복했다. 이때가 1895년 8월 20일 오전 8시경이었다. 이로써 밀려오는 외세에 당당히 맞서 기울어가는 나라를 일으키려던 비운의 여인 민자영은 파란만장했던 44년 생을 마감했다.

이 참혹한 장면을 유럽인 경비원 당직이었던 미국인 교관 다이 장군과 러시아인 건축기사 사바틴*이 낱낱이 목도했다. 당시 미국과 러시아 외교관들이 고종에게 일본은 유럽을 두려워한다면서 유럽인 경비원을 여러 명 궁궐에 채용하도록 건의했는데, 사바틴도 그 가운데 한 사람이었다.

본래 어둠 속에서 완전범죄를 의도했던 왕비 시해 계획은 대원군을 끌어내는 데 시간을 지체하고 또 일본인 수비대와 합류하기 위해 한 시간 반 이상을 기다리는 바람에 새벽녘에 사건을 벌여 목격자가 많았다. 때문에 미우라는 대원군과 훈련대 주모라는 애초 주장을 바꿔, 일본인이 가담했다 해도 이는 자신은 물론 일본 정부와는 아무 관계가 없다고 주장하며, 사건을 마무리 짓기 위해 외교 채널과 언론을 총동원했다. 강경한 태도로 진상 규명을 요구하던 미국, 러시아, 영국 등 각국 공사들도 일본과의 관계 악화를 우려하는 본국의 방침에 따라 결국 침묵을 지켰다.

러시아의 눈, 베베르의 대응

그동안 을미사변의 진상은 국내 자료와 영·미 자료 그리고 은폐 조작된 일본 측 자료에 의존해왔다. 하지만 최근 명성황후 시해 사건 관련 문서를 가장 잘 보존하고 있다고 알려진 제정러시아 대외정책문서국 자료[••]가 공개되면서 그 진상이 점차 명백하게 드러나고 있다. 여기에서 새삼 부각되는 인물이 바로 베베르다. 그는 명성황후 시해 사건 직후 서울 주재 외교 대표단의 회합을 주선하고, 일본 공

• 사바틴은 우크라이나 출신으로 한국식 이름은 살파정薩巴丁, 혹은 살파진薩巴珍이다. 러시아의 비정규 학교 해양강습소 출신으로 1883년 묄렌도르프를 따라 한국에 왔다. 한국 최초의 서양인 건축가로서 독립문과 러시아 공사관, 석조전 외에도 손탁호텔, 덕수궁의 정관헌·중명전·돈덕전·구성헌, 경복궁의 관문각, 인천의 세창양행과 해관청사 등을 설계했다. 을미사변 이후 구성된 친일 내각이 그의 입을 막기 위해 내무부 고문직을 제의했으나 거절했다고 한다. 동청철도 여객선 제물포 지사장을 역임했다. 러일전쟁이 발발하자 블라디보스토크로 피신한 뒤 일본과 중국 등을 전전했다고 알려졌다.

사 미우라 고로에게 항의했으며, 일본 공사가 주모자였음을 밝혀내는 데 중요한 역할을 했다.

베베르는 을미사변 당일 러시아 외상에게 숫자로 된 난수표 암호 전문을 보내고, 이튿날에는 목격자 증언을 받아 보고서에 첨부하여 본국으로 보냈다. 러시아 외상은 베베르의 보고서를 사건 목격자 증언서와 함께 니콜라이 2세에게 상주했다.

"어찌 이런 야만적인 행위가 있을 수 있단 말이냐."

보고를 받은 황제는 새삼 일본의 만행에 경각심을 품고 극동 아무르 군관구 사령관에게 산하 부대를 비상 대기하도록 명령했다. 한편 베베르는 을미사변 목격자들의 증언서를 사건 당일에 받아낸 다음, 이를 근거로 다른 서울 주재 외교대표의 선두에서 일본의 만행을 규탄하고 범인 처벌을 강력히 요구했다.

새롭게 밝혀진 사바틴의 증언에 따르면, 사건 전날 조선군 훈련대와 일본군이 대궐 앞에 모여 궁궐 침입을 모의模擬했다. 더욱이 그는 한 중국인으로부터 그날 밤에는 사건이 벌어지리란 정보도 입수

•• 을미사변에 관련된 증언서는 다음과 같다.

고종의 증언서 / 시해 현장에 있던 무명 상궁의 증언서 / 전 농상공부대신 이범진 증언서 / 조선군 부령 이학균 증언서 / 조선군 정령 현흥택 증언서 / 러시아인 궁궐 경비원 건축기사 사바틴 증언서 / 가톨릭 서울 주교 프랑스인 구스타프 뮈텔 증언서 / 10월 8일 서울 일본 공사관에서 서울 주재 서방 외교대표(미국·러시아·영국·프랑스·독일)가 모여서 미우라 일본 공사에게 항의하며 나눈 대담록(영국 총영사가 기록) / 조선 외부대신 성명서 / 서울에서 일본인이 발행한 〈한성신보〉 기사 / 일본군 궁궐 침입로 도면.

그밖에 베베르가 10월 9일 이후 외상 로바노프-로스토브스키에게 보낸 문서는 다음과 같다.

고종의 서명 없이 일본이 강압적으로 발표한 '왕후 폐위 칙서' / 대원군의 성명시 / 10월 25일자, 11월 5일자, 11월 13일자 일본 공사관에서 서울 외교대표들이 일본 공사에게 항의하며 나눈 대담록 / 베베르의 보고서와 전문 / 도쿄 주재 러시아 공사 히트로보의 전문 / 중국에서 보낸 사바틴의 2차 보고서 / 고종에게 보낸 일왕의 친서 등.

했다. 하지만 안이하게 생각하고 대책을 세우지 않아 대궐이 포위되는 지경에 이른 것이다.

이범진의 증언은 좀 더 급박한 상황을 보여준다. 일본군이 궁궐을 포위했다는 급보를 받은 고종은 급히 이범진을 미국 공사관으로 파견했다. 당시 조선에는 궁내부 고문으로 미국인 르젠드르 장군과 군사교관 다이가 있었고, 미국인 선교사가 150여 명이나 활동하고 있었으므로 위급 상황에서 미국의 도움을 떠올렸던 것이다. 이범진은 미국 공사관에 이어 러시아 공사관을 찾아가 궁궐이 일본군에 포위되었음을 알리고 구원을 요청했지만 사태를 되돌릴 수는 없었다.

현흥택의 증언에 따르면, 8월 20일 새벽 2시 별군관에게 고종의 호위경관 2명이 달려와 삼군부에 일본군과 조선군 훈련대가 운집했다고 보고했다. 새벽 4시 조선군 훈련대 대대가 춘생문과 추성문을 포위하자, 고종은 왕의 침전만은 감히 침범하지 못할 것이라 여겨 왕후를 옥호루에서 자신이 있던 곤녕합으로 불렀다. 그래도 안심이 되지 않았던지 왕후를 일반 궁녀와 같은 복장을 하게 하여 폭도의 눈을 속이려 했다.

이날 밤 폭도는 남쪽의 광화문, 동북쪽의 춘생문, 서북쪽의 추성문 등 3개의 문으로 침입했다. 궁궐 경비병은 총인원 1500명에 장교가 40명이었으나, 5시 10분경에 남아있는 사병은 250~300명뿐이었다. 다이 장군은 제1방어선인 경복궁 외곽문에서 후퇴해 남은 경비병을 겨우 집합시켜 제2방어선으로 북쪽 왕가의 출입문에 배치했다. 그러나 교전이 시작되고 한 사람이 총상을 입자, 겁을 먹은 궁궐 경비병들은 한 발도 응사하지 않고 총과 군복 상의을 벗어던지고 도주해버렸다.

이학균 부령이 수비했던 춘생문과 다이 장군과 사바틴이 지키고 있던 추성문 쪽도 거의 같은 시각에 무너졌다. 추성문을 침입한 폭도들은 다이 장군을 붙잡아 유럽인 경비원 숙소 쪽으로 갔으며, 사바틴을 사로잡은 일단의 폭도는 왕의 침전이 있는 곤녕합과 왕후의 침전인 옥호루 쪽 담 안으로 들어섰다. 총소리를 듣고 놀란 환관, 관리, 궁노, 폭도 등 300여 명이나 되는 사람이 일시에 밀어닥치는 바람에 사바틴은 내전까지 밀려들어갔다. 그곳에 혼자 남은 사바틴은 왕후의 처소에서 벌어진 만행을 목격했다. 겁에 질린 사바틴은 폭도의 우두머리에게 간청해 조선군인 2명의 호위를 받았다. 그런데 낭인들이 훗날 화근이 될지도 모를 사바틴을 죽이려는 눈치를 보였다.

'일본 무사는 한번 한 약속은 꼭 지킨다고 했다.'

그렇게 생각한 사바틴은 급히 두목에게 쫓아가 약속을 지켜 목숨만 살려달라고 애원한 끝에 재차 생명을 보장받을 수 있었다. 그때 일본인 폭도가 궁녀 10~12명을 왕후의 침전에서 2미터가 넘는 창밖 뜰로 내던졌는데 한 사람도 달아나거나 소리 지르거나 신음소리를 내지 않았다. 머리채를 잡혔을 때도, 창밖으로 던져졌을 때도 시종일관 묵묵히 침묵을 지키며 무시무시한 고통을 참았다. 궁녀들은 폭도의 폭력과 협박 앞에서도 결코 굴복하지 않았다. 새벽 6시경 간신히 궁궐을 빠져나온 사바틴은 러시아 공사관으로 몸을 피하고 자신이 목격한 내용을 베베르에게 증언했다. 그가 옥호루에서 떠난 뒤의 상황은 무명의 상궁이 증언한다.

> "폭도들은 왕후와 궁녀들이 있는 방 쪽으로 왔다. 이때 궁내부 대신 이경직이 왕후가 있는 방 앞에서 양팔을 들어 궁녀뿐이니 들어가지

말라고 폭도를 가로막았다. 순간 폭도들은 칼로 이경직의 양팔을 내리쳤고 그는 피를 흘리며 바닥에 쓰러졌다. 폭도들은 괴성을 지르며 난입해 왕비가 어디에 있냐고 물었다. 궁녀들은 왕후가 이곳에 있지 않다고 대답했다. 그런데 갑자기 왕후가 회랑을 따라 달아났다. 그 뒤를 한 폭도가 쫓아가 잡고 마룻바닥에 넘어뜨린 후 왕후의 가슴을 세 번 발로 짓밟고, 칼로 찔러 시해했다. 나이 많은 상궁 하나가 수건을 꺼내 왕후의 얼굴을 덮어주었다. 잠시 후 폭도들은 왕후의 시신을 가까운 숲속으로 운구해갔다. 더 이상 나는 아무것도 보지 못했으나, 어느 환관 하나가 폭도들이 왕후의 시신을 화장하는 것을 목격했다는 말을 들었다."

구체적으로 누가 왕후를 시해했는가는 고종의 국내부 고문이었던 미국인 르젠드르가 통역관을 통해 발표한 증언서에 밝혀져있다. 고종의 면전에서 전 조선 군부 고문이었던 오카모토, 스즈키, 와타나베가 칼을 들고 침전에 난입했고, 왕후가 밖으로 피하자 오카모토와 스즈키가 왕후의 뒤를 쫓아갔다는 것이었다. 러시아 측 자료를 종합해보면 명성황후는 궁녀들이 죽음을 당했던 옥호루가 아니라 고종과 함께 있던 곤녕합에서 참변을 당했던 것이다.

또 다른 반동, 아관파천

을미사변을 통해 세력을 만회한 일본은 재차 친일 김홍집 내각을 성립시켜 급진적인 개혁 사업을 재개했다. 그러나 국모 시해로 고조된 백성의 반일 감정은 단발령을 계기로 폭발하여 의병 봉기가 전국적으로 줄을 이었다. 김홍집 내각은 지방의 진위대를 이용해 의병을 진압하려 했으나, 기대에 못 미치자 중앙 친위대까지 동원했다. 그로 인해 수도 경비에 공백이 생기자 일본의 또 다른 만행을 우려한 친러파는 고종을 경복궁에서 러시아 공사관으로 피신시키고자 했다.

과거 미국 대사관으로 고종을 이어하려 한 '춘생문 사건'을 주도했다가 실패하고 해외로 탈출했던 친러파 이범진이 비밀리에 귀국하여 재차 이완용, 이윤용, 베베르 등과 함께 고종의 파천 계획을 모의했다. 그는 궁녀 김 씨와 엄 상궁을 통해 고종에게 접근해 탈출을 종용했다.

"대원군과 친일파가 폐하의 폐위를 공모하고 있습니다. 왕실의 안전을 위해 러시아 공사관으로 어가를 옮기셔야 합니다."

을미사변 이래 불안과 공포에 휩싸여있던 고종은 그들의 계획을 받아들였다. 일국의 국왕이 외국 공사관으로 도피하는 엄청난 망신이었지만, 을미사변의 참극을 겪은 고종으로서는 체면 따위를 고려할 형편이 아니었다.

1896년 2월 10일 러시아는 공사관 보호를 구실로 인천에 정박

고종이 러시아 공사관으로 몸을 피하자 일본군은 대포로 위협했다. 국왕으로서의 체면도 팽개치고 몸을 피할 수밖에 없었던 이유를 짐작케 한다.

중이던 군함의 해군 120여 명을 무장시켜 서울에 배치했다. 이튿날 새벽 고종과 세자는 극비리에 궁녀의 교자에 타고 경복궁 영추문을 빠져나와 러시아 공사관으로 들어간다. 그날 아침 국왕의 파천이 알려지면서 총리대신 김홍집과 농상공부대신 정병하는 백성들에게 맞아죽었다. 내부대신 유길준을 비롯한 고관 10여 명은 일본 군영으로 도피한 뒤 일본으로 망명했다. 탁지부대신 어윤중은 도피 중 백성에게 살해되었고, 외부대신 김윤식은 제주도로 유배되었다.

고종은 러시아 공사관에서 이범진을 법부대신 겸 경무사에 발령하고, 이완용·이윤용·박정양·조병직·윤용구·이재정·안경수·권재형·윤치호·이상재·고영희 등 친러·친미 인물을 대거 등용했다. 새롭게 출범한 친러 내각은 친일파를 국적으로 단죄하는 한편, 단발령 실시를 보류하고 의병을 회유하며 공세를 탕감하는 등 백성이 요구하는 정책을 시행했다. 또 조정을 의정부 제도로 환원한 다음 일본인 고문관과 교관을 쫓아내고 그 자리에 러시아 인사를 불러들였다.

아관파천으로 불의의 일격을 당한 일본은 러시아와의 대결을 아직은 시기상조라 판단하고 외교 교섭에 나섰다. 일본 외상 임시대리 사이온지 긴모치四園寺公望와 러시아 공사 히트로보Hitro Vo는 조선의 현실을 시인하고 앞으로 공동보조를 취한다는 타협안에 합의하고, 5월 14일 제1차 러일협정인 '베베르-고무라 각서'를 체결했다. 각서의 골자는 일본이 아관파천과 친러 정권을 인정하고 을미사변에 대한 일본의 책임을 시인함과 동시에 일본군 및 러시아군 병력을 감원·철수한다는 내용이었다.

일본은 또 야마가타 아리토모山縣有朋를 니콜라이 2세의 대관식에 파견하여 러시아 외상 로바노프와 비밀 회담을 벌인 뒤 조선 문제에 대한 공동 간섭을 내용으로 하는 '로바노프-야마가타 의정서'를 체결했다. 이 자리에서 러시아는 일본이 제안한 한반도 39도선 분할안을 거부하는 대신 향후 러·일 양국이 조선을 공동 점유할 수 있다는 내용에 합의했다.

이와 같은 러시아와 일본의 막후 교섭을 까맣게 몰랐던 조선의 관민은 러시아의 개입에 환영 일색이었다. 고종이 러시아 공사관에 머물던 1년 동안 조선 정부의 인사와 정책은 러시아 공사관과 친러파에 의해 좌우되었다. 러시아는 알렉시예프를 조선 정부의 탁지부 고문으로 앉히고 조선의 재정을 마음대로 휘둘렀다. 그리고 러시아 황제 대관식 때 열린 로바노프-민영환 비밀 회담에서 러시아는 원조를 약속하는 조건으로 조선에게 17개조 이권을 요구했다. 그로 인해 경원·종성 광산 채굴권, 인천 월미도 저탄소 설치권, 압록강 유역과 울릉도 삼림 채벌권 등의 경제적 이권이 러시아에 돌아갔다.

그 무렵 러시아 외의 열강들은 아관파천에 대해서는 간섭하지 않았지만, 경제적 이권에는 기회 균등을 요구했다. 그리하여 전차·철도 부설권, 삼림 채벌권, 금광·광산 채굴권 등 시설 투자와 자원 개발에 관한 각종 이권을 열강들이 나누어가졌다.

고종의 러시아 공사관 체류 기간이 길어지면서 국가의 주권과 이권이 손상되자 국내외적으로 환궁을 요구하는 여론이 비등해졌다. 고종은 파천 초기에 조칙을 내려 경복궁이 아닌 경운궁(덕수궁의 옛 이름)으로 환궁할 것을 약속했다. 경운궁이 수리중이어서 환궁 시기를 늦출 수 있었을 뿐만 아니라 부근에 있는 구미 공사관의 보호를 받기 위함이었다.

독립협회는 정부의 대외 의존 자세를 비난하고 조속한 환궁을 요구했고, 정부 대신들도 환궁을 독촉했다. 이어서 유생들이 상소 운동을 개시하고 장안의 시전市廛까지 철시 조짐을 보이자, 고종은 파천 1년 만인 1897년 2월 20일 경운궁으로 환궁한다. 그해 10월 12일 고종은 원구단에서 황제 즉위식을 갖고 국호를 대한大韓, 연호를 광무光武로 정했다.

러시아, 대한제국을 떠나다

1884년 조러수호통상조약 체결 이후 러시아의 한반도 정책은 현상 유지와 무력 점령, 38선을 중심으로 일본과의 남북 분할 점령 등 3개 안을 기본으로 변화해왔다. 또 국내외 정치 상황에 따라 중립국안, 완충지대안, 만주 및 몽고와의 거래에 의한 양보안까지 오락가락했다.

러시아는 청국의 심기를 건드리지 않으면서 아시아에서 영국과 독일 등 열강에 뒤지지 않는 세력을 확보하려 했다. 남하 정책을 실현하기 위한 부동항 획득도 중요한 목표였다. 1884년 10월 8일 기르스 외무상이 톨스토이 내무상에게 보낸 극비 문서에는 다음과 같은 내용이 기록되어있다.

> 서울에서 체결한 조러수호통상조약문을 동봉한다. 외무성은 조선과의 수교가 불가피하다고 판단했으나, 정치적 상황이 여의치 못해 이를 실현시키지 못하고 있었다. 그러던 중 독일과 영국이 조선과 통상조약을 체결했다는 소식을 접한 후 황제 폐하의 윤허를 얻고 서울에 베베르를 보내 조약을 체결했다. 이 조약은 독일과 영국이

체결하지 못한 영사관 설치 문제가 제2조에 명문화되어있으며 블라디보스토크 주재 청국 영사관의 불만을 피하기 위해 그곳에 조선 영사관을 허용하지 않은 특징이 있다.

1888년 4월 26일 아무르 총독과 외무부 아시아 국장의 특별 회의록에서는 조선을 점령하면 어떤 결과가 나타날지에 대해 고민하는 내용이 실려있다. 당시 일본의 야마가타 아리토모는 대한제국을 분할 점령하는 것이 양국의 우호증진을 위해서 바람직한 해결책이라고 주장했다. 일본이 대한제국의 수도를 포함한 남부를 차지하고, 동해안과 서해안 항구와 대부분의 대한제국 영토를 러시아에 양보하겠다고 제안했다. 그러나 러시아는 대한제국의 독립을 빌미로 이를 거부했다. 여기에는 사실 다른 이유가 있었다.

아관파천 이후 러시아의 대한제국에 대한 영향력이 극대화된 상태였지만, 러시아군의 병력 대부분이 유럽에 주둔하고 있었기 때문에 극동 지역에서 확고한 우위를 점하지는 못했다. 그러므로 러시아는 자국의 병력을 신속히 이동시킬 수 있는 시베리아 횡단철도가 완성되기 전까지 외교적 방법으로 대한제국을 지원하여 현 상황을 유지하고자 했다. 하지만 1900년 두바소프 태평양함대 사령관은 "일본군이 군사행동을 취하면 전쟁을 피할 수 없다"고 니콜라이 2세에게 보고했다.

대한제국을 보호국으로 삼아 철도 및 은행 등을 장악하는 것은 무의미하다. 무력으로 대한제국을 장악해야 하는데 문제는 대한제국 남부까지는 우리의 힘이 미치지 못하므로 대한제국 전역을 지배할 수 있는 기회를 엿봐야 한다. 그런 의미에서 먼저 만주를 지배하지 않으면 안 된다.

1902년 10월 8일, 도쿄 주재 러시아 공사 로젠 남작이 니콜라이 2세에게 상주한 보고서의 일부 내용이다. 당시 러시아는 일본에 대한제국의 행정과 철도, 우편, 전신 등에 유리한 권한을 인정하면서 재정과 군사 부문까지 참여를 허용해주는 대신 러시아의 만주 지배를 용인 받으려 했다. 그렇지만 러시아의 행보는 1902년 1월 런던에서 체결된 영일동맹으로 인해 벽에 부딪쳤다. 때문에 그해 12월, 러시아의 재무상 비테는 만주의 평화적 해결을 위해 대한제국을 일본에 양보하는 것이 불가피하다고 황제에게 건의했다.

그 결과 군부 및 일부 외교 라인의 강경론에도 베조그라조프 등 러시아 극동 정책 수뇌부는 1903년 6월 뤼순에서 일본이 대한제국을 점령해도 러시아군을 투입하지 않기로 결정했다. 대신 만일의 경우를 대비해 아무르 강 하구에서 원산만, 서울과 제물포를 포함하는 완충지대 설치를 고려했다.

그러나 일본의 전쟁 도발이 확실해진 1904년 1월 26일, 니콜라이 2세는 알렉세예프 극동총독에게 전문을 보내 일본군이 대한제국의 남해안이나 동해안으로 상륙하지 않고 38선 이북 서해안 방향으로 북진해오면 적군의 첫 발포를 기다리지 말고 공격하라고 긴급지시했다. 하지만 그해 2월 8일 일본은 한반도가 아니라 뤼순 항에 있는 러시아 군함을 습격해 허를 찔렀다.

그 후 러시아는 러일전쟁에서 패배한 뒤 루스벨트 대통령의 중재로 포츠머스에서 일본과 굴욕적인 조약을 맺고 대한제국에 대한 영향력을 완전히 상실했다. 1905년 을사조약으로 외교권을 탈취 당한 고종이 니콜라이 2세에게 지원을 호소하자 러시아 외무성은 황제의 이름으로 다음과 같은 전문을 보냈다.

> 패전 이후 혁명 세력의 확장으로 더 이상 도와줄 수 없다.

더 읽는 글

청일전쟁의 도화선 된 고종의 동학 탄압

1892년 11월 1일 교조 최제우崔濟愚의 신원伸寃을 요구하며 삼례에서 최초의 대규모 집회를 연 동학은 이듬해 2월 11일에 열린 1차 보은집회의 결정에 따라 2월 12일 박광호, 손병희 등 40여 명이 광화문에 모여 복합상소(상소자가 직접 왕이 평소에 거처하는 편전의 문밖에 엎드려 상소의 내용이 받아들여지기를 청하는 것으로 연좌시위를 겸한다)를 올렸다. 그해 3월 10일 다시 보은에서 2만여 명이 참가한 2차 집회를 가진 동학은 교조 신원의 차원을 넘어 '제폭구민除暴救民, 척양왜창의斥洋倭倡義'를 부르짖었다.

1894년 1월 10일 새벽 고부군수 조병갑의 학정에 항거하는 1000여 명의 농민이 전봉준全琫準의 지휘에 따라 관아를 습격하면서 동학농민운동이 시작되었다. 전봉준은 각처의 동학 접주에게 통문을 돌려 동참을 호소했다. 동학군은 그해 4월 6일 황토현에서 관군을 격파한 다음 정읍, 무

전북 순창에서 체포되어 서울로 압송되는 전봉준.

장, 영광, 장성 등을 거쳐 28일 전주를 점령했다. 그런데 전주에 입성한 동학군이 관군에게 보낸 소지문訴志文에 '국태공國太公(흥선대원군)을 받들어 감국監國하자는 것이 왜 나쁜가'라는 구절이 있었다. 그 사실을 알고 대노한 고종은 즉시 민영준을 통해 청국에 원병을 청했다. 《매천야록》에 따르면, 명성황후는 '동학의 무리들을 내 어찌 왜놈처럼 여기라만 임오군란과 같은 일을 다시는 참을 수 없다'면서 톈진조약의 규정을 들어 청병을 주저하는 민영준을 꾸짖었다 한다.

"동학의 뜻이 광명정대한 줄 알았는데, 적도와 내통하고 있었구나."

하지만 결과적으로 고종의 판단은 엄청난 실책이었다. 청군이 제물포에 도착하기 무섭게 기회를 엿보고 있던 일본군은 톈진조약을 빌미로 재빨리 조선에 들어왔다. 1894년 6월 21일 서울에 입성한 일본군은 갑자기 연대 규모의 병력을 동원해 경복궁을 포위하고 사대문을 봉쇄해 청군의 입경을 가로막았다. 같은 시각 일본 공사 오토리大鳥圭介는 고종을 위협해 친일 내각을 구성하고 대원군을 조정에 불러들였다. 6월 25일 김홍집을 필두로 하는 친일 내각은 자주독립을 위한 내정 개혁을 빌미로 군국기무처를 설치했다. 그들은 '의정부가 백관을 거느리고 서정을 다스리며 국가를 경영한다'는 결의문을 채택하면서 왕권을 무너뜨리고 일본의 입맛에 맞는 갑오개혁을 주도했다.

"오백년 조정의 구제도를 신의 손으로 변혁했으니 뒷일이 매우 두렵습니다."

김홍집이 고종 앞에서 이렇게 아뢰자 영돈녕부사 김병시가 탄식했다.

"군주가 욕된 일을 당하면 신하가 죽음으로써 보은해야 한다는 대의를 저버리고 있으니 한스럽기 짝이 없다."

당시 일본은 조선에서의 주도권 장악을 위해 청나라와의 전쟁을 준비하고 있었다. 메이지유신 이후 축적된 일본의 군사력은 이미 청을 압도했다. 풍도 해전과 함께 시작된 청일전쟁은 일본의 일방적 승리로 귀결되었다. 그러자 고무된 일본은 구체적인 조선경략안朝鮮經略案을 논의하기에 이른다.

그해 7월 20일 일본은 강제로 조일잠정합동조관朝日暫定合同條款을 체결하고 이어 7월 26일에는 일본군의 진퇴와 식량 등의 편의를 제공해야 한다는 공수동맹攻守同盟을 맺었다. 그러자 형조참의 이남규李南珪는 〈청절왜소淸絕倭疏〉를 올려 일본의 교활한 사술을 지적하면서 당장 조약을 폐기하고 열국과 힘을 합쳐 일본을 토벌하자고 주장했지만 부질없는 외침이었다.

그해 9월 28일 조선에 부임한 일본 공사 이노우에 가오루는 갑오개혁 이후 왕권이 무시 당해온 점을 지적하면서 접근했고, 청나라와 내통했다는 혐의로 대원군을 정계에서 은퇴시켜 고종의 환심을 샀다. 하지만 그는 명성황후를 겁박해 향후 정치에서 손을 떼겠다는 확약을 받았다. 그때부터 두 사람은 한국의 운명을 놓고 치열한 신경전을 벌인다.

여기 고요한 아침의 나라

한국을 세계에 알린 천문학자 퍼시벌 로웰

동양의 여러 민족에게 바다는 정착지를 찾는 방향잡이 역할을 했다. 태양이 뜨고 지는 방향을 따라 그들은 어디론가 전진했지만, 이유는 뒤쫓는 적 때문이 아니라 그들 가슴 속에 들끓는 희망 때문이었다. …(중략)… 일본으로 건너가는 통로에 영원한 정착지를 정한 민족이 있었다. 그곳은 신선의 나라로 불렸다. 거기에는 희랍의 신 헤라가 임명한 금사과나무를 지키는 네 명의 처녀는 없었지만 만병통치약이며 불로장생을 돕는다는 불로초가 있었다. 그 약초를 그곳 사람들은 산삼이라고 불렀다. 그들은 북방에서 내려오다 선조보다 모험을 덜 좋아해 한반도에 이른 후 바다를 건너가지 않았던 사람들이다. …(중략)… 그들은 자신들의 옛 전통을 결코 잊지 않았다. 뿐만 아니라 해가 거듭해서 수백 년을 오르내리는 동안 먼 옛날의 전설과 신화를 그대로 간직하며 살았다. 그런 그들의 머리 위로 태양은 날마다 아침을 장식하기 위해 평화롭고 아름답게 떠올라 지상

퍼시벌 로웰

Percival Lawrence Lowell(1855~1916)

퍼시벌 로웰은 저명한 미국의 천문학자다. 청년 시절, 조선이 미국에 보낸 보빙사의 통역을 담당하는 참찬관으로 동행해 한국과 인연을 맺었다. 이후 서울에 머물며 조선의 사회·문화 등을 백과사전 형식으로 기록한 책 《고요한 아침의 나라, 조선》을 펴내 미국에 한국을 널리 알렸다. 고국으로 돌아가 자신의 천문대를 짓고, 화성 관측에 매진했으며, 명왕성을 발견하는 성과를 올렸다.

의 산야를 골고루 비춰주었다. 이렇게 시작되는 그곳의 하루를 그들은 고요한 아침이라 불렀다.*

조선의 개화기에 견미사절로 보빙사 일행을 수행했던 미국인 퍼시벌 로웰은, 젊은 날 조선을 여행한 뒤 이처럼 몽환적인 어투로 시작되는 기행문 《고요한 아침의 나라, 조선Choson: the Land of the Morning Calm》(1886)을 썼다. 이 책에서 그는 조선을 동화와 전설, 신화 속에 나오는 신비로운 나라로 묘사함으로써 서양인의 호기심을 자극했다. 하지만 그가 사용한 '고요한 아침'이라는 표현은 세상의 변화를 의식하지 못한 채 잠들어있는, 일견 나태하고 무관심한 민족에 대한 질타의 뜻도 담고 있다.

------

* 퍼시벌 로웰, 조경철 옮김, 《내 기억 속의 조선, 조선 사람들》, 예담, 2001.

그곳에는 마치 동화 속 궁전처럼 거의 모든 것이 몇 세기 전 그대로 고이 간직돼있다. 그곳에서는 변화란 의미 없는 것이며 시간은 정지해있다. 살아있는 화석, 즉 모든 것이 변하는 세상에서 몇 백 년 전의 옷, 예절, 사고방식 그리고 생활양식 등 옛 모습을 그대로 간직하고 있는 것이다.

어쨌든 '고요한 아침의 나라'라는 별칭은 '은둔의 나라'와 함께 극동의 작은 나라 한국을 지칭하는 고유명사가 되었다. 1896년 새비지-랜도어A. H. Savage-Landor 또한 《고요한 아침의 나라》라는 제목으로 한국 여행기를 냈고, 윌리엄 그리피스의 《은자의 나라 한국》 제8판에서도 이 별칭이 쓰였다.

보빙사와 함께 미국에 가다

퍼시벌 로웰은 1855년 3월 13일 보스턴의 명문가 로웰 가문*에서 태어났다. 그는 24년간 하버드대학교 총장을 지낸 아보트 로웰Abbott

------

* 로웰 가문은 1639년 시조가 영국 브리스톨을 떠나 보스턴에 정착한 뒤 200여 년 동안 미국 법조계와 경제계, 예술계를 휩쓸어 '보스턴 브라만', '미국 귀족American aristocracy' 등으로 불리던 미국의 명문가다. 특히 퍼시벌 로웰의 증조부의 동생인 프랜시스 로웰Francis C. Lowell은 영국 여행 중 관찰한 동력 방직기의 구조를 기억하고 돌아와 독자적으로 방직기를 개발해 보스턴 교외에 방직공장을 세움으로써 미국 산업혁명의 창시자로 추앙받았다. 보스턴 근교에는 영국 맨체스터에 필적하는 거대한 방직공업 신도시가 건설되었고 도시 이름도 로웰 시로 명명되었다. 퍼시벌의 조부 존 로웰John A. Lowell은 퍼시벌의 외조부 로렌스Abbott Lawrence와 동업으로 로웰 시에 부트Boott라는 대규모 방직공장을 설립했다. 로렌스는 연방 하원의원과 영국 주재 미국 공사로도 활약했다. 그렇듯 미국 방직공업의 중심지로 성장한 로웰 시 인근에 건설된 제2의 방직공업 신도시는 로렌스 시로 명명되었다. 1855년 미국 제일을 다투는 두 명문가 로웰 가와 로렌스 가의 피가 합쳐져 태어난 첫 번째 후손이 바로 퍼시벌 로웰이다.

Lowell의 형이고, 1926년 퓰리처상을 받은 시인 에이미 로웰Amy Lowell의 오빠다. 로웰은 미국 귀족의 전통에 따라 어린 시절 귀부인이 경영하는 사립학교dame school에 다녔고 명문 사립 노블학교Noble's School를 거쳐 1876년 하버드대학교를 졸업했다.

수학에 천재적인 재능을 지닌 그는 천문학에 관심을 가졌지만, 천문학이 학문적으로 수립되지 않았던 시절이라 취미에 그쳤다. 그는 1880년대 미국에 번진 극동 바람에 휩쓸려 미지의 나라 일본을 여행했는데, 현지에서 만난 사회진화론자 에드워드 모스Edward S. Morse와 평생 깊은 교분을 나누었다. 모스 교수는 훗날 피버디박물관The Peabody Essex Museum 관장으로 부임해, 로웰의 소개로 만난 유길준의 스승이 된 인물이다.

1882년 조미수호통상조약을 체결한 조선은 이듬해 보빙사를 미국에 파견했는데 전권대신 민영익閔泳翊, 전권부대신 홍영식洪英植, 종사관 서광범徐光範, 현흥택玄興澤, 유길준俞吉濬, 고영철高永喆, 변수邊燧, 최경석崔景錫 등이 참여했다. 일행은 주한 미국 공사 푸트의 주선으로 신미양요 때 강화도 해협에 침입했던 아시아 함대 소속 미군함 모노카시 호를 타고 제물포를 출발했다. 나가사키와 요코하마를 경유, 도쿄에 머물다 태평양 횡단 영국 여객선 아라빅 호로 갈아타고 1883년 9월 2일 샌프란시스코에 도착했다. 그때 주일 미국 공사의 요청으로 로웰은 중국인 우리탕吳禮堂, 일본인 미야오카 쓰네지로宮岡恒次郎와 함께 8월 18일부터 보빙사 일행을 수행하면서 국서 번역, 보좌 및 통역 임무를 맡았다.

9월 18일 뉴욕에서 아서Chester A. Arthur 대통령을 접견한 보빙사 일행은 민영익의 신호에 따라 일제히 큰절을 해서 아서를 당황하게 만들었다. 보빙사 일행은 미국을 순방하며 엄청난 문화적 충격을 받는다. 그 영향으로 유길준은 국비 유학생으로 현지에 남아 공부했고, 최경석은 귀국한 뒤 조선 최초의 서양식 농장인 '농무목축시험장'을 만들었다. 또 미국 우편제도를 본따 1884년 우정국郵政局을 만들었다. 로웰이 안내한 보빙사의 행보는 그대로 조선 개화사상의 원동력이 되었던 것이다.

로웰은 임무를 마치고 일본으로 돌아갔다. 1883년 11월 14일 홍영식으로부터 로웰의 노고를 전해들은 고종이 그를 초청했다. 그리하여 그해 12월 20일 로웰은 처음으로 한국을 방문했다. 그때부터 서울에 머물게 된 그는 조선의 정치, 경제, 문화, 사회 등을 흥미롭게 관찰하여 백과사전 형식으로 자세히 기록해두었다.

석 달을 머물고 일본으로 돌아간 로웰은 몇 달 뒤 조선에서 벌어

보빙사 일행과 함께한 미국 측 인사. 왼쪽부터 주한 미국 공사 루셔스 푸트, 전권대신 민영익, 참찬관 퍼시벌 로웰, 종사관 서광범, 부대신 홍영식, 미국 공사관 조지 폴크다.

진 갑신정변 소식을 듣고 여러 경로를 통해 정변의 자초지종을 알아낸 다음 '조선의 쿠데타A Korean Coup d'Etat'라는 보고서를 작성해 평론지 〈애틀랜틱 먼슬리Atlantic Monthly〉에 기고했다. 그의 글은 1886년 11월호에 게재되었다.

그 후 로웰은 일본에 머물며 일본인의 언어, 종교, 관습을 비롯해 자신의 기행紀行과 개인적 성찰 등을 상세하게 집필했다. 1888년의 《극동의 혼The Soul of the Far East》, 1891년의 《노토Notto》, 1894년의 《신비로운 일본Occult Japan》 등이 바로 그것이다. 그 가운데 《고요한 아침의 나라, 조선》은 세계 속에 조선의 참모습을 알린 최초의 저술이면서도, 오늘날 그리피스의 《은자의 나라 한국》과 함께 서구인의 뇌리에 동양적인 신비, 정적, 정체, 고립, 소외, 폐쇄성이라는 어두운 이미지를 고착시켰다는 비판을 받기도 한다.

고요한 아침의 나라, 조선

> 제물포라는 이름은 여러 강의 둑이라는 뜻으로 풀이된다. 이러한 지명이 붙게 된 것은 대단히 흥미로운 전설 때문이다. 이미 몇 천 년 전에 제물포가 조선의 교역항이 되리라는 예언이 있었는데, 이것이 곧 사실로 나타났다는 이야기다. 예언에는 가까운 인천까지 포함됐는데, 인천이라는 이름은 '인간을 사랑하는 강'을 의미한다.

한 서양 천문학자의 눈에 비친 100여 년 전 조선의 생활상을 담은 가장 오래된 기행문 《고요한 아침의 나라, 조선》*. 이 책은 조선

31세의 청년 로웰이 펴낸 《고요한 아침의 나라, 조선》의 표지. 아래쪽에는 한자로 '朝鮮'이라 씌어있다. 이 국호의 뜻을 풀이하면, 곧 '고요한 아침의 나라'다.

방문기로서 예리하고 애정 어린 관찰자의 눈으로 당시 조선의 정치, 경제, 사회, 지리 등을 망라한 다양한 풍광을 정밀하게 그려냈다.

412쪽에 이르는 방대한 분량으로 한국이 문호를 개방할 무렵 서양인이 접할 수 있었던 가장 완벽한 한국 소개서였다. 로웰이 묘사한 서울은 어릴 적 꿈을 완벽하게 상기시켜주는 동화 속 세계였고, 조선인의 느리고 우아한 움직임은 몽환 속의 존재처럼 보였다. 당시 낯선 이국 땅에 들어와 어리둥절한 그에게 매력적인 미소를 지어보이는 동양인 황제와 총명한 수학자 김낙집金樂集**과의 만남은 매우 특별한 것이었다.

로웰은 서울의 이곳저곳을 거닐면서 서양의 투명한 유리창과는

------

* 이 책은 2001년 천문학자인 고 조경철 박사에 의해 《내 기억 속의 조선, 조선 사람들》이라는 제목으로 번역 출간되었다. 이 번역서를 참조한 웹사이트에 따르면, 로웰이 짧은 기간 조선을 방문했지만 조선과 일본의 조경 원리의 차이까지도 잘 인지하고 있었다고 한다.

** 그의 책에서 '월성의 김낙집'으로 표현된 김낙집에 대한 기사는 《고종실록》에는 나타나있지 않지만, 《승정원일기》 '고종 32년(1895년)조' 11월 23일(양력 1월 7일)자에 그를 농상공부 기사로 임용했다고 쓰여있다. 그는 1884년 3월 27일 홍영식이 주도한 우정총국 사사였던 그는 갑신정변에 의해 우편사업이 폐지된 뒤 1894년 11월 30일 전우총국 주사에 임명되었다는 기록이 있다.

*** 고종 어진의 촬영 장소는 사진 속 주련을 추적한 끝에 연경당 농수정으로 확인되었다. 주련의 내용은 다음과 같다. '오색의 어필은 문장도 찬란하고[五色天書詞絢爛], 구중궁궐 봄 전각엔 말씨도 조용하네[九重春殿語從容].'

전혀 다른 매력을 풍기는 한지의 멋, 예술적인 의복 기술인 옷고름, 선을 중시하는 건축양식, 자연과의 조화를 생명으로 하는 한국식 정원의 아름다움에 경탄하지 않을 수 없었다. 한국인이 늘 쓰고 다니는 갓과 패랭이 등 다양한 디자인의 모자도 기이하게 비쳤다. 그는 또 한국의 학생이나 선비가 책을 읽을 때 서양인처럼 묵독默讀하지 않고 큰 소리로 음독音讀하는 것을 보고 놀라기도 했다. 이처럼 로웰은 자신이 목격한 조선의 모든 것을 중국, 일본 등 동아시아 지역의 풍속·제도와 비교함으로써 사료적 가치를 높여주었다.

한편 그가 촬영한 고종의 어진과 한양 및 지방의 각종 풍물 사진은 근대화 이전의 조선을 보여주는 생생한 자료다. 특히 그가 처음 한국에 도착하여 찍은 고종의 사진은 서양인에게 극동의 작은 왕국에 대한 환상을 극대화했다. 고종이 로웰의 모델이 되어준 장소는 창덕궁 후원에 있는 연경당演慶堂 농수정濃繡亭••이다.

고종황제의 어진. 로웰이 창덕궁 연경당에서 찍은 이 사진은 《고요한 아침의 나라, 조선》에 수록되었다. 어진을 구하기 어렵던 시절, 엽서로 만들어져 외국 여행객에게 큰 인기를 끌었다.

> 조선에서는 일본에서처럼 정원에 많은 손질을 가하지 않는다. 어떻게 보면 일본은 일본 열도의 토양을 거의 인간의 손으로 가꾸는 듯하다. 그러나 조선의 조경에는 이러한 인공적인 미 대신 쇠퇴해가는 자연의 장중함이 있다. 왜냐하면 훌륭한 정원의 석조물은 해가 지나면서 퇴락해가는데, 이러한 모습이 정원 전체의 특징을 이루기 때문이다.

당시 로웰은 고종의 배려로 고관대작도 함부로 출입할 수 없는 창덕궁 후원을 구경하면서 조선 정원만이 지닌 자연미에 흠뻑 빠져들었다. 그것은 일본의 인위적이고 섬세한 정원과는 전혀 다른 아취雅趣를 자아냈다. 조선의 정원이 일정한 조경 원리에 따라 조성이 된 뒤에는 최소한의 손질만으로 세월의 흐름이 자연스럽게 묻어나도록 관리되는 데 그는 찬탄을 아끼지 않았다.

> 조선에 들어오면서 나는 마치 《이상한 나라의 앨리스》의 주인공처럼 느껴졌다. 모든 것이 너무도 환상적이고 너무도 불합리하고 너무도 정떨어지고 너무도 기괴해서 몇 번이고 내가 지금 꿈을 꾸는 게 아닌가 자문했다.

조선을 방문한 여행가나 외국인 대부분은 불결하고 복잡한 서울의 모습에 이맛살을 찌푸리곤 했다. 그들과 달리 로웰은 매우 신명나고 호의적인 여행객의 순수한 시선으로 조선을 바라보았다. 오랫동안 일본에서 생활하면서 서양인이 지닌 오리엔탈리즘의 독소가 어느 정도 빠졌던 탓일까. 하지만 그의 다른 저서 《동양 여행Journey to East》을 펼쳐보면 그 역시 서양인 특유의 선민의식選民意識을 지녔음을 알 수 있다.

> 동양 여행을 통한 서양인의 연구는 동양보다는 서양에 관한 연구다. 우리는 동양을 통해 동양의 정신보다 서양의 정신을 배운다.

화성 그리고 명왕성의 천문학자

10여 년의 일본 생활을 마치고 미국으로 돌아간 퍼시벌 로웰은 1894년 카미유 플라마리옹Camille Flammarion의 《행성 화성La planète Mars》(1892)를 읽고 나서 천문학에 일생을 바치기로 결심했다. 특히 밀라노 브레라 천문대 수석 연구원이었던 이탈리아 천문학자 지오반니 스키아파렐리Giovanni Virginio Schiaparelli가 1877년에 스케치한 화성의 운하*에 매료된 그는 해발 2000미터가 넘는 고지대인 애리조나 주 플래그스태프로 이사한 다음 거금을 투자해 로웰 천문대Lowell Observatory를 지었다.

"화성에는 분명히 생명체가 살고 있다. 내가 그것을 꼭 증명해 보이겠다."

그렇게 다짐한 로웰은 15년 동안 화성을 집중적으로 관찰하면서 수많은 화성 표면의 무늬를 스케치로 남겼다. 그 연구 결과는 세 권

------

* 1877년 스키아파렐리는 화성 표면에서 줄 모양의 무늬를 발견했다고 발표했다. 그런데 그 줄의 이탈리아어 표현은 'canali'로 영어의 'channels' 즉 해협이나 협곡과 가까운 의미였는데, 이것이 그만 영국이나 프랑스에서는 'canals' 즉 '운하'로 잘못 번역되어버렸다. 그로 인해 자연물이 아니라 인공물, 즉 어떤 지적 생물체가 화성에 건설한 구조체라는 의미를 내포하게 된 것이다.

미국 애리조나 주에 위치한 로웰 천문대. 고국으로 돌아간 그는 여기에서 명왕성을 발견했고, 화성 관측에 몰두했다.

의 책 《화성Mars》(1895), 《화성과 수로Mars and Its Canals》(1906), 《생명체가 있는 곳, 화성Mars As the Abode of Life》(1906)으로 결실을 맺었다.

로웰은 이 '화성 3부작'을 통해서 화성에 지적 생물체가 건설한 운하가 있으며, 그 운하는 여름에 화성 극지방의 얼음이 녹을 때 생긴 물을 끌어다가 주로 사막인 메마른 화성 토양에서 농작물을 경작하기 위한 것이라고 주장했다. 이러한 그의 과도한 집착과 망상에 가까운 화성 운하설은 당시 최첨단 망원경을 이용한 관측 결과라는 권위를 배경으로 화성인의 존재에 대한 환상을 불러일으켰다.

만년에 로웰은 천문 관측을 통해 '행성Planet X'라고 명명된 채 해왕성 너머에 있으리라 추정되던 미지의 행성을 찾아 헤맸다. 1915년에 행성 X에 대한 궤도 계산 등의 연구 결과를 정리해 발표했고, 같은 해 우연히 명왕성을 사진에 담았지만 알아차리지 못한 채 1916년 11월 12일 세상을 떠났다. 그의 유해는 천문대 근처의 마스 힐에 안장되었다.

그가 죽은 후에도 로웰 천문대에서는 계속 행성 X를 탐색했는데, 14년 뒤인 1930년 로웰 천문대에 근무하던 24살의 신참 연구원 클라이드 톰보Clyde Tombaugh가 정밀한 사진 판독 작업 끝에 드디어 명왕성을 발견했다. 명왕성의 천문 기호는 퍼시벌 로웰을 추모하는 의미에서 그의 이름 두문자인 P와 L을 합친 'PL'로 정해졌다. 그때부터 명왕성은 태양계의 아홉 번째 행성으로 인정받았지만, 2006년 행성에서 제외되고 왜소행성dwarf planet으로 분류되면서 국제소행성센터Minor Planet Center로부터 번호 134340을 부여받았다.

1898년 공상 과학 소설가 웰스Herbert. G. Wells는 《우주전쟁The War of the Worlds》을 발표했다. 화성인이 지구를 무차별 침략한다는 충격적인 내용을 담은 이 소설은 로웰의 《화성》과 화성 운하에서 영감을 얻었다고 한다. 웰스가 진보한 문명을 지닌 화성인을 냉혹한 학살자로 설정한 것은, 서양에서 발현된 제국주의 국가가 동양 식민지에서 벌이는 야수적 행태를 고발하기 위함이었다.

Petuna
MANCHUR
Kirin
KIRI
Mukden
SHING
KING
Niu-chwang
Kalgan
PEKING
Coal Field
Kuping
Tien-tsin
CHI-LI
Taku
GULF OF
PE-CHI-LI
Korea Bay
Port Arthur
(Dockyard)
Hwang-ju
Port
Gen-san
SOUL
Chemulpo
Chifu
Wei-hai-wei
Hoang-ho
Tsi-nan-fu
SHAN TUNG
YELLOW SEA
Naju
Kai-fong-fu
Imperial Canal
Port Hamilton
Cheju
Quelpart
KIANG-
SU
Chin-kiang
Nankin
NGAN-WHEI
Shang-hai
EASTERN
Wu-chang-f.
Ngan-king-f.
Hang-ch-f.
Ning-po
CHE-KIANG
Nan-chang-fu
Wen-ch-fu
KIANG-SI

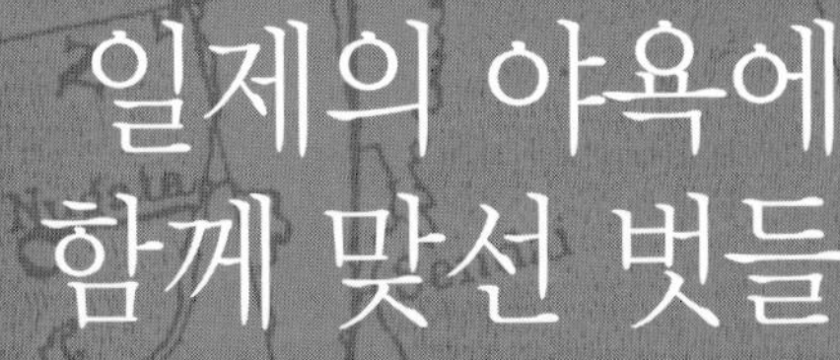

일제의 야욕에 함께 맞선 벗들

그렇다. 너희들은 자유다. 민중아.
쇠사슬도 옛 굴욕의 예속도 없다.
높으신 어른들은 너희들의 차꼬를 만들 수 없다.
그러니 너희들은 마음껏 기를 펼 수 있다.

하지만 너희는 완전히 자유로운 것이 아니다.
나라에서 나라로 끝없이 스며드는 지배의 힘
그것은 양의 탈을 쓴 이리와 같이
사람 사는 곳을 모조리 영지로 만든다.

지배의 안개 낀 죽음의 너울을 떨치고
너희가 정신을 완전히 해방시켜
영혼의 자유를 위해 용감히 싸우지 않는다면

적은 언제나 큰 틈을 찾아내
사사건건 너희들의 일을 방해하리니
끝내는 노예의 나락으로 떨어지게 하리니.

–켈러Gottfried Keller, 〈전체냐 아니냐Alles Oder Nichts〉

내가 한국을 위해 싸우는 것은 신의 소명이다

민족지 〈대한매일신보〉의 발행인 어니스트 베델

> 본 기자는 한국인에게 묻는다. 대저 삼천리 강토와 2000만 인구로 자주독립하지 못할 바가 없는데 무슨 이유로 나라의 권세를 잃고 자유롭게 살 권리조차 없는 비참한 지경이 되었는가?

이 매서운 질타는 1907년 5월 7일자 〈대한매일신보大韓每日申報〉 한글판 창간사 서두에 나온다. 또 세계 열국이 국문과 국어로써 자국인의 정신을 완전케 하는 기초를 세우는데, 다른 나라의 학문만을 숭상하면서 어찌 조선의 정신을 보존할 수 있겠느냐고 개탄하며 한글을 배우라고 권한다. 〈대한매일신보〉는 창간 초기부터 끊임없이 한국인을 계몽하면서 일본의 한국 병탄 의도를 맹렬히 비난했던 민족지이자 항일 신문이다.

을사조약 이후 1905년 통감부統監府를 설치하여 한국인의 저항을 조직적으로 봉쇄하던 일본이 적대적인 논조의 〈대한매일신문〉을 가

어니스트 베델

Ernest Thomas Bethell(1872~1909)

한자명 배설裵說. 일본의 한국 침략을 서방 세계에 적극적으로 알린 언론인이자 항일 언론의 순교자다. 1904년 러일전쟁 취재통신원으로 한국에 온 그는 일제의 간악한 통치를 목도하고, 〈대한매일신보〉를 창간한다. 일본의 정책을 맹렬히 비난하고, 한국인의 민족혼을 일깨움으로써 항일운동의 거점이 된 최대 민족지 〈대한매일신보〉의 발행인으로서 일본의 끊임없는 방해 공작에 시달려야 했다.

만들 리 없었으나, 결코 함부로 할 수 없었던 이유는 신문의 발행인이자 소유주 베델 때문이었다. 영국의 〈데일리 크로니클The Daily Chronicle〉 특별통신원으로 우리나라에 왔던 베델은 양기탁梁起鐸과 함께 〈대한매일신보〉를 발행하여 일본의 침략 정책을 강력히 비판한다. 그는 신분상 민간인이지만 프리메이슨* 회원이자 동맹국인 영국의 국민으로서 치외법권의 보호를 받았기 때문에, 일본과 영국의 협정에 따라 당시 한국 주재 영국 영사만이 그를 처벌할 수 있었던 것이다. 병합 이전부터 이미 일본은 한국의 실권을 장악했지만, 베델에게만은

---

* 프리메이슨Freemason은 '로지Lodge'라는 집회로 구성된 중세 석공石工, mason 길드에서 비롯했다. 18세기 초 영국에서 시민주의적이고 인도주의적 우애를 파급시키기 위한 목적으로부터 근대적인 프리메이슨이 시작되었다. 그 후 전 세계에는 메이슨 지부가 설치되는데 1880년 초 북중국에는 10여 개가 있었다. 한국에는 1908년 11월 5일 의료 선교사 윌리엄 스크랜턴에 의해 한양지부가 만들어졌다. 주요 메이슨으로 치과의사 데이비드 한David E. Han, 육영공원 교장 프램프턴George Russell Frampton, 금광업자 데이비드 데슐러David W. Deshler, AP통신 특파원 앨버트 테일러Albert Wilder Taylor 등이 있다.

법률을 적용해 그를 추방하거나 신문 발행을 금지할 수 없었다. 때문에 일본은 〈대한매일신보〉의 경쟁지를 만들어 고사시키려 시도하는 한편, 영국을 외교적으로 끊임없이 압박한다.

한국인의 신문을 만들다

베델은 1872년 11월 3일 영국 브리스틀Bristol에서 태어나 그곳 무역상업학교Merchant Venturers School(현재 브리스틀대학의 전신이다)에서 공부했다. 1888년 일본으로 건너간 뒤 동생 허버트와 함께 고베에서 무역상을 운영했다. 1900년 5월 26일 메리Mary Maude Gale와 결혼해 아들 허버트 오언Herbert Owen Chinki Bethell을 얻었다. 그는 1901년 양탄자 공장을 설립하는 등 사업을 확장했지만, 일본인이 경영하는 경쟁사의 노골적인 방해와 송사로 문을 닫고 말았다.

러일전쟁이 발발하자 영국의 〈데일리 크로니클〉은 1904년 3월 4일 그를 특별통신원으로 임명하고 전쟁 뉴스 취재를 의뢰한다. 3월 10일 한국에 건너온 그는 일제가 고의로 일으킨 경운궁 화재 사건을 다룬 '대한제국 궁중의 폐허화Korean Emperor's Palace in Ruins'라는 1904년 4월 16일자 기사를 처음이자 마지막으로 작성한다. 베델은 1904년 4월 16일 특별통신원직에서 해임되는데, '베델 선생 서거 95주년 기념대회 자료' 에 따르면 자신이 사임한 것으로 기록되어있다.

> 〈데일리 크로니클〉은 일본에 우호적이었으므로 내가 보내는 기사도 친일적인 내용이어야 했다. 당시 한반도 사정을 직접 보고 나니 신문사의 논조를 따르는 데 양심이 허락하지 않았다. 그래서 나는 통

> 신원 직책에 사의를 표했고 〈데일리 크로니클〉은 나를 해고했다. 그 후 특파원으로 임명하겠다고 제안했지만 거절했다.

러일전쟁 승전 분위기와 함께 일본의 한국 압박은 한층 심해졌다. 현지에서 일본의 횡포를 목도한 베델은 한국인을 일깨울 신문 사업을 구상하고 뜻있는 한국인을 불러 모았다. 임치정林蚩正, 안태국安泰國 등이 경영에 동참하고, 신채호申采浩, 안창호安昌浩, 이갑李甲 등이 편집을 맡았다.

1904년 7월 18일, 드디어 국한문판 〈대한매일신보〉를 창간한다. 그러나 인쇄 기계와 활자 미비 때문에 200호로 휴간했다가 1905년 8월 11일, 제3권 제1호를 발행한다. 속간續刊과 함께 '코리아 데일리 뉴스Korea Daily News'라는 영문판도 찍는다.

The Korea Daily News.

SINGER SEWING MACHINES

BORDEN'S CONDENSED MILK CO.

大韓每日申報
대한매일신보

1904년 7월 18일 창간된 〈대한매일신보〉. 타블로이드판 6면 가운데 2면이 한글 전용, 4면은 영문판이었으나, 이듬해 영문판과 국한문판 2종으로 분리 발간한다. 그 후 한글판을 창간해, 모두 3종이 되었다. 총 판매부수가 1만 부에 달했다.

그 무렵 일본 내에서는 불평등협정 개정으로 서양인의 치외법권이 소멸했지만, 한국과 중국에는 아직 남아있는 상태였다. 때문에 통감부에서 영국 국적의 베델을 합법적으로는 탄압할 수 없었다. 고종과 양기탁, 박은식朴殷植, 신채호 등 한국의 민족주의자들은 그런 일본의 약점을 이용해 〈대한매일신보〉를 항일 운동의 거점으로 삼았다. 당시 〈대한매일신보〉와 〈코리아 데일리 뉴스〉는 의병의 무장투쟁을 국내외에 널리 알리고 국채보상운동을 지원하는 등 활발한 활동으로 국내 최대 발행부수를 자랑했다. 또 1905년 을사조약이 체결되자 조약 무효를 선언하는 고종의 친서를 게재하기도 했다.

그런 〈대한매일신보〉의 활약상에 감동한 고종은 1906년 2월 10일 베델에게 '신문과 통신의 전권자로 특히 위임한다'라는 특별위임장을 내렸고, 운영비로 매달 1000원씩 총 1만 원을 하사했다. 〈대한매일신보〉는 1906년 5월 1일 기사에서 일본의 불법 독도 영유를 공격하기도 한다.

> 무변불유無變不有
>
> 울도 군수 심흥택 씨가 내부에 보고하되, 일본 관원 일행이 우리 군에 와서, 우리 군에 소재한 독도가 일본의 속지라 스스로 칭하고 토지와 호구를 기록하여갔다고 하였는데, 내부에서 지령하기를, 유람하러 온 길에, 토지경계와 인구를 기록해가는 것은 괴이함이 없다고 용납할 수 있을지 모르지만, 독도가 일본 속지라 칭하여 운운하는 것은 전혀 그 이치가 없는 것이니, 이제 보고받은 바가 아연실색할 일이라 하였더라.

〈대한매일신보〉 제작에 참여했던 양기탁과 신문사 편집국 모습. 베델과 절친했던 언론인 매켄지가 촬영했다.

베델은 신문을 통해 일본의 정책을 맹렬히 비난하고, 한국인의 민족혼을 깨우기 위해 노력했으나 극단주의자들의 무모한 계획에 대해서는 냉정한 비판을 서슴지 않았다. 그는 헤이그 만국평화회의에 밀사를 파견하거나 무력항쟁에는 반대했는데, 감정적으로 저항하는 것보다는 계획적이고 합리적인 절차를 밟아 일본의 불법성을 고발함으로써 독립의 정당성을 이끌어내야 한다고 생각했기 때문이다.

이토 히로부미는 사사건건 딴죽을 거는 〈대한매일신보〉와 〈코리아 데일리 뉴스〉를 좌시할 수 없다고 보고 측근인 즈모토 모토사다頭本元貞를 불러들여 맞불작전을 펼쳤다. 외교관 출신으로 일본의 반半관영지 〈저팬 타임스The Japan Times〉 편집장이었던 그는 한국에 들어오자마자 영자신문 〈서울 프레스Seoul Press〉를 발간해 〈코리아 데일리 뉴스〉를 견제했고, 한글 신문 〈대한일보大韓日報〉를 창간해 〈대한매일신보〉를 노골적으로 공격했다. 〈대한일보〉는 1907년 9월 6일자 기사에서 베델을 인종차별적인 논조로 몰아붙인다.

> 우리 민족이 〈코리아 데일리 뉴스〉의 아첨하는 기사를 믿고 위험이 다가오고 있다는 사실을 알지 못한다면 이는 매우 어리석은 일이다. 그들은 마치 청국의 아편중독과 같다. 〈코리아 데일리 뉴스〉의 편집자는 눈이 깊고 코가 크며 얼굴이 흰 금발의 영국인이다. 그들과 우리의 인종적 차이도 심각하다. 오늘날 민족은 서로가 적대적이다. 한국인으로 태어나서 이민족을 믿고 자기 민족을 경원하는 것이 과연 현명한 일일까. …(중략)… 아시아인을 위한 아시아, 유럽인을 위한 유럽을 건설하는 것은 자연의 법리다. 우리나라의 이익과 우리 민족의 복지는 교린과 우호에 달려있다. 만약 우리가 이를 외면한다면 그 결과는 극히 유독할 것이다. 요컨대 우리 민족은 우리와 같은 유색인종을 신뢰하고 〈황성신문皇城新聞〉, 〈제국신문帝國新聞〉, 〈국민신보國民新報〉 등 우리 민족 자신의 신문 이외의 것은 읽지 말도록 권하는 바이다.

〈대한일보〉의 공세에 〈저팬 데일리 뉴스Japan Daily News〉도 동조한다. 〈저팬 데일리 뉴스〉의 발행인은 일본 우편선郵便船 회사의 고문으로 일하던 아일랜드인 브링클리였다. 유창한 일본어 실력과 타고난 사업 수완으로 성공한 뒤 일본을 전폭적으로 지원했던 인물이다. 그가 〈코리아 데일리 뉴스〉를 정조준하여 통감부에 언론 규제를 촉구하자 베델은 이렇게 응수한다.

> 적대자들은 누차에 걸쳐 〈코리아 데일리 뉴스〉가 버림받은 신문이라는 것을 사람들에게 설득하려고 애썼다. 우리 신문의 존속은 무익하고 신문 자체가 무책임하다는 것이다. 나아가 우리의 솔직한 논조 때문에 편집자의 신변을 위협하는 듯한 인상까지 풍긴다. 세상사는 사필귀정이다. 우리는 확신과 철저한 책임의식을 가지고 글을 쓰고 있다는 사실을 한국 내의 모든 사람들이 인정하고 있음을 믿는다. 덧붙이건대, 일본인은 우리에게 누차 이의를 제기한 위 신문의 책임을 시인해야 한다. 그들은 우리를 매수하려 했고 자신이 원하는 기사만을 제공해왔다. 하지만 그들은 우리를 다루면서 매사에 상냥했다.

약소민족의 정의를 대변하라

1906년 여름 일본 당국은 〈대한매일신보〉의 반일적인 논설을 번역해 영국 정부에 항의하면서 베델에게 압력을 가할 것을 요구한다. 영국 외무성은 1907년 극동에서 영국인이 경영하는 언론기관이 지켜야 할 사명使命을 공표한다.

> 〈대한매일신보〉의 반일 노선이 정도를 넘어섰다. 해외의 영국인은 영국 정부의 정책 노선을 따르는 것이 마땅하다.

그해 9월 서울 주재 영국 총영사 코번Henry Cockburn은 도쿄에 있는 영국 총영사관에서 베델에 대한 조처를 논의한다. 그리고 10월 12일 치안문란행위로 그를 영사재판소에 회부한다. 재판정에서 판사가 된 코번은 1904년 제정한 청한규칙淸韓規則 제83조•를 내세우며 그에게 근신을 요구한다.

발행인에 대한 이러한 탄압에도 〈코리아 데일리 뉴스〉는 정론직필을 포기하지 않는다. 1907년 9월 2일자 기사에서는 한국에 주둔한 일본군의 만행을 고발한다.

> 지난주 토요일 과거 한국군이었던 두 명의 한국인이 수원 서문 밖에서 일본 군인에 의해 사살되었다. 지휘 장교는 칼로 시체의 배를 가르고 내장을 끄집어냈다. 이와 같은 처사는 수원 시민의 큰 분노를 샀으며, 그 결과 다음 날 네 명의 사형수가 형장에 끌려나왔을 때는 모든 한국인이 400미터 이내로 접근할 수 없었다. 물론 일본인은 현장을 참관할 수 있었다.

같은 해 9월 10일자 기사에서는 통감 이토 히로부미의 대외적인 태도와 달리 극단적인 의병 토벌 작전을 주도하던 주차 군사령관 하세가와 요시미치長谷川好道의 행적을 문제 삼으며 통감부의 표리부동을 극력 성토했다.

> 이토 후작이 공공연히 유화적인 모습으로 복음을 설교하고 있는 동안 통감 대리인 하세가와는 불평 혐의가 있는 한국인을 모조리 처단하겠다고 큰소리치고 있다. 지금 한국에는 두 명의 웅변가와 두 개

• 영국 신민의 활동이 이 공공의 안녕을 파괴하려고 했거나 조장, 자극하는 것이라고 이해할 만한 타당한 근거가 입증될 경우 재판소는 필요에 따라 그를 법정에 출두시켜 재판소가 만족할 만큼 안녕을 유지하겠다는 보장을 요구하거나 또는 장차 선량하게 처신하겠다는 보장을 요구할 수도 있다.

의 정책이 있다. 이토 후작은 문명국가에게 자신의 입장을 부드럽게 천명하고 있으며 하세가와는 무장한 일본군으로서 한국인을 위협하고 있다.

〈코리아 데일리 뉴스〉는 그 무렵 방한한 영국 기자 매켄지가 송고한 의병 항쟁 기사를 연일 내보냈다. 그해 9월 26일자에는 수원 근처에서 30여 명의 의병이 일본군에 포위되어 사살 혹은 참수되었다는 기사가 실렸고, 10월 1일자에는 충남 예산의 독립지사 이남규李南奎 선생이 체포되어 총살되었다는 소식을 전한다. 베델은 사설을 통해 비극적인 상황이지만 한국인은 더욱 한마음으로 투쟁해야 한다고 격려한다.

반드시 대한의 독립은 대한인의 자력으로 획득하고 자력으로 부수해야 완전한 독립이 될 터이니 아무쪼록 독립으로 부모를 삼고 독립으로 생명을 삼으며 독립으로 수족을 삼으며 독립으로 자본을 삼아 백난불굴百難不屈하고 백절불요百折不撓하야 어디까지나 타인의 압제라는 멍에에서 벗어나 독립국을 신건축하여 인류의 자격을 세계에 발표하라. 그렇지 않으면 천지가 비록 크고 사해가 비록 넓으나 나라 없는 백성은 다리 뻗을 땅이 없음을 깊이 생각하고 힘쓸지어다.

그런 와중에도 베델의 영사 재판은 계속 진행되었다. 고발자는 표면적으로 영국 영사관 요원 홈스Ernest Holmes였다. 법정에 증인으로 나온 통감부의 외무부장 고마쓰 미도리小松綠는 베델이 발행하는 두 신문이 일본인과 한국인 사이에 민족 감정을 유발한다고 증언했다. 하지만 또 다른 증인 터너Arthur B. Turner 주교는 한국인이 일본인에 대해 나쁜 감정이 없는 것 같다고 말했고, 휴스Hughes 소령 역시 베델의 논설이 공공의 안녕 파괴를 유발하지 않았다고 증언한다.

재판의 전체 분위기는 베델에게 유리했지만, 이미 일본과 정치적 거래를 마친 코번은 유죄를 선고하고 6개월 근신과 보석금 300파운드를 지불하라고 명령한다. 재판 결과가 알려지자 영국 언론은 외무성이 약소민족의 정의를 구현하려는 언론인에게 재갈을 물림으로써 언론의 자유를 퇴보시켰다고 맹비난했다.

국채보상운동에 발 벗고 나서다

> 지금은 우리들이 정신을 새로이 하고 충의를 떨칠 때이니, 국채 1300만 원은 바로 우리 대한제국의 존망에 직결된 것이다. 이것을 갚으면 나라가 존재하고, 갚지 못하면 나라가 망할 것은 필연적인 사실이다. 지금 국고는 이 빚을 도저히 상환할 능력이 없는데, 만일 나라에서 갚게 되면 삼천리 강토는 내 나라 내 민족의 소유가 되지 못할 것이다. 국토란 한 번 잃어버리면 다시 찾을 길이 없다. 일반 국민들은 의무라는 점에서 보더라도 이 국채를 외면해서는 안 된다. 이 국채를 갚는 방법으로 2000만 인민이 3개월 동안 흡연을 금하고, 그 대금으로 한 사람이 매달 20전씩 거둔다면 1300만 원을 모을 수 있으며, 만일 그 액수가 미달할 때는 1환, 10환, 100환의 특별 모금을 해도 될 것이다.

〈대한매일신보〉는 한국인이 일제의 경제적 예속으로부터 벗어나기 위해 시작한 국채보상운동을 적극 지지하고 나섰다. 1904년 고문정치顧問政治 이래 일제는 한국의 경제를 손아귀에 넣기 위해 간교한 술책을 부린다. 수많은 차관을 들여온 통감부는 이것으로 경찰기구를 확장하고 일본 거류민을 위한 시설에 투자했다. 한국은 1905년 6월 구채상환 및 세계보충비歲計補充費로 도쿄에서 200만 원의 공채를 모집하기까지 한다. 그 결과 1907년경 한국 정부가 짊어진 외채 총액은 1300만 원을 넘어섰다.

1907년 2월 국민 계몽의 일환으로 교과서와 잡지를 발행하던 대구 광문사廣文社를 대동광문회大同廣文會로 개칭하는 특별회의가 열렸다. 이 자리에서 부사장인 서상돈徐相敦이 외채를 상환하여 국권을 회복하자고 제의하자 참석자 전원이 찬성하였고 이윽고 국채보상취지서를 발표한다.

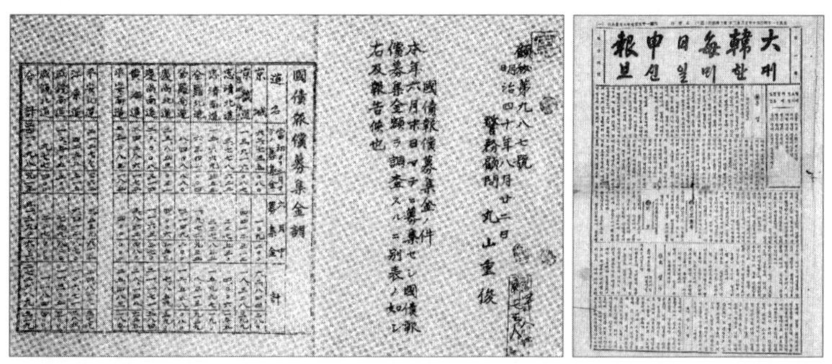
顧秘第九八七號
明治四十年八月廿二日
警務顧問 丸山重俊
國債報償募集金ノ件
本年六月末日マテニ募集セシ國債報償募集金額ヲ調査スルニ別表ノ如シ
右及報告候也

國債報償募集金調

1907년 8월 일제가 파악 보고한 국채보상금 모집 금액표와 '국채보상론' 논설이 실린 1907년 6월 26일자 〈대한매일신보〉.

우리 2000만 동포가 석 달만 연초를 끊고 한 달에 20전씩 모은다면 1300만 원이 될 터이니 국채 갚는 것이 어찌 걱정이랴.

국채보상운동 발기인은 서상돈, 김광제金光濟, 박해령朴海齡 등 16명이었다. 이들은 곧 대규모 모금을 위한 국민대회를 열고 국채지원금수합사무소를 설치해 본격적인 활동에 들어간다. 서울에서도 김성희金成喜, 유문상劉文相 등이 국채보상기성회를 만든다.

〈대한매일신보〉는 물론이거니와 〈황성신문〉, 〈제국신문〉, 〈만세보萬歲報〉 등 다른 언론 매체도 국채보상운동을 적극적으로 지원했다. 베델은 기탁금을 보관하고 운동을 더욱 강화하기 위해 신문사 내에 국채보상지원금총합소를 설치하고 한규설과 양기탁 등을 임원으로 선출한다. 그 결과 4월 말까지 기탁금을 낸 사람이 4만여 명, 5월까지 모인 자금이 230만 원에 이르렀다.

"국권회복에 남녀노소가 있을 수 없지요. 대한 여성의 힘을 보여줍시다."

국채보상운동에는 부녀자가 대거 참가해 활기를 불어넣었다. 대구에서는 남일패물폐지부인회와 국채보상탈환회가 결성되어 각 가정의 패물을 모았고, 서울에서는 부인감찬회와 대안동국채보상부인회가 〈대한매일신보〉에 기금을 의탁했다. 또 서울여자교육회, 진명부인회, 대한부인회, 원일부인회 등에서 보상금모집소를 설치했다. 부산에서는 좌천리부인회감선의연회, 진남포에서는 삼화항패물폐지부인회가 보상금을 모았다.

최하계층으로 분류되던 기생들도 진주애국부인회 등을 만들어 서울과 평양, 진주 등지에서 모금 활동에 나섰다. 그 외에도 여러 형태의 여성 국채보상운동 단체가 설립되었고, 800여 명의 일본 유학생까지 합세했다.

운동이 전국적으로 확산되자 당황한 일제는 주도자들을 노골적으로 탄압했고, 매국단체 일진회一進會의 백색테러가 이어졌다. 통감부는 국채보상기성회 간사인 양기탁에게 보상금 횡령이라는 터무니없는 누명을 씌워 구속하기에 이른다. 이런 일제의 조직적인 방해 때문에 국채보상운동은 더 이상 진전되지 못한다.

두 번째 영사재판 그리고 요절

> 원수 놈의 일진회야! 잘 보아라. 국세를 보건대 분개를 금할 수 없노라. 4000여 년의 생맥은 일조에 패망하였으니 무슨 면목으로 단군, 기자를 대하리오. 백두산 밑 강물은 예와 변함없어도 삼천리금수강산은 간 데 없고 한설만 쌓여있도다. 북간도, 서간도로 이주하는 동포의 발소리가 요란하고 단군의 자손들은 돈 없어 눈물 흘리니 이 꼴을 차마 볼 수 있는가. 남편은 본가로 가고 처는 친정으로 가니 생이별이 가엾구나. 단군의 자손들아 한국 종자들아, 뿔뿔이 헤어져 걸식하고 도처에는 구타되니 오호라, 이렇게 만든 자는 누구냐, 바로 일진회가 아니냐.
>
> 이제 합방 문제를 냈으니 머지않아 만물세를 낼 것이다. 이놈들아, 골육상쟁도 정도가 있느니라. 내가 살면 너도 살고, 내가 죽으면 너도 죽을 것인데 너희들은 무슨 권리를 얻고 무슨 짓을 했기에 이따위 일을 하는가. 이 주먹을 받아라. 보라, 우리의 형제 안중근

은 이토의 머리를 쏘아 죽였고 이재명은 역적대신을 총살하였으니 독립의 날이 날듯이 찾아올 것이다. 원수 놈의 일진회야, 너희도 똑 같은 운명이다.

1907년 2월 〈대한매일신보〉는 국권피탈에 앞장선 일진회를 신랄하게 비난하는 기사를 실었다. 1908년 4월 17일에는 미국 샌프란시스코에서 전명운田明雲과 장인환張仁煥 의사가 친일 발언을 서슴지 않았던 미국인 고문 스티븐스Durham W. Stevens를 저격했다는 기사를 보도함으로써 국외 항일 투쟁의 진상을 알렸다. 그해 5월 16일, 함흥의 애국 학생 17명이 단지斷指를 통해 국권 회복을 맹세했다는 소식을 전해 한국인의 피를 들끓게 했다.

1908년 12월 친일파 이용구의 집에서 찍은 '일진회' 모습. 앞줄에 앉아있는 다섯 번째가 이용구, 그 옆이 우치다 료헤이다.

〈대한매일신보〉가 이처럼 극단적인 저항 기사를 퍼붓자 일본은 다시 영국에 강력히 항의하는 한편, 주한 영국 총영사관에 베델 추방을 종용한다. 영국은 베델의 행위가 영일동맹에 저촉되는지를 따져 재판에 회부했다. 하지만 그들은 본국의 언론을 의식해 이전과 달리 상하이에 있던 영국 판사 본F. S. A. Bourne을 불러들여 재판을 진행했다. 그 결과 베델은 1908년 6월 15일, 3주 금고형을 선고받고 상하이 형무소에 수감된다.

"영국 정부는 동맹국의 이익을 해치는 당신의 행위를 더 이상 방관할 수 없다."

형기를 마치고 돌아온 베델에게 영국 정부의 압력이 계속 이어진다. 또 일제에 의해 신문사 간부들이 구속되는 등 안팎으로 탄압은 더해간다. 심신이 지쳐버린 베델은 1908년 5월 27일 만함Alfred W. Marnham, 萬咸에게 신문사 발행인 자리를 내주고 일선에서 물러난다. 그로부터 1년 뒤인 1909년 5월 1일 지병인 심장병을 이겨내지 못하고 손탁호텔에서 37세의 나이로 세상을 떠났다. 최후의 순간 베델은 양기탁의 손을 잡고 말했다.

"나는 죽을지라도 〈대한매일신보〉는 영생케 하여 한국 동포를 구하시오."

베델의 장례식은 5월 2일 오후 각국 외교관과 선교사, 여러 민족 인사들이 참석한 가운데 거행되었는데, 집 근처 성곽과 도로 양쪽에 조문객이 인산인해를 이루었다. 운구 행렬이 양화진 외국인 묘지를 향하는 동안 흰옷 입은 사람들이 구름처럼 뒤따랐다.

그의 부음을 들은 고종은 '하늘도 무심하구나. 그를 왜 이다지도 급히 데려갔단 말인가天下 薄情之 如斯乎' 탄식했다. 평생의 동지였던

항일 언론의 순교자 베델을 기리는 장례 행렬은 끝없이 이어졌다. 안창호가 추도사를 한 추도식에는 남녀노소, 직업, 귀천을 떠나 수많은 사람이 몰려들었다.

양기탁은 '영국의 남자가 한국에 와서, 한 신문으로 깜깜한 밤중을 밝게 비추었네. 온 것도 우연이 아니건만 어찌도 급히 빼앗아 갔나, 하늘에 이 뜻을 묻고자 하노라 大英男子 大韓衷, 一紙光明 黑夜中, 來不偶然 何遽奪, 欲將此意 問蒼窮'라는 한시를 남겼다. 《한국통사韓國通史》(1915)를 쓴 박은식도 슬퍼하며 시로써 그를 기렸다.

하늘이 공을 보내고는 다시 데려갔구나.
구주의 의협남아 동쪽의 어둠을 씻어내고자
삼천리 방방곡곡에 신문지를 뿌렸네.
꽃다운 이름 남아서 다함없이 비추리.

베델의 유언에도 불구하고 그가 떠난 〈대한매일신보〉는 서러운 종말을 고한다. 그의 뒤를 이은 발행인 만햄은 1910년 6월 9일까지 신문사를 운영하다가 시설 일체를 이장훈에게 4만 원에 팔아치우고 귀국해버렸다. 국권 강탈과 더불어 일본은 신문사를 매입한 뒤 제호를 '매일신보每日申報'로 고쳐 기관지로 삼았다.

1968년 3월 1일, 대한민국 정부는 이 푸른 눈의 독립투사에게 건국훈장 대통령장을 추서했다.

최초, 항일 의병을 인터뷰하다

일제의 만행을 세계에 알린 프레더릭 매켄지

> 을미사변 이후 대궐에 유폐되다시피 했던 왕은 자신이 언제 독살될지 몰라 두려워했다. 그 때문에 캔으로 된 연유와 내실에서 만든 달걀 이외에는 아무 것도 먹지 않았다. 그때 고종의 주치의 에비슨과 미국의 선교사들이 교대로 왕의 침전을 지켰다. 외국인들이 시립하고 있는 한 모반자들이나 일본인들은 감히 흉변을 감행하지 못하리라고 여겼던 것이다. 그와 함께 각국 공사관의 직원과 부인들이 특별히 음식을 만들어 단단한 통에 넣은 다음 예일사 제품의 자물쇠로 채워 정기적으로 대궐에 들여보냈다.

이처럼 일제 병탄기에 일반 역사책에서는 찾아볼 수 없는 왕실과 외교관의 관계를 자세히 기록함으로써 오늘날 당대의 급박한 상황을 이해할 수 있도록 한 푸른 눈의 기자 매켄지, 그는 일본과 동맹국이던 영국 출신이었지만, 한국을 침탈한 일본에 대해 매서운 비판을

프레데릭 매켄지

Frederick Arthur Mckenzie(1869~1931)

항일 의병 운동을 취재한 유일한 서양 기자다. 캐나다에서 태어난 영국인으로 런던 〈데일리 메일〉의 러일전쟁 종군기자로 한국을 찾았으며 일본의 식민 통치에 대해 가장 비판적인 언론인으로 평가된다. 《대한제국의 비극》, 《한국의 독립운동》 등 여러 저술에서 제국주의의 팽창이 빚은 폐해와 만행 그리고 이에 저항한 한국인의 투쟁을 널리 알렸다.

망설이지 않은 참다운 언론인이었다.

한국에 오기 전까지만 해도 여타 서양인이 그랬듯, 그는 아시아의 변방에서 제국주의 국가의 일원으로 성장한 일본의 역량을 높이 평가했고, 일본이 아시아의 보루로서 주변국의 보호자 역할을 하리라 확신했다. 이런 큰 기대를 품고 그는 조선 통감 이토 히로부미를 인터뷰했다.

> "나는 지금 한·일 양국에 함께 정의가 구현되기를 바라는 한국민과 내 동족의 중간에 서있음을 느낀다."

매켄지는 경험 많은 원로 정치인 이토 히로부미의 언사에 한껏 매료되었다. 자신의 앞에서 과거 일본이 조선에서 저질렀던 모든 잘못을 시정할 준비가 되었다면서 장밋빛 청사진을 늘어놓자 가슴이 뒤었다. 하지만 매켄지는 한국에 오자마자 그의 말이 몽땅 헛소리임을 알게 되었다. 일찍이 열강들이 행했던 야만적 행위를 일본이 그대로 답습하면서 한국은 물론 아시아 전역에서 잔혹하고 비인도적인 만행을 서슴지 않았기 때문이다. 일본이 곧 동양을 넘어 세계에 일대 회오리바람을 일으키리라 예상하고, 매켄지는 열도의 양심적 지식인을 향해 이렇게 소리쳤다.

> 이제까지 영원히 복속되어본 적이 없는 일본은 아직도 동양의 정부情婦로서가 아니라 동양의 평화 유지자로서, 동양의 스승으로서 손에는 칼을 들고 그들의 예속 민족에게 군림하려는 뜻을 품고 있다. 과연 일본은 좀더 고결한 목표를 지향할 것인가.

팽창을 반대한다

스코틀랜드계 영국인 프레더릭 매켄지는 1869년 3월 캐나다 퀘벡에서 태어나 성장했다. 1900년부터 런던의 〈데일리 메일Daily Mail〉 기자로 일했다. 1904년 러일전쟁 때 극동특파원 자격으로 한국을 방문했다가 러시아를 거쳐 영국으로 돌아갔다. 1905년 런던에서 그는 《도쿄에서 트빌리시까지-검열 받지 않은 편지》를 펴냈는데, 이 책의 제2장과 제3장에서 한국을 다뤘다.

1906년 여름 다시 한국을 방문한 그는 2년 동안 머물면서 망국기의 한국 관련 기사를 쏟아냈다. 1907년에 펴낸 《베일을 벗은 동양The Unveiled East》의 부록으로 〈한국인은 일본 통치에 반대한다〉를 쓴 그는 1907년 정미7조약* 체결 이후, 요원의 불길처럼 번진 조선의

1904년 러일전쟁 사허후이沙河會 전투 뒤 서양 파병군과 함께한 종군기자들. 뒷줄 왼쪽에서 다섯 번째가 프레더릭 매켄지다.

의병 운동을 서양 기자로서는 유일하게 취재해 그들의 인터뷰와 사진을 남겼다.

또 〈대한매일신보〉 발행인 베델의 필화筆禍 사건을 상세히 기록한 책 《대한제국의 비극The Tragedy of Korea》(1908)을 펴냈다. 그는 서문에서 저물어가는 조선의 최후를 바라보는 지식인으로서, 또 언론인으로서 침략자 일본의 잔인성과 제국주의의 야만성을 비판하는 데 주저하지 않았다.

• 정미7조약은 1907년 일본이 조선을 강점하기 위한 예비 조처 격의 조약으로 한일신협약이라고도 부른다. 1905년 을사조약 이후 통감부를 설치해 내정을 간섭하던 일본은 헤이그 밀사 파견을 빌미로 고종을 끌어내리고 순종을 옹립한 지 불과 나흘 만인 1907년 7월 24일 밤 통감 이토의 사택에서 7개 조항의 신협약을 체결, 조인했다. 각 조항의 시행규칙에 관하여 협정된 비밀 조치서가 작성되었는데, 조선 군대의 해산, 사법권의 위임, 일본인 차관次官의 채용, 경찰권의 위임 등이 핵심이었다. 그중에서도 군대 해산이 가장 중요한 항목이었다. 이 조약으로 말미암아 차관 정치가 실현되어 사실상 조선은 일본의 식민지가 되었다.

> 영국인의 한 사람으로서 나는 확신하건대 약소민족에 대한 신성한 조약 의무를 파기하거나 두 번 다시 있을 수 없는 잔인성과 불필요한 살육과 무기력하고 의지할 곳 없는 농민의 사유재산권을 전면적으로 도적질함으로써만이 달성될 수 있는 제국주의적 팽창정책은 우리의 생리에 맞지 않는다. 뿐만 아니라 그런 정책은 그 국가로 하여금 우리 모두가 최근까지 한 특징으로 생각해온 조약 의무의 존엄성과 인접 국가에 대한 선린정책을 수행할 수 없도록 만든다는 점을 우리 자신과 맹방인 일본이 입증하고 있다.

총 21장으로 이루어진 이 책은 《하멜 표류기》로부터 서양인이 한국에 주목하기 시작했음을 밝히고 개항부터 청일전쟁, 러일전쟁, 일제에 의한 병탄과 한국인의 저항까지 망국기의 한국을 자세히 서술했다. 제1장 은둔의 왕국은 이렇게 시작한다.

> 1870년대 말 베이징이 아직 신비에 싸여있을 때 이곳에서는 유럽인의 주의를 끄는 연례행사가 예외 없이 벌어졌다. 겨울이 되면 괴상한 옷을 입고 알아들을 수도 없는 말을 지껄이는 이방인들이 도착하곤 한다. 중국인의 의상처럼 단추가 하나도 없었다. 길고도 두툼한 외투는 짧은 끈으로 앞을 여미고 있는데, 이 겉옷은 중국인과는 달리 앞자락이 바른 쪽으로 여미어져있다. 그들의 의상은 수 세기 전 타타르인이 쳐들어오기 이전 북경인의 그것과 닮았으며 방에 들어갈 때에는 일본인처럼 신발을 벗는다. 그들은 별난 모자를 쓰는데, 이는 말총이나 대나무로 만든 것으로 어떤 것은 엄청나게 크다. 그들의 머리칼은 머리의 꼭대기에 매어있다.

이어서 그는 18세기 유명한 지리학자면서 프랑스의 예수회 신부인 뒤 알드가 쓴 《중국사》(1741) 제4권 '조선전'을 인용해 한국인의 기질과 성향을 설명한다.

> 한국인은 일반적으로 모나지 않고 상냥하며 남에게 순종하는 성품을 가지고 있다. 그들은 중국어를 이해하며 학문을 좋아하고 음악과 춤에 천품을 가지고 있다. 그들의 생활 규범은 너무도 엄격하여 도적질과 간통은 그들도 모르는 사이에 죄악시하고 있으며, 따라서 밤에도 문을 잠그는 일이 없다. 오늘날 세계 도처에서 불가피하게 일어나고 있는 혁명이 이곳에서도 일어나서 지난날의 순박성을 변질시켰을지라도 그들의 고운 마음씨는 예나 다름이 없어 다른 민족의 모범이 되기에 넉넉하다.

매켄지는 게으른 양반과 부지런한 농민, 복잡하면서도 평온한 서울 거리, 지방에 사는 백성의 풍족한 삶을 정확하게 그려냈다. 한편 지렛대의 원리를 응용한 가래질은 세 명이 작업하지만 실상 한 사람 몫도 하지 못한다거나, 죄수를 능지처참한 뒤 새나 개가 사체를 먹도록 거리에 버려두는 모습 등을 정확하게 지적했다. 그럼에도 한만韓滿 국경 일대를 여행할 때 동행한 조선인 소년의 모험심과 충실성, 성실성에서 한국인의 무서운 잠재력을 보았다고 고백한다. 조선에 머문 시간은 3년여에 불과하지만 그 사이 이 은둔의 제국은 엄청난 변혁의 소용돌이에 휩싸였고, 그는 냉정한 중간자의 눈으로 그 사실을 기록했다.

한국 병탄 이후 매켄지는 〈런던 타임스The Times〉 주간으로 활동하면서 《한국의 독립운동Korea's Fighting for Freedom》(1920)을 저술해 한국인의 치열한 독립 의지를 세계에 알렸다. 1921년부터 1926년까지는 〈시카고 데일리 뉴스Chicago Daily News〉의 기자로 일했다. 1931년 캐나다에서 세상을 떠날 때까지 17권의 저술을 남긴 문필가이기도 했다.

양의 탈을 쓴 늑대, 일본

1904년 2월 러일전쟁 개전과 함께 일본은 한국을 무력 점령해버렸다. 그들은 봉천회전奉天會戰과 쓰시마 해전에서의 승리를 통해 포츠머스조약을 이끌어냄으로써 한국을 완전히 움켜쥐었다. 이토 히로부미는 한국의 번영과 한민족의 부강을 약속하면서 우의와 협력을 강조했다. 한국인 관리에게 너그러웠고, 북진하는 군대의 군기는 엄정했으며, 군수품을 수송한 노동자에게 후한 보수를 지급했다.

"일본은 과연 동양의 구원자로서 임무를 다하려는 걸까?"

러일전쟁 초기 종군기자로서 전쟁을 취재하던 매켄지는 한국 북부 지방에서 일본인과 한국인의 우의에 대한 이야기를 귀가 아프게 들었다. 러시아군은 한국 부녀자를 겁탈하는 일이 잦았으므로 일본인에 대한 호감은 더했다. 하지만 전쟁 승리를 확신한 일본은 잠시 썼던 양의 탈을 벗어던졌다.

그때부터 일본군은 일본 소상인의 횡포를 방치하고, 노무자의 노임을 착취했다. 러시아와 관계를 맺었다고 의심되는 한국인을 학살했다. 서울에서도 많은 외국인 고문이 쫓겨났고 일본인이 몰려들었다. '제1차 한일 협약-한일 외국인 고문 용빙에 관한 협정서'에 의해 한국의 행정권이 일본에 넘어갔다. 황제는 탁지부에 일본인 고문을 고용하고, 통화제도를 개혁하고, 군대를 감축하고, 일본의 군사·교육제도를 채택하고, 사실상 외교권을 일본에 양도하는 데 합의했다. 그 결과 일본은 한국의 우편·전신 제도를 장악했고, 헌병을 상륙시켜 정치 행위를 규제했다. 이 같은 일본의 처사에 항의하는 사람은 구금되거나 해외로 추방되었다. 곧 수만의 일본인이 한국으로 밀려들었고, 거리낌 없이 한국인의 모든 것을 빼앗았다. 매켄지는 그때의 상황을 이렇게 감정적으로 표현했다.

> 한국인은 6펜스의 벌금에 처할 죄를 지어도 물속에 잡아넣어 죽였으며, 단순히 거추장스럽다는 이유로 사살했다. 많은 사람이 기만과 협잡으로 집을 빼앗겼다. 한국인과 이곳에 사는 서구인로부터 지금 이 시간에도 그와 같은 사건이 전국의 도처에서 자행되고 있다는 것을 듣는 것이 나의 의무이다. 범법자들이 처벌받지 않고 풀려나와도 누구 하나 말하는 사람이 없다. 그들이 무엇인가 항의하려고 일본 공사관을 찾아갔다가는 말단 직원에게 내동댕이쳐지기 일쑤다.

매켄지는 일본에서는 중죄인 아편 끽연도 방치하고, 심지어 일본인이 모르핀까지 판매한다는 사실을 밝혀냈다. 게다가 서울과 지방의 토지와 철도 연변 대부분을 헐값으로 점유함으로써 약소민족에게 자행할 수 있는 가장 악질적인 포학을 저지르고 있었다. 이런 일본의 만행이 반복되자 외국인들은 노골적으로 일본을 비판하고 적대적인 행동을 취했다. 러일전쟁 초기 일본에 호감을 표시했던 헐버트조차 희망을 접었다.

> 일본은 아마도 극동에서 여론을 이끄는 지도자가 되고, 또 수억 중국인의 생활을 개혁하기 위해 청국에 영향을 미치고 싶어할는지 모른다. 이러한 과업은 한국과 같은 극동의 한 모퉁이에 집착하는 것보다 더 위태로운 것이다. 그러나 만약 일본이 한국에 대한 자신의 성스러운 공약을 파기하고 오늘날 그들이 하고 있는 것과 같이 한국인을 대한다면 일본은 세계에 비친 자신의 좋은 인상을 더럽힐 것이 분명하다.

이런 언론의 비난에도 일본은 루스벨트 대통령을 부추겨 미국 공사 알렌을 본국으로 소환했고, 한국 근대화의 주역이었던 총세무사 맥레비 브라운도 영국으로 쫓아냈다. 그러자 매켄지는 초지일관 친일 성향을 보이던 미국 언론인 케난G. Kenan의 다음 증언을 근거로 일본을 맹비난했다.

> 일본은 러일전쟁에서 보여준 지적 선견지명이나 사전 준비를 위한 괄목할 만한 능력을 한국에서는 보여주지 않았다. 일본 당국은 한국의 내정 개혁에 실패함으로써 의기소침하게 되었고, 또 대한제국의 대부분의 사업을 외국 상사에 양도하도록 제안함으로써 한국인을 화나게 만든 후, 일본 이주민과 한국인 사이에 발생하는 분쟁을 조정, 해결하기 위한 법적 제도를 마련하지 않고 수만 명의 일본인을 한국에 몰아넣음으로써 세 번째의 실수를 저질렀다. …(중략)… 한국인은 혈통으로 보나 후천적 환경으로 보나 지독한 허풍선이며

뻔뻔스러운 거짓말쟁이다. 주의 깊게 확인해보기 전에는 일본인의 비행에 관한 그들의 진술을 믿을 수 없다. 그러나 내가 조사한 것과 일본인 자신들이 증언한 바에 의하면, 한국인이 불평하기 꼭 좋은 처지에 놓여있다는 사실을 나는 시인한다.

정의의 군대, 의병을 찾아가다

1905년 을사조약으로 한국의 외교권을 빼앗은 일본은 1907년 헤이그 밀사 사건을 빌미로 7월 19일 고종을 보위에서 끌어내렸다. 그로부터 며칠 뒤 새로운 황제의 이름으로 군대 해산의 칙령이 내려졌다. 이에 분개한 군인들이 해산식장에서 일본군과 정면으로 충돌했지만 역부족으로 패퇴하자 의병•에 투신하여 일본에 저항했다.

매켄지는 그해 9월부터 구식 군대에서 훈련받은 장교들이 의병을 조직해 훈련시킨다는 말을 들었다. 최초의 의병은 서울에서 동쪽으로 130~140킬로미터 정도 떨어진 산간에서 활약하던 호랑이 사냥꾼들이었다. 그들은 산악 지형에 익숙했고 신체가 건강했으므로 일본군을 괴롭히는 데 적당했다. 그러나 무기는 구형 격발총이 전부였다. 장탄에 시간이 걸리기 때문에 1회 공격으로 명중시키지 못하면 곧 죽음이었다.

의병의 저항이 심화하자 한국 주차 일본군 사령관 하세가와 요

• 의병은 보는 입장에 따라 여러 이름으로 번역되었다. 매켄지는 '정의의 군대' 즉 '의병 Righteous Army'이었다. 〈대한매일신보〉 사장 베델의 필화 사건 변호를 맡았던 영국인 크로스Crosse는 우리말 발음대로 '의병Euipyong Society[Organization]' 또는 '의용군Volunteer Movement'으로 불렀고, 피고 베델은 법정에서 당당히 '의병'이라고 말했다. 영국 총영사 헨리 코번Henry Cockburn은 '애국군Patriotic Soldiers'으로 번역했다. 반면 일본 측 문서와 친일 신문은 '폭도'라 썼고, 영어로는 '반역자insurgents, 반도rebels, 폭동riot'이라 번역했다.

시미치는 무시무시한 포고문•을 발표한 다음 일대 토벌 작전에 돌입했다. 그러자 한국인은 이토 통감에게 잔인무도한 살육을 중단하라고 종용하면서 이에 응하지 않는다면 철저히 보복하겠다고 선언했다.••

군대 해산 직후인 1907년 8월부터 1911년 6월까지 약 4년 동안 의병과 일본군이 2852회에 걸쳐 충돌했다. 교전 의병의 수는 14만 1815명이었고, 그중 사망은 1만 7779명, 부상이 3706명이었다. 일본 측도 사망자 136명에, 부상자가 277명이었다.

각처에서 의병 전투 소식이 들려오자 매켄지는 의병을 직접 취재하려 했지만, 일본 당국은 신변 보호를 이유로 통행증을 발급해주지 않았다. 하지만 일본이 외국인의 한국 내 여행을 저지할 권리가 없다고 판단한 매켄지는 런던 〈데일리 메일〉 본사에서 내려온 시베리아 취재 전문을 구실로 하인 김민근과 함께 취재에 나섰다. 한국 관

• '나는 저들의 폭동을 뿌리 뽑음으로써 백성들을 환난으로부터 구출하라는 명을 대한제국 황제 폐하로부터 받았다. 나는 법을 준수하는 한국의 전 국민에게 명하건대, 그대들은 자기 생업에 종사할 것이며 두려워하지 말라. 한때 실수로 폭도에 가담한 사람일지라도 잘못을 뉘우치고 속히 항복하면 지난 과오를 용서할 것이다. 또한 그들을 체포하거나 그들에 관한 정보를 제공하는 사람에게는 상당한 상금을 줄 것이지만, 고의적으로 그들에 가담하거나 그들을 숨겨주든가 또는 무기를 은닉한 사람들은 중벌을 받을 것이다. 더 나아가서 폭동이 발생한 마을은 이에 집단 책임을 지고 가혹한 벌을 받을 것이다.'

•• '우리 민족의 인구는 2000만 명이며 늙고 병든 자나 아이들을 제하고도 1000만 명이 넘는다. 오늘날 한국에 주둔하고 있는 일본군은 8000명을 넘지 못하고 각지에 있는 일본 상인도 수천 명을 넘지 못한다. 그들의 무기가 아무리 고성능이라 할지라도 1명의 일본인이 어찌 1000명의 한국인을 죽일 수 있겠는가. 우리는 우리의 형제들이 어리석은 행동을 하지 말며, 죄 없는 사람을 죽이지 않기 바란다. 우리들은 날짜를 정해 그대들을 공격할 것이다. 우리들 중에 몇몇은 거지나 상인으로 가장하여 서울로 들어갈 것이다. 우리는 철도를 폭파하고 항구를 불태울 것이며, 진고개를 쳐부수고 이토와 모든 일본인들을 죽이고 이완용과 그 주구들을 몰살시킬 것이며, 폐하를 배신한 역도들을 단 한 명도 살려두지 않을 것이다. 일본은 우리를 무찌르기 위해 모든 군대를 진격시킬 것이다. 우리는 무기를 갖고 있지 않지만 우리의 충성심을 끝까지 버리지 않을 것이다.'

리들은 그가 가는 마을에 하루 전 사람을 보내, 영국 대인이 통과할 것이니 사격하지 말라고 미리 알렸다.

매켄지는 당시 충주 부근에서 의병이 일본군 무기고를 습격하고 총과 화약을 탈취해갔다는 정보를 입수하고 행로를 수정했다. 이천을 지나면서 그는 칠팔십여 호가 사는 마을이 성한 기둥 하나 없이 박살난 현장을 목도했다. 일본군의 무자비함을 확인하는 순간이었다. 한국인은 자신들이 겪은 일본군의 만행을 그에게 고발했다. 일본군은 의병이 전신주를 뽑아버리는 것을 방치했다는 이유로 마을을 약탈하고 사람들을 닥치는 대로 죽였다. 어떤 명문가의 후손은 일본군이 족보를 태워버리는 바람에 이름도, 성도 없는 상놈이 되었다고 슬퍼했다.

충주와 원주 지역은 일본군 토벌대에 의해 약탈 당했는데, 특히 제천의 피해가 막심했다. 본래 제천은 고관대작이 즐겨 찾는 휴양지

일본군은 의병에 대한 경고로 무자비한 보복을 일삼았다. 초토화된 제천에서는 수많은 양민 피해자가 울부짖었고, 매켄지는 이들의 참담한 실상을 서방에 알렸다.

였는데, 근처에 매복한 의병에게 큰 피해를 입은 일본군이 본보기로 마을을 몽땅 불태워버렸던 것이다. 매켄지가 도착했던 초여름, 마을이 내려다보이는 언덕 위에 일장기가 펄럭이고 일본 위병의 총칼이 번득였다. 그는 언덕에서 내려와 잿더미 위를 걸었다. 이제까지 이토록 처참한 광경을 본 적이 없었다. 한 달 전만 해도 사람들이 붐비는 풍요로운 곳이었는데, 이제 제천은 지도상에 없는 마을이었다. 그는 관할 일본군 대좌를 방문해 의병 토벌 작전에 대한 설명을 듣고, 원주로 말머리를 돌렸다. 도중에 일본인으로 오인한 의병의 총알 세례를 받기도 했으나 양근에 이르러 매켄지는 소원하던 의병을 만날 수 있었다. 기대와 달리 그들은 장비나 복장이 너무나 허술했다. 낡은 한복 차림의 의병도 있었고 구식 군인 출신도 눈에 띄었다.

> 그들은 매우 측은하게 보였다. 전혀 희망이 없는 전쟁에서 이미 죽음이 확실해진 사람들이었다. 그러나 몇몇 군인의 영롱한 눈초리와 얼굴에 감도는 자신만만한 미소를 보았을 때 나는 확실히 깨달은 바가 있었다. 가엾게만 생각했던 나의 생각은 아마 잘못된 생각이었는지도 모른다. 그들이 보여주는 표현 방법이 잘못된 것이었다 하더라도 적어도 그들은 자기의 동포들에게 애국심이 무엇인가를 보여주고 있었다.

매켄지를 만난 의병 지도자는 일본군과의 싸움에서 승리하기 힘든 현실을 인정하고 있었다. 하지만 노예로 사느니 자유민으로 죽겠다면서 혹시 무기를 구해줄 수 있느냐고 물었다. 그러나 매켄지는 종군기자로서 그 청을 들어줄 수 없었다. 그가 할 수 있는 일이라곤 가져간 구급약으로 부상당한 의병을 응급처치 해주는 일뿐이었다. 그때 한 여인의 말이 그의 심금을 울렸다.

> "우리는 서양인이 이곳의 참상을 보기 위해 와주어서 고맙게 생각한다. 부디 당신이 알아낸 한국의 현실을 세계인들에게 똑바로 전해주기 바란다."

그런 한국인을 대하면서 매켄지는 감동하지 않을 수 없었다. 한국에 오기 전까지 일본에 호감을 가지고 있었지만, 그것이 커다란 잘못이었음을 자인했다. 양민을 무차별 학살하고 부녀자를 겁탈하는 등 비인도적 만행을 서슴지 않은 일본군에 맞서는 한국인은 비겁하지도, 자기 운명에 대해 무심하지도 않았다. 벽안의 기자에게 한국인은 진정한 애국심이 무엇인지 온몸으로 보여주었다.

프레더릭 매켄지가 만난 의병의 모습. 당시 의병은 무기뿐 아니라 여러 열악한 조건 속에서 일본군과 힘겨운 싸움을 계속했다.

영국의 오판을 비웃다

매켄지는 1904년까지도 한국이 영국의 영향력 아래 있다고 단언했다. 1893년 8월 해관 총세무사로 부임한 영국인 맥레비 브라운이 세관을 운영했으며, 영국 회사들은 제물포를 비롯한 거점 도시에서 면화 시장을 확대하고 있었다. 그러나 통감부가 한국을 장악하면서 영국의 대한對韓 무역은 한계에 다다랐다. 통감부는 표면적으로 외국인 투자를 촉진했지만, 실상은 배타적인 정책을 택했다.

1904년 일본은 각국 대표가 확보한 한국의 광업권에 어떤 이권도 행사하지 않겠노라 공언했지만, 현실에서 일본인과 달리 외국인은 새로운 광산 개발에 나설 수 없었다. 1906년 일본은 새로운 광산법을 제정하고 농상공부대신은 임의로 광산권자의 조업을 중지할 수 있도록 했다. 그러자 대규모 금융가는 투자를 철회했고 대기업은 한국을 떠났다. 이 같은 차별 조치에 대해 영국 외상은 이렇게 투덜거렸다.

> "한국에는 영국의 무역과 같은 것이라고는 없다. 한국에는 단 하나의 영국인 상사도 없으며, 영국의 물품이 한국에 수출되고 있지도 않다."

그럼에도 제물포에서는 많은 영국인이 무역을 통해 이득을 취하면서 한국에서의 개항권을 포기하려는 영국 정부의 조치를 반대했다. 그들은 일본인이 영국의 획기적인 발명품을 가짜로 만들어 판다고 고발하기도 했다. 당시 일본의 가짜 상품은 광저우에서 하얼빈에 이르기까지 대량으로 넘쳐났다. 한국에서의 직물 거래도 일본 상품에 의해 밀려나고 있었다. 중국을 여행하다가 영국 상표가 붙은 오사카의 가짜 상품을 발견한 미국 영사는 이렇게 말했다.

> "영국인은 훌륭한 상품을 만들어 평판이 좋지만, 일본의 악덕 상인이 만든 가짜 영국 상품이 전 아시아에 범람하는 꼴을 보게 될 것이다. 이는 특수 상품에만 국한된 것이 아니라 여러 가지 상품들이 범람해 영국의 평판이 땅에 떨어지고 있다. 아직 영국은 이런 일에 아무 항변도 하지 않고, 이권을 보호하기 위해 해당 지역에 관리를 파견하지도 않고 있다."

1907년 한국에서 박람회가 열렸을 당시 전시된 물건은 대부분 일본 제품이었고 자세한 설명까지 붙어있었지만, 외제라곤 프랑스 주류뿐이었다. 게다가 일본 제품은 모두 서구 제품의 모조품이었다. 가구, 사기그릇, 식료품, 의약품 등등. 그러나 품질은 진품 못지않았고 값도 훨씬 쌌다. 이미 일본은 상업 부문에서 서구 열강을 압도하는 상황이었다. 매켄지는 영국 정부의 무관심을 질타하며, 자국의 상인과 제조업자를 보호하라고 요구했다. 하지만 러일전쟁 이후 한국은 이미 서구인에게 철저히 외면당하고 있었다.

삼일운동과 매켄지의 분노

일본군은 한국 병탄 이후 무자비한 의병 진압 작전을 펼쳐 수많은 애국지사를 학살했다. 그 결과 1912년 3월경 황해도에서 최후의 작전을 종료했다고 발표했다. 그때부터 국내 활동에 한계를 느낀 의병은 지하로 들어가 저항 조직을 결성했고, 애국 단체는 간도에 본거지를 둔 조선 독립군을 찾아 압록강과 두만강을 건너갔다. 그때부터 조선 독립군은 만주에서 일본군과 전투를 계속했다.

홍범도, 김좌진 부대를 비롯한 군소 독립군이 간도間島에 자리 잡으면서 간도 지구의 조선인은 1909년경 8만 3000여 명에 달했다. 이에 주목한 통감부에서는 간도에 일본군 사령 본부를 설치하고 군 헌병대와 경찰을 주둔시키고 본격적인 토벌을 개시했다. 당시 일본은 중국을 압박해 간도를 조선 영토로 인정하게 한 다음, 그곳에 거주하는 조선인을 통제하려 했다. 그런데 일본의 남만주철도회사가 철도 부설권을 대가로 중국에 만주의 광물자원을 양보하는 정치 협상을 벌였다. 그 결과 1909년 9월 4일 일본은 중국과 간도협약을 체결하고 간도에 대한 중국의 영토권을 인정해주었다. 그러고 나서 총영사관을 간도에 설치한 일본은 독립군 탄압을 가중시켰다.

일본의 공세에 맞서 1910년 10월 26일 조선 의군 중장 안중근은 조선 통감에서 물러나 만주에 대해 영향력을 행사하려던 이토 히로부미를 하얼빈 역에서 저격·총살했다. 그러자 일본은 1910년 8월에 체결된 한일합방조약에 따라 통감부를 조선총독부로 전환하면서 대한제국의 명맥을 끊어버렸다.

병탄 이후 일본은 그동안의 공약을 외면하고 동화정책에 전력을 기울였다. 한국인에게 일본어와 일본 문화를 강요하고 언론과 신체의 자유를 박탈했다. 1912년 개정된 신태형령에 따라 일본인 순사가 재판 없이 한국인을 구금·구타하면서 수많은 사상자를 발생시켰다. 폭정은 잠들어있던 한국인의 분노를 일깨웠다.

그 무렵 한국인은 미국 선교사의 영향으로 자유와 평등사상에 익숙해진 상태였다. 때문에 일제는 선교사를 협박하고 민족 지도자와 기독교 지도자를 박해했다. 일제의 복합적인 실정失政이 1919년에 이르러 일반인은 물론 기독교도의 가두시위를 이끌어냈다.

매켄지는 《한국의 독립운동》 11부에서 마지막까지 조선총독부의 철권 정치에 이어 선교사들의 노력, 또 105인 사건으로 조작된 일제의 고문정치를 다루었으며, 1919년에 일어난 삼일운동의 시작과 탄압, 평양에서 목격한 만세운동, 여학생들의 순국, 세계의 분노 등을 자세히 기록했다.

여기에서 그는 일찍이 세계인에 의해 무기력하고 비겁하다고 여겨졌던 한국인의 평화로운 대일 항쟁이야말로 뛰어난 영웅적인 모습이었다고 찬탄한다. 비폭력을 지향하면서 동료가 감옥으로 끌려가면 그들은 기꺼이 그 뒤를 이었다고.

매켄지는 일본인이 자행한 고문의 야수성에 분개했다. 여학생과 젊은 여인의 옷을 찢고 때리고 강간하거나 매질해 죽이고, 불붙은 담배를 여인의 여린 부분에 짓누르거나 인두로 사람을 지졌으며, 한 방에 남녀를 꽉 차게 집어넣고 앉거나 누울 수 없는 고통스런 상태로 만드는 등 근대 교육을 받은 지식인으로서는 감내하기 힘든 만행이었다.

그럼에도 매켄지는 그것이 일본인 전체의 뜻이 아니라 일본의 정책을 장악한 군국주의자의 망동이기를 바랐다. 충성스럽고 애국적인 일본의 신민은 결코 야만적 행태에 동조하지 않으리라고 기대하면서, 이러한 행위가 일본 자신의 영원한 번영과 미래 세계의 평화에 치명적인 위협이 된다는 생각을 그들과 함께한다고 여겼다.

또 언론인으로서 자신이 자유를 위해 투쟁하는 한 고대 민족의 모습, 비극적인 공포 속에서 살다가 오랜 잠에서 깨어난 한 몽고계 민족을 대변해야 한다는 사명감에 젖어있었다. 그는 마지막으로 이렇게 부르짖는다.

> 그들은 우리가 알고 있는 것과 같이 문명에 있어 빼놓을 수 없는 요소들, 이를테면 자유, 신앙, 여성의 명예, 영혼의 계발 같은 것을 누렸고 그것을 지금 놓치지 않으려고 애쓰고 있다. 그리하여 나는 지금 자유와 정의를 외치고 있는 것이다. 세계는 나의 말에 귀 기울이는가?

더 읽는 글

러시아, 영국의 경쟁자

매켄지는 영국의 경쟁자인 러시아의 움직임을 예리하게 지켜보았다. 그는 한국 개항이 일본의 일방적 의도에 따른 결과가 아님을 알았다. 신미양요 이후 러시아의 실력자 이그나티예프N. P. Ignatiev가 우수리 지방을 장악하고 남하 정책을 펴자, 일본과 러시아의 틈바구니에 끼게 된 청나라 이홍장의 요청으로 고종이 개항을 결심했다는 것이다. 임오군란을 진압하고 명성황후가 환궁한 뒤, 발표된 칙령에는 외국에 문호를 개방하여 조선을 근대화하겠다는 의지가 명확하게 나타났다.

> 예로부터 모든 나라는 다른 나라와 교역을 하는 것이 관례가 되어 있음은 역사가 증명하는 바이지만, 아직도 그대 유생들은 이를 악습이라 여기고 과인으로 하여금 다른 나라들과 절연하도록 바라고 있다. 만약 외국인이 올 때마다 군대를 모집하여 그들을 몰아낸다면 우리는 천하 만민의 공적이 된다는 사실을 그대들은 왜 생각하지 못하는가. 다른 나라들은 서로 뭉쳐서 일하는 동안 우리는 우방도 없는 외톨이가 될 것이며, 만약 그들이 우리를 치기 위해 파병한다면 우리는 분명히 멸망하리라는 것을 왜 모르는가. …(중략)… 외국은 강하고 우리는 약하다. 우리가 그들의 기술을 배우지 않는다면 우리는 무슨 수로 그들과 맞서 싸울 수 있겠는가. 만약 우리가 내정을 개혁하고 더 나아가 외국과 우호적인 조건에서 친교할 수만

있다면 우리도 곧 그들과 마찬가지로 부강하게 될 수 있다. …(중략)… 우리는 지금 미국, 영국, 독일과 조약을 체결하려 한다. 이러한 일은 예로부터 내려오는 방법을 따른 것이며, 큰 변혁이나 되는 양 의아한 눈길로 볼 일이 아니다. 그대들은 마음을 평안히 하고 자신과 직결되는 이 문제에 참여해야 한다. 외국인이 들어오면 그들을 따뜻하게 대해주라. 만약 저들이 그대들을 핍박한다면 과인은 사태를 예의주시할 것이다. 왜냐하면 과인은 그들보다 나의 백성을 더 사랑하기 때문이다.

1882년 5월 22일 한미수호통상조약에 이어 영국과 조선 정부 사이에 한영수호통상조약이 체결되었다. 이 조약은 특별히 영국인의 무역권과 영사재판권이 비중 있게 다루어졌다. 이어서 독일과 러시아 등과도 비슷한 조건으로 통상조약이 체결되었고, 1883년부터 1884년까지 외국인이 물밀듯이 들어왔다.

조선의 개화 정책은 1884년 일본에서 교육받고 돌아온 급진 개화파의 갑신정변으로 벽에 부딪쳤다. 매켄지는 이를 조급하고 분별없는 행동이라고 비판했다. 일본의 충동질에 넘어가 단기간에 너무 많은 일을 시도함으로써 동북아 삼국에 엄청난 상처를 안겼다는 이유에서다. 구체적으로 청과 일본 간의 불화를 조장했고, 조정에 친청파의 입김을 강화했으며, 자연스런 개화의 흐름을 막아버렸다고 평가했다.

이후 청일전쟁으로 일본은 조선에 대한 권리를 확보했고, 러시아는 더 큰 힘을 얻었다. 시모노세키조약으로 일본이 얻은 랴오둥반도를 러시아, 독일, 프랑스가 빼앗았기 때문이다. 온건한 영국인조차 한동안 러시아를 '청국과 조선의 종주국'으로 단정하는 계기가 되었다. 고종은 명성황후의 조언에 따라 러시아와 밀착하면서 일본을 긴장시켰고, 그 결과 천인공노할 황후 살해 사건이 벌어졌다. 매켄지는 을미사변을 자세히 기록하면서 범인들을 무죄방면한 일본을 고발했고, 고립무원의 처지가 된 고종이 러시아 공사 베베르와 정동파의 도움으로 아관파천에 성공하자 일본의 기세를 꺾은 베베르의 능력을 높이 평가했다.

> 베베르는 현실적이라기보다는 낭만적인 타입으로 친절하고 단순하고 솔직한 외교정책은 청천백일처럼 밝았다. 다른 나라 외교관들도 그의 사심 없고 공정한 태도에 놀랄 때가 많았다. 그는 왕을 귀빈으로 대우했고, 그렇게 큰 러시아 공사관을 아무 대가도 없이 임의로 쓸 수 있도록 빌려주었다.

이처럼 매켄지는 러시아의 약진에 대해 조선의 입장에서 해석하고 매우 긍정적으로 묘사했다.

이후 일본은 은밀히 무력을 증강하는 한편, 새로운 외교 전략을 써 시간을 벌었다. 고무라-베베르 각서(1차 러일협정, 1896. 5. 14), 로바노프-야마가타 의정서(2차 러일협정, 1896. 5. 26) 등 먹잇감 조선을 둔 양국 간 강화가 이뤄졌다. 하지만 베베르가 귀임하고 스페이어A. Speyer, 士貝耶가 러시아 공사로 부임하면서 한국에 대해 공격적 태도를 취하자 경쟁자 영국은 함대를 파견해 러시아의 남하를 견제했다. 그러나 1898년 러시아가 청으로부터 랴오둥반도를 조차하고 뤼순 항을 획득하면서 러일관계는 점차 급박한 양상으로 치닫게 된다.

나는 웨스트민스터 성당보다 한국 땅에 묻히기를 원한다

아리랑을 사랑했던 제3의 밀사 호머 헐버트

> 비방이 극에 이르고 정의가 점차 사라지는 때에 나의 지극한 존경의 표시와 변함없는 충성의 맹세로서 대한제국의 황제 폐하에게, 그리고 지금은 자신들의 역사가 그 종말을 고하는 모습을 보고 있지만 장차 이 민족의 정기가 어둠에서 깨어나면 잠이란 죽음의 가상일 뿐 죽음 그 자체는 아님을 증명하게 될 대한제국의 국민에게 이 책을 바친다.

이 글은 누구보다도 한국을 사랑했고 한국을 위해 헌신한 미국인 호머 헐버트가 쓴 《대한제국멸망사The Passing of Korea》 책머리에 실린 헌사다. 그는 한국인을 두고 합리주의적 기질과 감정을 가장 조화롭게 갖추었고, 냉정과 정열을 겸비했으며 평온 속에서 냉정을 잃지 않되 격노할 줄도 아는 사람들이라고 높이 평가했던 지한파다.

호머 헐버트

Homer Bezaleel Hulbert(1863~1949)

한자명 흘법紇法, 할보轄甫. 1886년 육영공원의 교원으로 한국 생활을 시작, 자주독립과 개화의 핵심 활동가로 일했다. 언론·출판을 통해 일제의 탄압 실태를 해외에 적극 알렸고, '아리랑'을 최초로 서양식 악보로 채보하는 등 문화유산 보존에도 힘썼다. 헤이그 만국평화회의에 파견된 고종의 밀사들을 적극 도와 '제3의 밀사'로 불린다. 서울 양화진 외국인 선교사 묘원에 안장되었다. 조선의 역사·문화·풍습·망국사 등을 망라한 《대한제국멸망사》를 남겼다.

알렌과 함께 고종의 두터운 신임을 받았던 호머 헐버트. 그는 무너져가는 대한제국의 국권 회복을 위해 외교 고문으로 활동했고 헤이그 '제3의 밀사'로서 을사조약의 무효를 세계인들에게 알린 애국지사였다. 또 육영공원에 영어 교사로 부임한 이래 23년 동안 한국 청년들에게 역사를 가르쳤고, 사라져가는 전통문화 보존에 힘쓴 학자이자 교육자였다.

아울러 한국 지식인들이 일본의 동양평화론이나 삼국동맹론, 실력양성론 같은 허울 좋은 이론에 매몰된 망국의 시기에, 그 본질을 직시하고 끈질기게 반일 투쟁을 전개한 고종의 의기에 감복한 서양인 가운데 한 사람이었다. 훗날 그는 한국인들을 향해 이렇게 소리쳤다.

> "역사에 기록될 가장 중요한 일을 증언한다. 광무 황제는 결코 일본에 항복한 적이 없다. 굴종하여 신성한 국체를 더럽힌 적도 없다.

휜 적은 있으나 결코 굴복하지 않았다. 생명의 위험을 무릅쓰고 미국의 협조를 구했으며, 만국평화회의에 호소했지만 성과가 없었다. 유럽 열강에 호소했지만 강제 퇴위되어 전달되지 못했다. 그는 고립무원의 군주였다. 조선인 모두에게 고한다. 황제께서 보이신 불멸의 충의를 영원히 기려라."

한국인의 저력을 읽다

호머 헐버트는 1863년 1월 26일 미국 버몬트 주에서 태어났다. 그의 가문은 칼뱅주의의 엄격한 도덕성과 인간 중심 사상에 투철했는데, 특히 그의 아버지 캘빈 헐버트는 '인격이 승리보다 더 중요하다'는 가훈을 자식들에게 강조했다. 헐버트는 뉴햄프셔 주 다트머스대학에서 히브리어를 공부한 다음 뉴욕 주의 명문 유니온신학교에 입학해 2년 동안 공부했다.

그 무렵 고종은 총세무사 묄렌도르프의 조언에 따라 근대식 교육기관인 육영공원을 설립하기로 결정하고, 미국 공사 루셔스 푸트에게 미국인 교사 3명을 파견해달라고 요청했다. 그러자 미국 국무성 교육국장 이튼John Eaton은 친구인 캘빈 헐버트에게 아들 한 명을 한국으로 파송하는 것이 어떠냐고 물었다. 그 말을 전해들은 호머 헐버트는 한국행을 자청했다.

"제가 한국에 가겠습니다. 기독교 불모지에 신앙을 전파하는 것이 제 꿈입니다."

청년 헐버트는 조선에 대해 문외한이었지만, 학창 시절 세계 지리를 공부하면서 '코리아'라는 국호만 알고 있던 상태였다. 그런데 갑자기 조선에서 갑신정변이 일어나 육영공원 설립이 연기되면서, 그는 2년 뒤에야 한국행 선박에 오를 수 있었다.

1886년 7월 4일 헐버트는 길모어 부부, 벙커 부부와 함께 한국 제물포에 첫발을 디뎠다. 9월 23일 육영공원이 설립되자 그는 주로 고관대작의 자식으로 구성된 학생들에게 영어, 수학, 자연과학, 역사, 정치 등 신식 과목을 가르쳤다. 또 육영공원의 운영과 교육 내용 및 방법에 관한 규정으로 '육영공원설학절목育英公院設學節目'을 제정하는 등 행정가로서의 능력도 한껏 발휘했다.

1888년 9월 헐버트는 뉴욕으로 가서 유니온신학교 동창생인 메이 한나May Belle Hanna와 결혼하고 서울로 돌아왔다. 헐버트가 산 설고 물 선 한국 땅에 정착하는 데는 부인 한나의 조력이 매우 컸다.

바쁜 강의 일정 속에서도 한국인을 이해하기 위해 열심히 한글을 공부한 헐버트는 1889년 강의용 교재로 《사민필지士民必知》와 《초학지지初學地誌》를 펴냈다. 《사민필지》는 일종의 지리부도로서 세계 지리와 각국의 지형, 정치제도, 풍속, 군사력 등을 알기 쉽게 정리한 우리나라 최초의 근대식 순한글 교과서였다. 이 책은 당시 서방세계의 지식에 애태우던 학생과 지식인 계층의 필독서가 되었다. 훗날 하와이 이민을 구상하던 한국인들이 이 책을 읽고 결심을 다졌다는 일화도 있다. 그러나 육영공원 학생들이 학업에 열성을 보이지 않는 데다 한국 정부에서 재정상 이유로 육영공원을 축소 운영하자, 헐버트는 1891년 11월 교사직을 사임하고 미국으로 돌아갔다.

그 후 오하이오 주의 퍼트넘 육군사관학교 교관이 되었지만 한국에 대한 미련을 떨치지 못했다. 그러던 중 한국에서 일하다 1892년 일시 귀국했던 아펜젤러 목사의 내한 권유를 받아들여, 1893년 9월 미국 감리교회의 선교사 자격으로 가족들과 함께 다시 한국에 들어왔다.

"나와 함께 한국에서 교육 선교 사업을 해보는 게 어떤가?"

"저는 한국의 자주독립을 지원하고 개화를 뒷받침하는 일이 시급하다고 생각합니다."

헐버트는 배재학당에서 함께 일하자는 아펜젤러의 제안을 거절하고, 감리교계 출판사인 삼문출판사Trilingual Press, 三文出版社를 운영하며 영문 월간지 〈한국휘보The Korean Repository〉를 통해 한국의 문화와 정세를 미국인에게 소개했다. 내한 초기부터 《동국통감》과 《동사찬요》 등을 통해 한국의 역사를 공부했던 그는 1892년 〈한국휘보〉에 한글의 기원 및 우수성을 밝히는 논문을 발표했고, 전래동화 '엄지공주Omjee the Wizard'를 영역해 소개하기도 했다.

1895년 명성황후가 일본인들에게 죽음을 당한 을미사변이 발생했을 때 그는 언더우드, 게일, 에비슨 등 선교사들과 함께 궁궐에 들어가 고종을 보호했고, 사건의 진상을 폭로하는 데 총력을 기울였다. 그해 11월 고종이 미국 공사관으로 탈출하려다 불발에 그친 춘생문 사건 당일에는 언더우드와 함께 고종의 침전에서 불침번을 서기도 했다.

1897년에는 미국에서 귀국한 서재필을 도와 우리나라 최초의 한글 신문인 〈독립신문〉을 창간하고 영문판 주필을 맡았다. 1901년부터는 월간지 〈코리아 리뷰The Korea Review〉의 편집을 주관하면서 기울어가는 한국의 분발을 촉구했고, 제국주의 일본의 횡포를 고발하는 데 심혈을 기울였다.

1905년 을사조약 강제 체결 후 한국 내에서 급증하는 일본인의 횡포에 분개한 그는 한국인의 인권과 재산 보호에 힘썼고, 일제의 문화재 침탈을 국제사회에 고발했다. 1907년 일본의 궁내부대신 다나카 미쓰아키田中光顯가 군인들을 동원해 개성 부근에 있는 경천사 십층석탑을 반출하자 전 세계 언론사에 그 사실을 알리며 즉각 반환을 촉구했다.

"타국의 문화재를 몰래 가져가는 것은 강도 행위보다 심한 폭거다. 문화 민족임을 자처하는 일본인이라면 부끄러움을 알아야 할 것이다."

이처럼 언론인으로 맹활약하는 한편, 언어학자로서 한글 연구에도 몰두해 1903년에 《한국어와 드라비다어의 비교연구A comparative grammar of the Korean language and the Dravidian languages of India》를 출간했다. 당시 그는 한글의 자모 운용 방식이 알파벳보다 훨씬 과학적이라는 논문을 미국 학계에 제출하기도 했다.

그는 또 1903년 조선왕조사를 체계적으로 정리한 한문 서적 《대동기년大東紀年》을 상하이에서 출판했다. 한국에서는 당대 왕조를 다룬 역사서를 금했으므로 특별히 고종의 윤허를 받았다고 한다. 〈코리아 리뷰〉에 자신이 연구한 한국 역사를 4년에 걸쳐 연재한 다음 1905년 영어로 된 최초의 한국 역사서인 《한국사History of Korea》를 펴냈다. 1906년에는 한국의 역사, 문화, 풍속과 망국에 이르기까지 전 분야를 집대성한 《대한제국멸망사》를 집필했다.

헐버트는 교육자로서도 무시할 수 없는 업적을 남겼다. 1897년 그는 제국보통학교 교장을 역임했고, 1898년에는 학부의 교육 담당 총책임자Superintendent of Education로 봉직했다. 1903년부터 1905년까지는 경기고등학교의 전신인 관립중학교 교사로서 수많은 청년 인재를 배출하기도 했다.

아리랑을 채보하여 널리 알리다

> 조선에 민요가 하나 있다. 그것은 고통받는 민중의 뜨거운 가슴에서 우러나온 아름다운 옛 노래다. 심금을 울려주는 아름다운 선율에는 슬픔이 담겨 있듯이, 이것도 슬픈 노래다. 조선이 그렇게 오랫동안 비극적이었듯이 이 노래도 비극적이기 때문이다. 아름답고 비극적이기 때문에 이 노래는 오랫동안 모든 조선 사람들에게 애창됐다.

일찍이 만주 대륙에서 활동했던 조선의 혁명가 김산金山의 아리랑 예찬이다. 아리랑은 우리 민족이 고난을 함께하는 중에 자연스럽게 태어난 민족의 노래다. 삼일운동 기간에도 아리랑은 주요 운동가 중 하나로 애창되었다. 그런데 이 아리랑의 악보를 헐버트가 처음으로 채보採譜했다는 사실은 아마 금시초문일 것이다. 박수길은 〈아리랑을 부른 헐버트〉라는 글에서 '구전으로 전해오던 민요를 서양식 악보로 기록한 것은 헐버트 선교사에 의해서다'라고 기록하고 있다.

> 아리랑 아리랑 아라리요 아리랑 얼싸 배 띄워라
> 문경새재 박달나무 홍두깨 방망이로 다 나간다
> 문경새재 박달나무 빨래 방망이로 다 나간다

〈문경새재 아리랑〉이 담긴 옛 악보. 헐버트는 한국인의 노래인 '아리랑'을 최초로 서양식 악보로 채보, 'Korean vocal music'이라는 논문을 통해 해외에 알렸다.

1896년 헐버트는 〈한국휘보〉에 논문 'Korean vocal music'을 실어 〈문경새재 아리랑〉에 최초로 음계를 붙인 악보를 선보였고, 경기민요 〈군밤타령〉에도 음계를 붙여 소개했다. 헐버트는 이 논문에서 '한국인에게 아리랑은 쌀과 같은 존재'로 묘사하면서 한국인은 워즈워드나 바이런 못잖은 시인이라고 예찬했다. 그는 이후에도 한국의 수많은 아리랑 곡조를 채보해 외국에 소개했다.

> 한국에서 우선 가장 눈에 띄는 것은 듣기 쉬운 아리랑이라는 노래다. 대략 782연으로 이루어진 소곡인데, 한국인에게 이 노래는 마치 그들의 생활에서 쌀이 차지하는 것과 같은 비중이다. 다른 노래들은 드물게 불리는 편이다. 그래서 누구나 언제 어디서나 이 아리랑을 들을 수 있다. 오늘날의 한국인에게 이 노래는 마치 십 수 년 전 〈Ta-ra-ra Boom-de-ay〉라는 노래가 미국에서 유행했던 것과 비교될 만하다. 격정적으로 유행을 타지는 않지만 오래도록 불릴 노래다.

이처럼 한국학 연구지에 헐버트가 아리랑의 악보와 가사를 실은 것은 1896년 2월에 태어난 맏아들이 1년 만에 숨진 슬픔 때문이라고 한다.* 아리랑의 이별과 해원의 곡조가 자식을 잃은 아버지의 심금을 울렸던 것일까.

헤이그 제3의 밀사

> 지금 한국에 필요한 것은 교육이다. 이 문제를 해결하는 방향으로 정책이 지향되지 않는다면 한국의 진정한 독립을 기대할 수 없다. 현재 일본과 일본인의 활약상은 한국의 교육과 개화를 목표로 하고 있다. 러시아의 활동은 어떤 면에서 한국인에 대한 불유쾌한 동정을 자아내지만 일본의 그것은 훨씬 더 모독적이라는 사실을 한국의 최고 지식인들은 알고 있을 것이다. 러시아는 한국 정치의 타락을 악용해 우위를 차지했다. 그러나 일본은 무력으로 그것을 쟁취했지만 한국에 무엇인가 도움이 되는 방향으로 전개되고 있다. 러시아의 수평선 위에는 한국 민족의 복락이 나타나지 않았지만 일본은 그 비전을 제시하고 있는 것이다. 일본이 그와 같은 입장을 취하고 있는 것은 이타적인 동기에서가 아니라 양국의 번영이 같은 운명 속에서 부침하기 때문이다.

1904년경 헐버트는 한일 양국 간에 분쟁이 제기될 때마다 〈코리아 리뷰〉에 이런 방식으로 일본에 호의적인 기사를 게재하여 양 국

------

* 헐버트는 부인 한나와 슬하에 2남 3녀를 두었다. 서울에서 태어난 둘째 헐버트 2세 윌리엄 체스터는 1986년 사망해 양화진 외국인 선교사 묘원에 묻혔다.

민을 화해 붙이려 했다. 그것은 한국에 대한 일본의 태도를 완전히 오판했기 때문이었다. 당시 서양인들은 러시아의 무모한 극동 정책에 불만이 많았고, 앞서 서양 문명을 받아들인 일본이 한국의 개화에 도움을 주리라고 철석같이 믿고 있었다.

정중한 일본인의 태도는 그런 믿음을 한껏 부추겼다. 따라서 러일전쟁이 일어나자 한국에 체류하고 있던 외국인 대부분은 일본을 응원했다. 그런데 종전과 함께 미국 대통령 루스벨트의 중재에 의해 포츠머스조약이 체결되면서 일본의 한국 병탄이 가시화되자 비로소 자신들이 철저히 기만당했음을 깨달았다. 그때 이토 이로부미의 강압으로 외교권을 빼앗긴 고종은 지푸라기라도 잡는 심정으로 미국에 기대어 난국을 타개하기 위해 민영찬閔泳瓚을 워싱턴에 급파했다. 그리고 신임하던 헐버트를 비밀리에 불러 자신의 밀사로 활동해 달라고 부탁했다.

"이제 내가 믿을 수 있는 사람은 그대밖에 없다. 일찍이 조미수호통상조약에 주선 조항이 있었으니, 미국 대통령에게 늑약의 불법성을 설명하여 일본의 횡포를 막아주기 바란다."

1905년 10월 15일 헐버트는 고종의 밀서를 품고 서울을 출발해 11월 17일 워싱턴에 도착했다. 그는 평소 친분이 두터운 미국 정부 요인들과 접촉하며 한국 문제에 미국이 개입해줄 것을 간청했다. 그는 또 백악관을 찾아가 루스벨트 대통령에게 도움을 요청했지만, 이미 한국과 필리핀을 맞바꾸어버린 미국의 동아시아 정책을 철회하게 만드는 것은 불가능했다.

나, 조선의 황제는 한국과 일본 간의 조약이 불법적으로 강압하여 체결되었으므로 법적 효력이 없다는 점을 선언한다. 나는 이 문서에 서명하지 않았으며, 절대로 서명하지 않을 것이다.

헐버트는 최후의 수단으로 언론을 동원했다. 그가 제공한 고종의 을사조약 체결 거부선언문이 1905년 12월 13일자 〈워싱턴이브닝스타〉에 실렸지만 그뿐이었다. 실망한 헐버트는 1906년 7월 한국으로 돌아와 〈코리아 리뷰〉를 통해 조약의 부당함을 수시로 비판하면서 기회를 엿보았다.

"이제 기대할 곳은 헤이그뿐이다."

1905년 9월, 을사조약 체결 이전에 고종은 러시아 황제 니콜라이 2세로부터 제2차 만국평화회의에 대표를 보내달라는 초청장을 받았다. 본래 예정된 평화회의 개최일은 1906년 6월이었다. 러시아 황제는 제1차 만국회의를 제안하고 주관하여 개최국인 네덜란드 국왕과 함께 제2차 회의 초청권을 갖고 있었다. 뒤늦게 그 사실을 안 일본은 러시아와 네덜란드에 한국의 외교권이 1905년 11월 17일부로 상실되었음을 통보하고 초청 취소를 요구하며, 관련국들을 동원해 회의를 1년 뒤인 1907년 6월로 연기시켜버렸다.

"우리에게 오히려 더 많은 시간이 주어졌다."

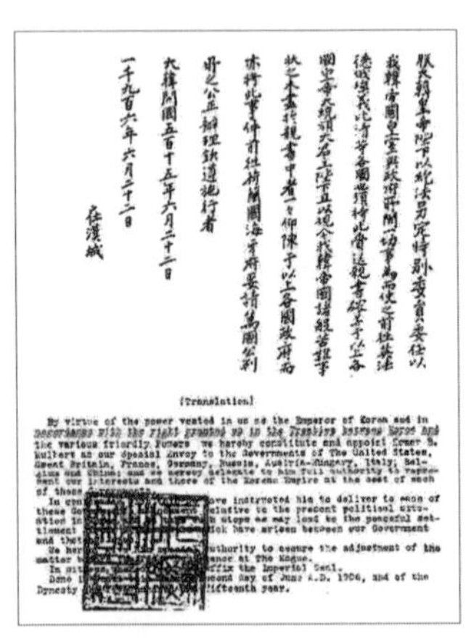

大韓開國五百十五年六月二十二日

一千九百六年六月二十二日

在漢城

(Translation)

By virtue of the power vested in us as the Emperor of Korea and in accordance with the right granted us in the Treaties between Korea and the various friendly Powers we hereby constitute and appoint Homer B. Hulbert as our Special Envoy to the Governments of The United States, Great Britain, France, Germany, Russia, Austria-Hungary, Italy, Belgium and China; and we hereby delegate to him full authority to represent our interests and those of the Korean Empire at the seat of each of these [illegible]

In con[illegible] have instructed him to deliver to each of these Go[illegible] relative to the present political situation in [illegible] steps as may lead to the peaceful settlement [illegible] which have arisen between our Government and the[illegible]

We her[illegible] authority to secure the adjustment of the matter [illegible] ance at The Hague.

In witness [illegible] affix the Imperial Seal.

Done [illegible] second day of June A.D. 1906, and of the Dynasty [illegible] fifteenth year.

고종이 헐버트에게 수여한 특사 위임장 사본. 상대국은 수교 9개국으로, 헐버트에게 전권을 위임한다는 내용이 담겼다.

고종은 1906년 6월 22일 헐버트에게 특사 위임장을 주고 수교 9개국*의 국가원수에게 보내는 친서도 함께 가지고 가게 했다. 그런 다음 이준과 이상설을 헤이그에 밀사로 파견했다. 이준과 이상설은 일제의 감시망을 피하기 위해 연해주에 들어갔다가 1907년 5월 21일 시베리아 횡단철도를 타고 러시아에서 이위종과 합류한 다음 유럽으로 향했다.

한편 헐버트는 5월 8일 서울을 출발해 일본, 블라디보스토크를 경유, 유럽으로 갔다. 일본은 만국평화회의와 관련해 오로지 헐버트만을 집중 감시하고 있었다.** 덕분에 이준과 이상설은 아무런 방해도 받지 않고 헤이그에 입성했다. 밀사들이 6월 25일 헤이그 더용de Jong호텔에 태극기를 내걸고 활동을 시작하자 일본 대표들은 깜짝 놀라 본국에 보고했다. 따지고 보면 헐버트는 정식 특사들이 헤이그에 무사히 도착하도록 일본의 시선을 자신에게로 이끄는 미끼 역할을 수행한 셈이다.

통감 이토 히로부미는 그의 움직임에 주목하고 서울에 있던 러시아 영사와 프랑스 영사에게 저지를 요청했다. 그러자 프랑스 영사는 도움을 약속했지만, 러시아 영사는 아무런 조치도 취하지 않았다.

------

* 미국·영국·러시아·이탈리아·독일·프랑스·오스트리아·중국·벨기에.

** 1907년 5월 9일 통감부 총무장관이 일본 외무장관에게 보낸 기밀통발 제51호에는 다음과 같은 내용이 실려있다. '미국인 헐버트는 러일전쟁 중 한국 황제의 친서를 휴대하여 미국으로 가서 한국의 독립운동을 시도하고, 그 후 다시 한국으로 돌아와서 자신이 만드는 〈코리아 리뷰〉 지상에 한국인을 선동하는 언론을 왕성하게 하는 등 우리의 대한 정책을 저해하는 행동을 한 자로서, 최근에 한국을 영구히 떠난다면서 지난 8일에 가족과 함께 일본으로 갔는데 러시아 블라디보스토크를 거쳐 시베리아 철도를 타고 유럽으로 가서 미국으로 건너간다고 한다. 그러나 가는 길에 헤이그에서 열리는 만국평화회의를 이용해서 일본을 저해할 활동을 한다는 풍설이 있다.'

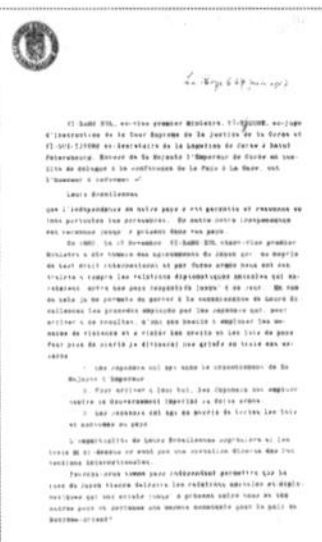

헤이그에 파견된 특사 이준, 이상설, 이위종 3인은 만국평화회의 참석 자격을 얻기 위해 각국 대표들에게 탄원서를 보내는 등 열성으로 호소했으나 일본의 방해와 각국 대표들의 외면으로 끝내 회의에 참석하지 못했다.

이로써 헐버트는 시베리아 횡단철도를 타고 유럽을 향해 순항할 수 있었다. 러시아는 그 무렵 한국에 대한 일체의 이권을 포기한 상태였지만 일본의 장단에 놀아날 생각이 전혀 없었던 것이다.

그해 7월 네덜란드 주재 일본 대사 스즈키都築馨六는 본국에 타전한 전문에서, '헐버트가 한국인 2명과 함께 유럽에 도착했는데, 파리에서 홀로 반일 활동을 하고 있는 바 분명히 고종의 밀명을 받은 것 같다'고 보고했다. 이에 분개한 이토는 7월 7일 본국 외무대신에게 보낸 기밀문서에서 총리대신 이완용과 함께 황제 퇴위를 의논했다면서 한국의 내정권을 빼앗는 조약을 연구해달라고 요청했다. 고종의 헤이그 밀사 파견과 함께 일제는 고종의 퇴위와 정미7조약의 체결을 준비하고 있었다. 이윽고 헐버트가 스위스를 거쳐 헤이그에 도착해 밀사들의 상황을 알아보니 그들은 일본의 방해로 회의장에 발도 들여놓지 못하고 있었다. 그는 러시아 대표이자 만국평화회의 의장인 넬리도프M. Nelidov를 찾아가 한국 대표의 본회의 참석을 주선해달라고 간청했지만 소용이 없었다. 낙담한 이준과 이상설, 이위종은 회의장 밖에서 각국 대표에게 자신들이 작성한 격문을 보여주며 한국의 독립을 애타게 호소했다.

> 1884년 모든 국가들이 대한제국의 독립을 인정했는데, 1905년 11월 17일 일본은 강제로 외교권을 빼앗는 조약을 체결했다. 하지만 이 조약에 우리 황제는 동의하지 않았으므로 무효다. 게다가 총리대신 한규설, 법무대신 이하영, 탁지부대신 민영기, 외무대신 박제순 들이 반대했다.

그렇지만 밀사들의 노력은 열강의 외면으로 도로徒勞에 그쳤다. 이준은 현지에서 병사했고, 이상설은 이위종과 함께 미국과 유럽 각국을 순방하면서 한국의 독립을 호소했다. 한편 헤이그 현지에서 자신의 의도를 완전히 드러내면서 다시는 한국으로 돌아갈 수 없게 된 헐버트는 미국으로 건너가 매사추세츠 주의 스프링필드에 정착했다. 미국에서도 그는 한국의 독립운동을 적극 지원하면서 각종 강연회에 나가 을사조약의 부당성을 부르짖었다.

그 후 일제에 의해 강제 퇴위된 고종황제는 헐버트를 잊지 못하고 편지로 인연을 이어갔다. 1909년 1월 그는 헐버트에게 친서를 보내, 조카인 조남복이 미국YMCA에 연수를 갔으니 당신의 아들처럼 잘 돌봐달라는 부탁을 하기도 했다. 최근 공개된 고종의 친서는 앞면에는 한자가 붓글씨로 쓰여있고, 뒷면에는 같은 내용이 영문으로 타이핑 되었으며 황제 어새가 찍혀있다. 그해 9월 초, 그는 사재를 정리하기 위해 미국인 경호원들의 보호를 받으며 한국에 들어왔다. 당시 그는 부인에게 쓴 편지에서 새삼 불행에 빠진 한국에 대해 깊은 연민을 드러냈다.

> 일본인들은 도서와 글쓰기를 전부 장악했고, 한국어까지 없애려 한다오.

결국 그는 일제의 추방령으로 한국에서 쫓겨나 태평양전쟁이 끝날 때까지 돌아오지 못했다. 그 와중에 1919년 미국 상원외교위원회에 출석해 한국에서 행해지는 일본의 잔학상을 고발했고, 1942년에는 한국자유대회Korean Liberty Conference에 참석해 한국인들에게 교육

Note from the King about a young relative

Translation.

C/o Cho-Chang-Koo,
Tai-Kyo-Tong.
Seoul (Corea)
January 1st. (1909)

Dear Friend Hulbert.

I feel I must write a few lines to you introducing you my nephew Cho-Nam-Pok who is now studying at the Y.M.C.A. training School, Springfield, Mass. I know, as he has no friends there and is a young man his friends and relations are anxious about him.

I trust you will assist and guide him as if he were your own son so that he shall regard you as his father.

Wishing you a happy new year to you and your family.

Yours,

Retired Emperor of Korea.

1909년 1월에 고종이 헐버트에게 보낸 친서의 뒷면. 황제 어새로 찍힌 인장이 보인다. 미국에 간 조카를 잘 돌봐달라는 당부가 적혀있다.

을 발전시켜 일제에 빼앗긴 국권을 회복해달라고 호소했다.

그의 소망처럼 1945년 해방과 함께 한반도에서 일제가 물러났다. 1949년 7월 29일 이승만 대통령의 초청으로 40년 만에 한국 땅을 밟은 헐버트는 감개무량했다. 하지만 86세의 고령이었던 그는 오랜 선박 여행으로 기력이 쇠진한 상태였다. 헐버트는 건강의 이상을 깨닫고 청량리 위생병원에 입원했지만 기관지염이 악화되어 8월 5일 세상을 떠났다.

한국 정부는 그의 죽음을 애도하며 외국인 최초로 사회장을 거행하고, 8월 11일 그의 유해를 양화진 제1묘역에 안장했다. 이듬해인 1950년 3월 1일에는 건국훈장 독립장이 추서되었다. 그의 묘소에는 '한국인보다 한국을 더 사랑했고 자신의 조국보다 한국을 위해 헌신했던 빅토리아풍의 신사 헐버트 박사 이곳에 잠들다'라는 추모비와 함께, '나는 웨스트민스터 성당보다 한국 땅에 묻히기를 원하노라' 라는 유언이 새겨진 묘비가 서있다.

신은 평화를 무적의 수호신으로 삼는다

삼일운동의 34번째 민족 대표 프랭크 스코필드

친애하는 미국 국민 여러분, 그리고 나의 조국 캐나다 국민 여러분! 지금 동방의 한쪽에 자리한 반도 코리아는 크나큰 시련에 직면하여 2000만 민족이 고통 속에 헤매고 있습니다. 이들은 지금 조국을 되찾기 위해 일본의 총칼 앞에 목숨을 내던지고 있습니다. 하루에도 수백, 수천 명이 일본 관헌의 총칼 아래 목숨을 빼앗기며 재산을 약탈당하고 있습니다. 특히 이번에 벌어진 독립만세운동으로 인해 기독교 박해는 말로 표현할 수 없을 정도입니다. 경기도 화성군 향남면 제암리교회가 그렇고, 평안북도 정주 오산교회가 그렇습니다. 이 교회들은 모두 일본 헌병대에 의해 불태워졌고 수십 명 신도들이 교회 안에서 산 채로 화장당했습니다. 때문에 나는 목숨이 붙어 있는 한 이와 같은 비인도적인 참상을 사진 찍고 기록으로 남겨 우방 자유국가에 전하기로 결심했습니다.

프랭크 스코필드

Frank William Schofield(1889~1970)

한자명 석호필石虎弼. 영국 태생의 캐나다 의학자이자 선교사다. 1916년 세브란스 의학전문학교 교수로 내한한 후, 삼일운동 때 그 현장을 직접 사진에 담고 독립운동의 실상을 기록하여 일제의 만행을 세계에 알렸다. 결국 1920년 일제의 강압으로 출국당한다. 캐나다에서 교수로 재직하다가 1958년 한국에 정착하여 여생을 마쳤고, 외국인 최초로 국립현충원에 안장되었다.

삼일운동의 34번째 민족 대표로 불리는 스코필드 박사가 미국 언론에 보낸 편지 가운데 한 대목이다. 일제강점기에 한국에 온 스코필드는 세브란스 의학전문학교에서 세균학 및 위생학을 가르치며 이상재, 이갑성, 오세창 등 독립운동가들과 교류했고, 1919년부터 한국의 독립 투쟁을 담은 문서와 사진을 모아 세계에 일제의 만행을 고발하는 데 진력한 인물이다. 수차례 일본 경찰에 연행되어 회유와 협박을 받았지만, 조금도 소신을 굽히지 않고 한국의 독립운동을 지지하고 성원했다.

세계적인 수의학자 스코필드는 온타리오대학 정교수였지만, 대한민국 정부 수립 이후 고령에도 한국에 찾아와 서울대학교 수의과대학에서 병리학 강의를 맡았다. 그의 지극한 한국 사랑에 대한민국 정부는 문화훈장으로 답했다. 그는 우리 국립묘지에 묻힌 최초의 외국인이다.

성실한 소아마비 청년

스코필드는 1889년 3월 15일 영국 워릭 주 럭비Rugby 시•에서 태어났다. 어릴 때 이름은 프랜시스 윌리엄 스코필드 주니어Francis William Schofield Jr.였고, 형 2명과 누나가 있었다. 불행히도 어머니는 스코필드를 낳고 나서 산욕을 이겨내지 못하고 세상을 떠났다. 아버지는 럭비스쿨Rugby School 초등부 수학 교사였는데 어머니를 잃고 상심하던 아이들에게 이런 가훈을 심어주었다.

> 인생에는 두 개의 길이 있는데, 배려의 길과 기도의 길이다. 배려의 길은 어려운 환경으로부터 힘을 얻고 상식을 그 인도자로 삼으며 불확실성과 두려움을 동반자로 받아들인다. 기도의 길은 사랑으로 힘을 얻고 하느님을 인도자로 삼으며 진리와 신의 가호를 무적의 수호자로 받아들인다.

1891년 아버지는 재혼하고 럭비 시에서 북쪽으로 약 100킬로미터 떨어진 더비셔 배슬로 마을로 이사했다. 아버지는 그곳에 위치한 선교사 훈련학교인 클리프대학Cliffe College에서 교편을 잡고 신약성서와 희랍어를 가르쳤다.

> '배슬로는 참으로 아름다운 곳이었다. 마을에는 언제나 갖가지 꽃이 피었고, 온갖 나비가 날아들었으며, 나뭇가지마다 별의별 새들이 모여들어 지저귀었다. 마을 둘레에는 우거진 숲과 높은 언덕이 여기

• 영국 중앙부에 위치한 인구 약 5만의 소도시로 구기 종목 럭비의 발상지이다.

저기 있었으며, 그 사이사이에 농장이 흩어져있었다. 이러한 자연환경 속에서 산다는 것은 즐겁고도 흥미진진한 일이었다.'

아버지는 철저한 기독교 신자이자 청렴한 교육자였는데 자녀에게 매우 엄격했다. 계모 역시 차가운 성격이어서 스코필드는 어린 시절 어머니의 따뜻한 사랑을 받지 못한 채 자랐다. 집안에서 형제들과 함께 잠자리 준비, 접시 닦기, 먼지 털기 그리고 구두 손질과 같은 잔일들을 해야 했는데, 정해진 대로 하지 않으면 회초리로 매를 맞았다. 스코필드는 여섯 살이 되자 이웃 마을 베이크웰Bakewell에 있는 사립초등학교인 레이디매너즈스쿨Lady Manners School에 다녔다.

1899년 할리대학Harley College으로 직장을 옮긴 아버지를 따라 가족은 런던으로 이사했다. 고등학교를 졸업한 스코필드는 대학에 들어가고 싶었지만, 가난한 집안 형편 때문에 진학을 포기해야 했다. 그러나 낙심하지 않고 스스로 돈을 모아 대학에 가기 위해 목장 일꾼으로 취직했다. 하지만 당시 영국 사회는 노동자에게 정당한 대접을 해주지 않았다. 반년 동안 고된 노동에 시달렸음에도 무일푼이었다. 실망한 그는 아버지의 승낙을 얻어 1907년 1월 캐나다로 향하는 이민선에 몸을 실었다.

"내 힘으로 새로운 인생을 개척하고야 말겠어."

캐나다 정부 이민국의 주선으로 그는 토론토에서 서쪽으로 약 100킬로미터 떨어진 목장에서 일할 수 있었다. 당시 병에 걸린 말을 치료하는 수의사를 보고 크게 감명을 받은 스코필드는 수의학을 공부하기로 결심했다. 이윽고 반년 동안의 노력 끝에 대학 등록금을 손에 쥐자 소망하던 토론토대학 수의과에 입학했다. 그런데 뜻하지 않은 불행이 그를 엄습했다. 대학 2학년 때 소아마비에 걸려 왼팔과 오른쪽 다리가 마비된 것이다. 하지만 그는 절망하지 않고 학업에 매진해 1910년 대학을 수석으로 졸업했다.

그 후 스코필드는 온타리오 주 보건국 세균학연구소에서 1년 동안 조수 생활을 하며 공부를 계속했다. 그리고 1911년 〈토론토 시내에서 판매되는 우유의 세균학적 검토〉라는 논문으로 수의학 박사학위를 취득했다. 1913년 그는 앨리스와 결혼했고, 이듬해 온타리오 대학 세균학 교수가 되었다. 1914년 7월, 제1차 세계대전이 일어나자 그는 불편한 몸 때문에 참전하지 못하는 것을 몹시 안타까워했다. 이른바 정의의 전쟁에 십자군으로서 나서는 것이 그의 소망이었다.

생지옥, 일본의 만행을 고발하다

1916년 스코필드는 한 통의 편지를 받았다. 발신자는 세브란스 의학전문학교 교장인 에비슨이었다. 그는 세브란스 의학전문학교에서 선교 사업과 함께 세균학을 강의할 인물이 필요하다며 도움을 요청했다. 인류에 대한 사명감에 들떠있던 스코필드는 즉시 그 제안을 수락하고, 8월 초 아내와 함께 한국행 선박에 몸을 실었다.

세브란스 의학전문학교에서 세균학과 위생학을 강의하면서 선교사 자격을 얻기 위해 목원홍睦源洪에게 한국어를 배웠다. 1년 뒤 한국어 시험을 통과하고 정식 선교사가 된 그는 한국인에게 친근하게 다가가기 위해 '석호필石虎弼'이란 한국 이름을 만들어 쓰기 시작했다. '돌 석石' 은 철석같은 굳은 의지, '범 호虎'는 호랑이같이 무서운 사람, '도울 필弼'은 약한 자를 돕는다는 뜻이고, '필' 발음이 영어로 작은 환약을 뜻하는 '필pill'과 같으므로 의학자임을 뜻한다고 자평했다.

스코필드 박사의 한국어 선생이자 통역사였던 목원홍과 함께.

"이 괴상한 나라에서 어떻게 살아갈 수 있겠어요?"

"모든 것이 하느님의 뜻이오. 진정한 평화는 우리 마음속에 있다오."

스코필드의 한국 생활은 순조로웠지만, 아내 앨리스는 낯선 환경에 적응하지 못하고 번민하다가 그만 정신이상 증세를 일으켰다. 하는 수 없이 그는 만삭의 아내를 캐나다로 돌려보내고 혼자 남았다. 선교 활동을 하면서 스코필드는 기독교 청년회 회장이었던 독립운동가 이상재 선생과 한국 최초의 사설 재단인 정화학교의 설립자 김정혜 여사와 친분을 나누었다. 그는 교육이야말로 도탄에 빠진 한국인을 소생시킬 지름길이라고 믿었는데, 두 사람이 바로 그 길의 선구자였다.

"지금 우리가 대사를 도모하고 있는데 도와줄 수 있겠습니까?"

"물론이지요. 저는 언제나 한국인의 편입니다."

1919년 2월 5일, 민족대표 33인 중에 한 사람인 이갑성李甲成이 그를 찾아와 윌슨Thomas W. Wilson의 민족자결주의에 자극 받은 독립지사들이 대규모 궐기를 준비하고 있는데, 정확한 국제 정세를 알

수 없다며 도움을 요청했다. 그때부터 스코필드는 그가 구독하는 외국 신문, 잡지 등에서 한국 독립운동에 조금이라도 도움이 될 만한 기사가 있으면, 설명까지 붙여 모조리 알려주었다. 그는 또 미국이나 영국에서 새로 한국에 들어오는 선교사나 가족이 있으면 일일이 찾아가 국외 사정을 캐묻고 그 내용을 자세히 전해주었다. 본국으로 돌아가는 서양인에게는 한국에 관하여 도움이 될 정보가 있으면 연락해달라 부탁했다.

3월 1일, 스코필드는 탑골공원에 나가 독립만세를 외치는 시민과 일경의 진압 장면을 사진으로 찍어서 미국과 캐나다의 언론사에 송고했다. 당시 일본 경찰은 고종의 인산因山 날인 3월 3일만 지나면, 서울로 올라온 지방 사람들이 시골로 내려가 별일 없으리라 낙관하고 있었다.

하지만 3월 5일 아침부터 법학전문학교 강기덕, 세브란스 의학전문학교 김성국, 연희전문학교 김원벽, 서울의학전문학교 한위건 등의 주동으로 서울 시내 전문학교 학생 시위 대열이 서울역 앞에서 일기 시작하더니 급기야 남대문 쪽으로 밀려들어왔다. 그들이 조직적으로 독립만세를 외치자 당황한 일본 경찰은 남대문 근처에서 발포를 개시했다. 학생들은 총탄을 맞고 피를 흘리며 쓰러진 친구들을 업고 이를 갈면서 흩어졌다. 그 사건 이후 만세운동은 삼천리 방방곡곡으로 퍼졌고 일제의 탄압도 가중되어갔다. 그 장면을 생생하게 목도한 스코필드는 일본의 비인도주의적인 행태에 분개했다.

그는 1919년 4월 13일자 〈서울프레스〉에 '정치가 잘되었느냐 못되었냐는, 국민이 행복한가 아닌가에 달려있다'란 제하의 기사에서 일본 정부는 지금 한국인이 왜 동요하고 있고, 왜 어리석을 정도로 용감하게 궐기하였는가에 관해 스스로 반성해야 할 것이라 촉구하고, 한국인이 원하는 것은 물질적인 것이 아니라 정신적인 자유에 있음을 강조했다. 당시 〈서울프레스〉의 일본인 사장 야마가타는 스코필드의 신변 보호를 위해 필자를 '어느 외국 친구' 로 기재했다.

4월 15일, 수원군 향남면 제암리에 일본군 중위가 인솔하는 일본군이 동네의 젊은 남자 약 30명을 강제로 교회에 몰아넣고 출입문을 잠근 다음 일제사격을 퍼부었다. 문틈으로 기어나오는 어린이까지 총검으로 찔러 죽이고 교회 건물과 주변 민가에 불을 지르는 사건이 일어났다. 그 소식을 들은 스코필드는 현지로 달려가 사건 현장을 취재한 다음 '제암리와 수촌리 잔학 행위에 관한 보고서'를 작성해 세계 언론사에 송고했다. 야수 같은 일제의 만행을 직접 확인하고 나니 목구멍에서 쓴 물이 올라왔다.

"이곳이 지옥이 아니라면 지옥은 오히려 편안할 것이다."

제암리 교회 학살 후 파괴된 민가의 모습. 삼엄한 경비를 서는 일본 경찰을 따돌리고 자전거로 수원에서 제암리까지 잠입하여 담아냈다.

서대문형무소의 독립지사들을 만나다

1919년 5월 11일자 〈서울프레스〉를 읽은 스코필드는 쓴웃음을 지었다. 외국인의 서대문형무소 방문기가 실렸는데, 형무소가 매우 이상적으로 운영되고 있다는 터무니없는 내용이었다. 그는 즉시 〈서울프레스〉에 편지를 보내 그 기사의 허구성을 따졌다. 그러자 신문사에서 스코필드에게 서대문형무소 방문을 주선했다.

그 무렵 독립만세운동으로 각 지방 경찰서에 구속된 한국인이 줄지어 서대문형무소로 이감되고 있었다. 스코필드는 평소 자신을 잘 따르던 세브란스병원 간호사 노순경이 그곳에 갇혀있다는 소식을 들었다. 그녀는 하와이에서 활약하던 독립운동가 노백린 장군의 딸이다.

스코필드는 신문사의 제의를 수락하고 서대문형무소로 찾아가 면회실에서 노순경을 만난 다음 전옥典獄(교도소의 우두머리)을 추궁해 그녀가 갇혀있는 감방까지 들어갔다. 어둡고 불결한 여자 감방 8호실에는 죄수번호 1933번의 이화학당 학생 유관순과 개성의 전도부인 어윤희, 정신여학교 학생 이애주, 구세군 사관 부인 엄명애 등이 웅크린 채 떨고 있었다. 스코필드는 그녀들을 따뜻한 말로 위로한 다음 무거운 걸음으로 형무소를 빠져나오며 다짐했다.

'이제부터 나는 한국인과 간난신고艱難辛苦를 함께하는 참다운 벗이 되겠다.'

며칠 뒤 그는 세브란스병원 입원실에서 고문 후유증으로 목덜미의 상처가 악화되어 보석으로 풀려나온 이애주를 만났다. 그녀를 통해 들은 감옥 내의 고문과 학대는 상상을 초월하는 것이었다. 특히 노순경이 간수들에게 부젓가락으로 다리를 마구 찔려 일어서지도 못

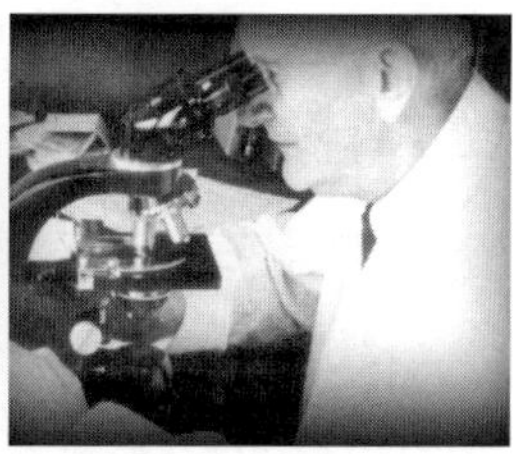

세계적 수의학자이기도 했던 스코필드 박사는 세브란스 의학전문학교 교장 에비슨의 권유로 한국에 들어와 세브란스 의학전문학교에서 세균학과 위생학을 가르쳤다.

하고 있다는 말을 들은 그는 분개한 나머지 총독부로 달려가 정무총감 미즈노水野鍊太郎에게 강력히 항의했다. 그 과정에서 미즈노의 명함을 챙긴 그는 곧바로 서대문형무소에 가 전옥을 꾸짖은 다음 노순경의 상처를 살피고 치료할 것을 요구했다. 이런 그의 활약으로 8호실 수감자만은 가혹한 고문에서 해방될 수 있었다. 소문을 들은 한국인들은 그를 '민족 대표 33인 외에 제34인'이라고 불렀다.

일제는 반일 활동에 앞장서는 스코필드의 발목을 잡기 위해 세브란스 의학전문학교에 압력을 가했다. 하지만 그는 굴하지 않고 그해 9월 일본에서 열린 '극동 지구 파견 기독교 선교사 전체회의'에 참석하여 한국의 비참한 실정을 외국인 선교사들에게 고발했다. 1920년 스코필드는 자신의 삼일운동 목격담 '끌 수 없는 불꽃Unquenchable fire'을 완성하고 해외 반출을 시도했다. 스코필드를 경계하던 일제는 하수인을 동원해 강도 사건으로 꾸며 암살을 시도하기도 했다. 그는 미국으로 건너가 이 원고의 출판을 시도했으나, 일본과의 관계 악화를 우려한 각국 정부의 방해와 출판사의 비협조로 실패한다. 실망한 그는 강연을 통해 미국인에게 한국의 진상을 알리면서 몇몇 잡지에 일부 내용을 투고하는 것으로 자위해야 했다.

1921년 캐나다로 돌아간 그는 토론토병원에서 일하며 토론토대학 강의를 맡았다. 당시 그는 정신이상에 걸린 아내의 치료비와 아들 양육비로 몹시 쪼들렸지만 한국에서의 생활을 잊지 못하고 10년 계획으로 여비를 모으기 시작했다. 그의 집념에 감동한 친구들이 돈을 모아주자 스코필드는 6년 만인 1926년 5월, 한국에 돌아왔지만 당시 그의 체류 기간은 두 달에 불과했다.

대한민국의 학문과 자유를 위해

1955년 스코필드가 66세의 나이로 대학에서 은퇴하자 신생 대한민국 정부는 독립운동에 혁혁한 공을 세운 그를 국빈으로 초대했다. 하지만 스코필드는 병들고 쇠약한 아내를 홀로 남겨두고 캐나다를 떠날 수 없었다. 2년 후, 그의 아내 앨리스가 세상을 떠났다. 그리고 제2차 세계대전 당시 캐나다 공군장교로서 공군사관학교의 조종술 담당 교관이었던 외아들 프랭크가 캐나다 민간 항공사 조종사로 자리를 옮긴다.

"이제 나는 한국으로 가련다. 그곳이 나의 고향이다."

비로소 심신이 홀가분해진 그는 1958년 8월 한국에 들어와 광복 13주년 기념일 및 정부 수립 10주년 경축 행사에 참석하고 서울대학교 수의과대학을 방문했다. 그곳에서 총장 윤일선 박사와 학장 이영소 교수에게 부탁해 외인숙사에 머물게 된 스코필드는 그해 9월 초부터 서울대학교 수의과대학과 연세대학교 의과대학, 중앙대학교 약학대학에서 학생들을 가르쳤다. 재임 중에도 그는 장학금을 마련해 50여 명의 학생을 뒷바라지하는 등 한국을 향한 사랑은 식지 않았다. 그는 또 캐나다의 친구들을 설득해 전쟁고아를 수용하는 유린보육원과 봉은보육원을 지원했다.

당시 한국에서는 언제든지 국민을 잡아 가둘 수 있는 국가보안법을 통과시키는 등 이승만 정부의 독재 체제가 가속화되고 있었다. 과거 한국의 독립을 위해 몸을 아끼지 않았던 스코필드는 한국인이 또다시 독재의 무거운 굴레에 빠져드는 것을 좌시할 수 없었다. 때문에 그는 1959년 1월 3일 〈한국일보〉에 '1919년을 회상케 하다'라는 글을 싣고 이승만 대통령과 자유당을 강력히 비판했다. 그 무렵 그의 친구들은 미국 미주리 주 캔자스 시의 월간지 〈비터르너리 메디신Veterinary Medicine〉 본사에 '스코필드 펀드The Schofield Fund'를 설

일제의 수탈에 이어 터진 한국전쟁으로 수많은 전쟁고아가 생겨나자, 이를 안타깝게 생각한 스코필드 박사는 캐나다의 친구들을 설득해 이들을 수용하던 유린보육원과 봉은보육원을 지원했다.

립하고 그의 한국 활동을 적극 뒷받침해주었다.

1959년부터 이승만 정권은 스코필드에게 본격적으로 압력을 행사하기 시작했다. 그의 강의를 폐쇄하는가 하면, 머물던 외인숙사에서 쫓아내기까지 했다. 하지만 1960년 일어난 사일구혁명으로 이승만 정권이 무너지자 스코필드는 그해 4월 28일자 영자신문 〈코리언 리퍼블릭Korean Republic〉의 기고문에서 '추악한 족속들에 대한 정의와 용기, 자유의 승리를 축하하면서 이번 일은 용기와 도덕적 분개의 장대한 발휘였으며 삼일운동의 영웅적 정신의 재현'이라고 극찬했다. 그와 함께 혁명이 아름다운 결실을 맺기 위해 경계해야 할 4가지를 적시했다.

> 첫째, 악의 파괴는 정의의 확립과 동일하지 않다는 사실을 알아야 한다. 우리들은 새로 자라나는 선의 싹을 보호해야 한다. 둘째, 전체 국민의 이익을 개인적 혹은 정치적 이익보다 앞에, 그것도 월등하게 앞에 놓아야 한다. 셋째, 정치적으로 혼란하고 모든 권위가 갑자기 약해져있는 현재의 상태로부터 건전하고도 유능한 정부가 생길 때까지의 매우 어려운 시기 동안을 우리들은 인내와 관용, 신뢰로써 지내야 하며 비평은 건설적이어야 한다. 국민의 생활을 도탄에 빠뜨렸던 악은 하루나 한 해 만에 근절시킬 수 없으며 그것은 상당한 시간이 걸리는 일이다. 넷째, 과거에 정부의 악을 마지못해 받아들였던 사람들에 대해서 복수하는 일과, 그러한 사람들을 박해하는 일은 삼가야 할 것이다. 독립 만세.

12월 17일 민주당 정권의 윤보선 대통령은 그를 청와대로 초청

스코필드가 영어 성경을 가르쳤던 학생들. 윗줄 왼쪽에서 두 번째가 김근태 전 보건복지부 장관, 뒷줄에는 정운찬 전 서울대학교 총장과 이각범 전 대통령 정책기획 수석비서관 등이 있다.

한 뒤 정부 수립 후 3번째로 대한민국 문화훈장을 수여했다. 1961년 1월 8일 그는 〈한국일보〉에 '내가 본 한국혁명'이라는 사일구혁명 목격기를 기고했다.

> 사일구혁명의 목표는 독재적이고 부패한 정권을 타도하여 깨끗하고 진실한 민주주의적 정부를 수립하려는 것이었다. 그러나 그 결과는 2가지의 큰 이유 때문에 국민들의 높은 기대를 이루어주지 못했다. 그 첫째는, 한국 사회의 구석구석까지 파고든 부패가 얼마나 심한가 하는 것을, 혁명을 일으킨 학생들이 너무나 과소평가했다는 사실이다.

> 부패는 다만 자유당에서만 한정된 것이 아니었다. 덜 썩은 것으로 보다 많이 썩은 것을 처벌한다는 문제는 비상한 정치적 기술과 재능이 요구되는 것이다. 둘째로 중요한 이유는, 반反 이승만적이었던 만큼 친혁명적은 아니었기 때문에, 당내 파쟁으로 소일하는 가운데 국민이 감정과 정열에서 맥을 뽑아버린 것이다.

그해 육군 소장 박정희가 오일륙군사정변을 일으키자 스코필드는 6월 〈코리언 리퍼블릭〉에 기고한 글에서 부정부패가 만연한 한국 사회에 혁명은 불가결한 것이라고 역설, 한국의 번영을 위한 마지막 기회가 왔다고 선언했다.

1970년 4월, 스코필드는 국립중앙의료원에서 81세의 나이로 세상을 떠났다. 그의 유해는 외국인 최초로 국립묘지에 안장되었다. 우리들은 역사적으로 중요한 많은 이를 기억하지만 정작 평생 한국을 사랑했고 한국인의 자유와 평화를 위해 헌신했던 스코필드 같은 사람은 너무나 쉽게 잊는다. 그러다 자칫 한국과 한국인이라는 정체성까지 잃어버리지 않을까.

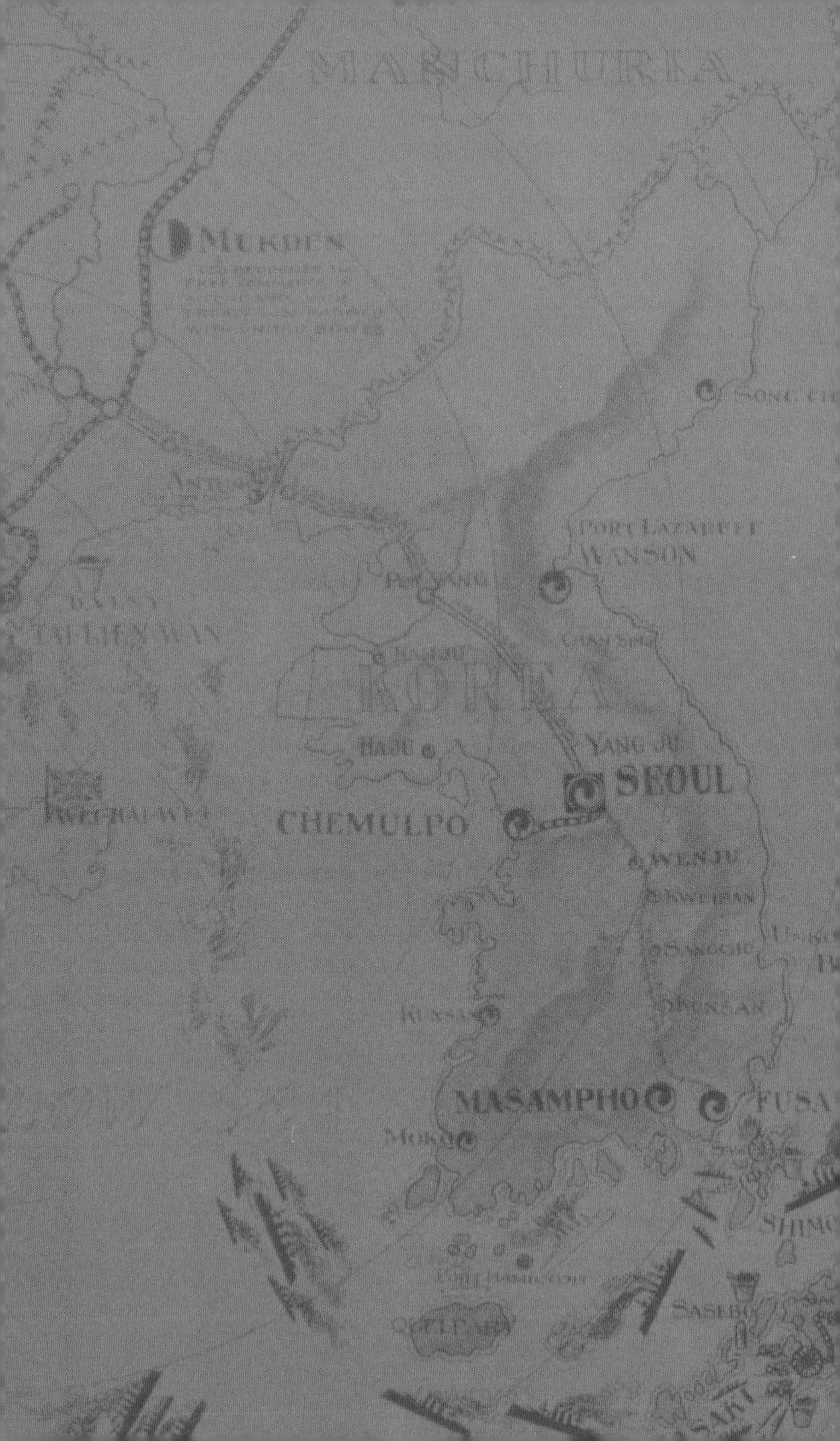

MANCHURIA

MUKDEN

PORT LAZAREFF
WANSON

KOREA

YANG JU

SEOUL

CHEMULPO

WENJU

MASAMPHO

SASEBO

책략가들, 제국을 벼랑으로 내몰다

저 병사를 양지바른 곳으로 옮겨라.
옛날 고향에서는 태양이 살짝 그를 깨우며
아직 파종이 끝나지 않았다고 속삭였다.
프랑스에서 와선 눈 내려 쌓인 오늘 아침까지
언제나 태양이 저 병사를 일으켰다.
이제 어떻게 해야 그가 눈뜰 것인지
친절한 태양은 잘 알고 있으리라.

– 오언Wilfred Owen의 〈허무Futility〉

엘도라도, 조선의 문을 열어라

도굴꾼과 문화학자의 두 얼굴 에른스트 오페르트

1868년 4월 21일(양력 5월 13일) 조선 조정이 발칵 뒤집혔다. 사흘 전 덕산에 있는 고종의 조부 남연군南延君 묘소가 일단의 서양인에게 습격당했다는 공충감사 민치상閔致庠의 장계 때문이었다. 민치상은 덕산군수 이종신의 보고 내용을 토대로 러시아 군대가 침입해 왔다고 알렸다.

> 이달 18일 오시午時에 3개의 돛을 단 이양선 1척이 홍주 행담도에 정박했습니다. 종선 1척은 돛이 없는데 배 안에서는 연기가 나면서 빠르기가 번개 같았습니다. 얼마 후 구만포에 상륙하더니 러시아 군대를 자칭하는 병사 100여 명이 창, 칼, 총으로 무장하고 관청으로 들이닥쳐 무기를 빼앗고 건물을 파괴했습니다. 그들이 총포를 쏘면서 남연군의 묘소로 달려가기에 묘촌에서 아전, 군교, 군노, 사령들과 가동伽洞의 백성이 맞섰지만 대적할 수 없었습니다. 서양 도

에른스트 오페르트

Ernst Jakob Oppert(1832~?1903)

한자명 오배吳拜. 독일의 상인이자 항해가며 문화학자다. 1868년 벌어진 남연군묘 도굴 미수 사건의 주범이다. 두 번의 교섭 시도가 실패하자 묘를 파헤쳐 대원군과 협상하려 했으나, 결국 무위로 끝났다. 이후 대원군의 쇄국 양이 정책은 강화되고, 천주교 탄압이 심해졌다. 저서 《금단의 나라, 조선》, 《동아시아 견문기》 등을 남겼다.

> 적들은 묘소를 범하여 사초 3장을 떼어낸 뒤 19일 묘시卯時에 구만포로 물러가 배를 타고 서쪽으로 사라졌습니다. 그 소식을 듣고 저는 공주영장 조희철에게 감영의 별초군관 50명, 군뢰軍牢 30명, 우병영 소속 군졸 20명을 주어 출동시키고 궁사와 포수를 모아 뒤따르게 했습니다. 또 홍주와 해미의 진장鎭將에게 지원을 명했습니다. 해당 군수 이종신은 이미 방어와 감시에 실패했으므로 파출罷黜했으니 그 죄상을 다스려주십시오.

보고를 받고 분노한 대원군은 홍주목사 한응필을 현지로 급파하여 자세히 조사하게 하고 신료들에게 서양 오랑캐를 섬멸할 방략을 논의하라고 명했다. 보고에 따르면 이미 서양인이 물러난 뒤였다. 영의정 김병학은 이 변란이 변경의 방비 태세가 허술하고 천주교도들이 호응한 탓으로 보고 강력한 조치를 종용했다. 그러자 대원군은 천주교도가 서양인의 길잡이 역할을 했음이 분명하다며 좌우 포도청과 각 진영에 일대 검거령을 내렸다.

> "이번에 일어난 일은 놀랍고 송구하다. 바다 밖에 있던 양인들이 어찌 길을 알고 거침없이 쳐들어왔겠는가. 분명히 국내의 간사한 무리들 가운데 그들을 부추기고 인도한 자들이 있었을 것이다."

사건 발생 나흘 뒤 경기감사 이의익의 장계가 올라왔다. 인천, 남양, 부평, 안산 네 고을의 첩보에서 세 돛짜리 이양선이 남쪽에서 올라와 팔미도를 지나 영종도 앞바다에 정박했다는 내용이었다. 상황으로 볼 때 그 배는 분명 구만포에 출현했던 배가 분명했다. 그다음 날 공충감사 민치상이 더욱 자세한 보고를 올렸다.

> 덕산에서 변을 일으킨 비적 떼가 19일 밀물 때 구만포를 떠났는데, 배 안에 사류邪類로 추정되는 조선인 복색의 인물이 2명 있었습니다. 이 배는 천안읍 동네의 전포에 정박했다가 본군 하평리에 있는 외딴 후포에 정박하더니 야음을 틈타 마을을 습격해 물건을 강탈해 갔지만 인명 피해는 없었습니다. 20일 진시辰時에 곧바로 홍주 행담도에 갔다가 썰물이 되자 수원 여웅암의 바다 밖으로 물러나 정박했고, 21일 오후 남양 연흥해를 향해 떠났습니다. 그들이 곧장 경기 연해로 들어가지 않았으면 반드시 해서海西로 향할 것이므로 경기관찰사와 해서관찰사에게 공문을 보내 미리 방비하게 했습니다. 아무쪼록 이 이양선은 동에 번쩍 서에 번쩍하여 여덟 고을에서 보고했지만 단지 배 1척일 뿐입니다.

2년 전 병인양요를 맞아 프랑스군과 일전을 벌인 조선은 쇄국정책을 고수하면서 외국과의 통교를 완강히 거부하고 있었다. 하지만 그 무렵 해안 주변의 관리들은 피난처를 찾는 이양선과 서양인에게 그다지 적대적이지 않았다. 하지만 충격적인 남연군묘 도굴 사건은 서양인에 대한 반감을 고조시키는 자극제가 되었다.

구한말 개항과 관련한 이 사건의 내키지 않은 조연 남연군•은 흥선대원군의 아버지이자 고종의 할아버지다. 본래 이름은 채중寀重으로 인평대군의 6세손이었는데 순조 때인 1815년 정조의 이복동생인 은신군恩信君의 양자로 입적하면서 이름을 구球로 바꾸었다. 그의 이력은 종친부의 수원관守園官 정도로 보잘것없었지만, 넷째 아들 이하응이 아들 재황載晃을 보위에 올리고 대원군이 되어 권력을 움켜쥐자 그의 무덤은 통상을 종용하던 서양인의 인질이 되었던 것이다.

집요하게 개항을 요구하다

문제의 이양선은 계속 북진하더니 영종도에 닻을 내렸다. 영종첨사 신효철申孝哲이 그들의 내심을 알아보기 위해 토중군土中軍 이보능과 교리 네댓 명을 보내자 서양인은 필담으로 관리인지 아닌지를 물었다. 그들이 고개를 젓자 배 위에 오르게 한 뒤 생선과 돼지, 닭, 무,

------

• 남연군 이구는 진사 이병원李秉源의 둘째아들로 양부는 은신군, 양모는 홍대용의 종질녀인 남양 홍씨였다. 그는 여흥 민씨와 혼인하여 4남 1녀를 얻었는데 넷째아들이 이하응이다. 셋째아들 흥인군 이최응은 동생을 적대시하고 명성황후 편에 붙었다가 임오군란 당시 군인들에게 격살당했다. 흥미로운 사실은 남연군과 흥선대원군, 고종 3대의 정실이 모두 여흥 민씨라는 점이다. 조선의 망조에는 사돈지간인 전주 이씨와 여흥 민씨 일문의 반목이 중요한 역할을 했다.

배추 등 양식을 팔라고 종용했다. 하지만 그런 물품을 구할 수 없다고 답하자 겉봉에 '대원군 좌하에게 전하라'라고 쓰인 봉투를 건네주곤 즉시 하선시켰다. 조정에서 편지를 뜯어보니 아리망亞里莽 수군제독 오페르트 명의였다.

> 삼가 말하건대 남의 무덤을 파는 일은 무례하지만 무력을 동원해 백성을 괴롭히는 것보다는 나으므로 그렇게 한 것이다. 실은 남연군의 관을 여기까지 가져오려 했지만, 너무 심한 듯해 그만두었으니 예의를 차렸다고 할 것이다. 우리 군사와 백성이 어찌 석회쯤 부수지 못했겠는가. 귀국의 안위는 귀하의 처리에 달려있다. 우리의 뜻에 응하려거든 나흘 안에 조정 관리 1명을 보내도록 하라. 우리의 요구를 들어주지 않는다면 몇 달 뒤 나라를 위태롭게 할 만한 우환을 당할 것이다.

대원군은 이 편지를 보고 화가 머리끝까지 뻗쳤지만, 곧 냉정을 되찾고 영종첨사 명의로 답신을 보냈다.

> 우리 대원군 합하閤下는 지극히 공경스럽고 존엄하여 이따위 글을 전달할 수 없으므로 도로 돌려보낸다. 양국 사이에는 애당초 서로 소통이 없었고 은혜를 입거나 원수진 일도 없는데, 어찌하여 덕산에서 인간의 도리로 상상치도 못할 일을 저질렀는가. 게다가 무방비 상태를 틈타 침입하여 소동을 일으키고 무기를 약탈하며 백성의 재물을 강탈한 것은 야만스러운 짓이다. 그러므로 우리나라의 신료와 백성은 한마음 한뜻으로 그대들과 한 하늘을 이고 살 수 없다는

뜻을 밝힌다. 그대들이 천주교도를 위해 좋은 말로 용서를 구하려 하지만, 우리는 단군과 기자로부터 이어온 예의의 나라로서 사교를 없애는 것이 정도다. 그것을 우리는 위정척사衛正斥邪라 한다. 그와 같은 비적들의 부추김을 받아 이유 없는 소동을 피우는 것은 귀국에게도 좋지 않은 일이다. 몇 달 뒤 전함을 끌고 온다 해도 대원군 합하께서 국정을 확고히 하고 있는 이상 우리는 너희를 충분히 방어할 수 있다. 그리고 이제부터는 표류해오는 서양 각국의 배에 대해 인정을 베풀지 않을 것이니 그렇게 알라.

대원군은 조선의 쇄국정책에 변함이 없음을 통보하면서 천주교도에 대한 압박을 넘어 모든 이양선을 적대시하겠다고 선언한 것이다. 민치상이 남연군묘의 상세한 피해 상황을 알려오자 그와 같은 결기는 더욱 굳어졌다.

덕산군 장리의 보고에 따르면 '무덤을 전후좌우로 침범하지 않은 데가 없는데, 그 가운데서도 서쪽 절반이 가장 심하게 파괴되었습니다'라고 하였습니다. 아주 놀랍고 송구스러운 일입니다.

그러나 조정의 통보에도 이양선은 쉽게 물러서지 않았다. 4월 25일 일단의 선원이 총칼로 무장하고 영종도에 상륙하자 첨사 신효철은 교리 10여 명과 100명의 군사를 이끌고 맞섰다. 격렬한 전투 끝에 장비 면에서 불리한 조선군이 많이 희생되었지만, 2명의 적을 죽여 성문에 효수하자 이양선은 물러났다. 보고를 받은 의정부에서는 진무영鎭撫營의 장의군과 궁수, 포수 등을 징발해 영종도로 급파했

충청남도 예산 가야산 아래 자리한 남연군 이구의 묘. 대원군 이하응이 가야사 금탑을 부수고, 1844년 경기도 연천에서 풍수지리설의 명당인 이곳으로 이장했다. 약 100미터 떨어진 남연군비에는 영의정 조두순의 글씨로 '남연군충정南延君忠正'이라 씌어있다.

다. 또 갑곶진에 세곡 일부를 군량미로 지원하게 한 다음, 만일의 경우를 대비해 서울의 군대를 정비했다.

> "듣자 하니 신효철은 집 형편이 본래 매우 가난한데다 노모까지 봉양하고 있는데 감영의 상황이 좋지 않아 끼니도 잇기가 어렵다고 하니, 선혜청에서 백미 10석과 돈 1000냥을 보내주도록 하라."

대원군은 이양선의 출현 소식을 듣고 불안해하는 백성을 안심시키기 위해 효수된 서양인의 수급首級을 서울로 가져와 전시하고, 분전奮戰 중인 영종첨사 신효철을 포상했다. 또 경복궁 중건 공사를 맡은 영건도감의 자금을 차출해 영종도와 교동도에 봉화대를 쌓아서 강화부와 호응하게 했다. 당시 대원군의 심사가 얼마나 사나웠는지 알 수 있는 대목이다.

4월 29일, 황해감사 조석여로부터 이양선이 장련의 찬도에 머물러있다가 풍천 회렴곶에서 석도 앞바다를 지나 장산곶 쪽으로 사라져버렸다는 보고가 들어왔다. 비로소 이양선 퇴출을 확신한 대원군은 계엄을 풀고 군병을 집으로 돌려보내 농사짓게 했다. 그러나 국가 위기 상황을 배후조종했다고 판단되는 천주교도에 대해서는 더욱 고삐를 잡아당겼다.

다음 달인 윤4월 2일 그는 영풍군 최우형의 상소가 있자마자 신유사옥의 희생자였던 우리나라 최초의 천주교 신자 이승훈의 아들 이신규와 조카, 또 권철신의 손자 권복 형제들을 체포해 국문했다. 오페르트의 선부른 도굴과 통상 요구가 조선의 천주교인에게는 삭풍한설의 생지옥을 재차 부추긴 셈이었다.

> "인륜을 없애버린 것이 이처럼 심한 지경에 이르러 세속을 전염시키고 화단을 점점 더 퍼지게 하였으니, 장차 나라는 나라답지 못하게 되고 사람은 사람답지 못하게 될 것이다. 통탄스럽기 그지없어 말하고 싶지도 않다. 크게 주벌을 행하여 빨리 난의 싹을 꺾어놓지 않을 수 없다. 왕부로 하여금 국청을 설치하여 실정을 캐내게 하라."

엘도라도, 조선을 향해

1866년 평양에서 일어난 미국 선박 제너럴셔먼 호 사건과 프랑스 함대의 이른바 조선 원정 실패는 다른 서구 열강에 커다란 충격을 안겨주었다. 하지만 미국, 프랑스, 러시아, 영국 등 열강들은 중국에 이어 한국까지도 개항시킬 심산이었다. 특히 그들은 중국과 일본에서 이미 성공한 바 있는 무력 개항도 불사할 요량이었다. 그런 분위기 속에서 상하이를 오가던 독일 상인 오페르트는 로나 호의 선주 제임스 휘탈James Whitall과 의기투합해 조선의 문호를 열어 보이겠다고 다짐했다.

오페르트는 독일 유대계 출신 상인이자 항해가 겸 인종학자였다. 그는 조선과 통상을 하게 되면 거금을 손에 쥘 수 있으리라는 꿈에 부풀었다. 하지만 일이 뜻대로 되지 않자 조바심을 내다 분묘 도굴이라는 비인도적 사건을 저지르기에 이른다.

1866년 2월, 오페르트는 로나 호를 타고 서해를 건너와 충청도 해미현 조금진에 정박했다. 평신첨사平薪僉使 김영준과 해미현감 김응집 등이 문정사問情使로 배에 오르자 오페르트는 자신의 내항 목적이 통상임을 밝히고 국왕에게 예물을 헌상하겠다고 했다.

"조선 정부는 중국과의 조약에 따라 단독으로 대외 통상을 할 수 없소."

통상은 지방관의 권한이 아니라며 김영준은 퇴거를 요구했다. 이에 오페르트는 주권국가인 조선이 통상에 타국 정부의 허락을 받아야 한다는 것은 부당하다고 따졌다. 몇 차례 만남에서 지방 관리 설득이 불가능함을 깨달은 오페르트는 서울로 향하려 했지만, 로나 호의 연료 부족 때문에 철수했다.

그해 6월 오페르트는 영국 상선 엠퍼러 호를 타고 재차 서해를 건너와 해미현에서 통상을 요구했지만, 거절당하자 기수를 북으로 돌려 7월 강화부 월곶진月串津에 도착했다. 조선 조정은 강화부 유수留守 이인기의 보고에 따라 그 이양선이 해미현에 정박했던 배와 동일하다는 것을 확인하고 급히 경역 김재헌과 역관 이인응, 방우서를 보내 문정케 했다.

1866년 오페르트가 두 번째 조선 항해에 타고 온 250톤가량의 외륜 기선 엠퍼러Emperor 호가 강화도 앞에 정박한 모습이다.

당시 김재헌과 오페르트의 대화는 주로 청한 종속 문제에 대한 것이었다. 오페르트는 조선 관리와의 교섭이 차일피일 미뤄지자 중앙정부의 책임 있는 회답을 종용한다. 문정관은 1개월의 유예를 요망했지만, 그는 강경하게 나흘을 주장했다. 문정관은 1개월을 10일, 8일, 6일 순으로 양보했다. 결국 오페르트는 마지막 카드를 내보였다.

"조선 측이 나흘을 불만으로 여긴다면, 한강을 따라 서울로 들어갈 것이오."

오페르트가 극단적인 조치를 취하겠다고 위협하자 강화유수 이인기가 직접 엠퍼러 호를 방문했다. 이에 오페르트는 자신이 개인 자격으로 통상을 위해 찾아왔음을 밝히면서 쇄국은 이로운 것이 없을뿐더러 이번에 조선 조정이 자신과 조약을 체결하지 않는다면 이 문제는 후일 어떠한 형식으로든지 반드시 재연될 테고, 결국 조선은 외국의 강제적인 요구를 수락할 수밖에 없으리라고 설득했다.

"우리의 본뜻은 조선이 외국과 무역하는 것은 이익이라는 것을 조선 관민에게 알려주려는 데 있으며, 또한 지금까지 접촉한 조선인을 보면 쇄국의 부당성을 지탄하고 있으므로, 조선 정부가 그러한 민의를 무시하고 쇄국정책을 지속한다면 우리는 무성의한 조선 정부와 평화적 방법으로 문제를 해결할 수 없음을 경고하기 위하여 대포를 동원하게 될 것이다. 조선에 비해 영토나 무력을 비교할 수 없는 중국과 일본이 이미 개국하고 있는 것을 보라. 이젠 어떤 국가도 외국에 대하여 문호를 폐쇄할 권리를 갖고 있지 않다."

"그것은 우리도 익히 아는 바이다. 하지만 우리 정부는 통상에 필요한 적당한 시기를 기다리고 있기 때문에 사적인 조약은 맺지 않을 것이다."

그렇듯 이인기는 오페르트의 의견에 동의하는 체하면서 시간을 끌었다. 그 무렵 조정 대신들은 이양선과의 무력 충돌을 회피할 목적으로 통상교역의 책임을 중국으로 돌려 상황을 종식시키려 했다.

"우리는 상국의 윤허가 있으면 언제라도 외국인의 통상 요구에 응할 것이다. 당신이 의지가 있다면 중국 정부에 요청하도록 하라."

"조선 관리들은 이구동성으로 외국과의 통상에 중국의 허가가 필요하다고 말하고 있다. 그러나 안남(베트남)과 일본은 그런 허가 없이도 영국과 통상하고 있다. 영국은 청국과의 조약에 의해 중국 소관의 각 지방과 임의로 통상할 수 있는 권리를 갖고 있다."

조선 조정으로부터 정식 응답을 받은 오페르트는 이렇게 분통을 터뜨렸지만 더 이상 방법이 없었다. 내심 무력을 동원하고 싶었으나 일개 상인으로서 조선 전체를 상대할 능력은 없었다. 뒷날을 기약하며 8월 29일 상하이로 돌아갔다.

금단의 묘소를 파헤치다

"조선의 문호를 개방하는 방법은 실력자인 대원군의 부친 묘소를 발굴해 부장품을 통상조약의 거래품으로 삼는 길뿐이다."

두 차례 내한에도 뜻을 이루지 못한 오페르트가 기회를 엿보고 있을 때, 병인박해 당시 조선을 탈출한 프랑스 신부 페롱Féron이 찾아왔다. 페롱은 조선인이 조상의 무덤을 매우 소중하게 여기고 시신조차 함부로 하지 않는다는 점을 이용하자고 제안했다. 남연군의 묘소에 대한 정보는 이미 천주교인을 통해 그들의 손에 쥐어져있었다.

"아무리 고집불통인 대원군이라도 이번에는 어쩔 수 없을 겁니다."

1868년 4월, 페롱의 선동에 고무된 오페르트는 드디어 세 번째 조선 탐험을 결심하고 면밀한 준비에 들어갔다. 우선 상하이 주재 미국 영사관에서 근무한 적 있는 미국인 젠킨스Frederick Jenkins를 끌어들여 680톤 급의 기선 차이나China 호와 그레타The U.S.S. Greta 호를 입수했다. 이어서 천주교도 최선일을 향도로 삼고, 유럽과 필리핀, 중국 출신 선원 100명을 모집해 총 140명의 원정대를 꾸렸다.

4월 30일, 차이나 호 뱃머리에 독일 연방 국기를 매달고 상하이를 출발한 오페르트 일행은 일본의 나가사키에서 석탄과 식수를 보충하고 소총정小銃挺을 선적했다. 5월 10일, 아산만에 당도한 오페르트는 배를 홍주 관하의 행담도에 정박시킨 뒤 조선의 소형 선박 2척을 구해 그레타 호 후미에 달아매고 내해를 거슬러 올라갔다.

오페르트는 계획보다 3시간 늦은 11일 오전 11시경 구만포에 상륙했다. 이양선이 등장하자 수많은 관민이 물가로 몰려나왔다. 오페르트 일행은 예전처럼 러시아 군인으로 위장해 관리들을 물리치고, 백성에게 괭이와 쇠스랑 등을 빌렸다. 하지만 벌써 해가 중천에 있었다. 계획대로라면 그들은 벌써 남연군묘에 다다랐어야 했다.

"썰물이 되기 전에 작업을 마쳐야 한다. 서둘러라."

오후 5시경 오페르트는 예정 시간을 4시간이나 넘겨 분묘에 도착했다. 일행은 다급하게 묘소를 파헤치기 시작했다. 그런데 얼마간 파들어가다 보니 석회로 단단하게 마감된 부분이 나타났다. 일찍이 대원군이 부친의 묘소를 조성하면서 도굴에 대비해 철통같은 벽을 만들어놓은 것이었다. 조바심이 난 오페르트가 폭약을 사용하려 했으나 썰물 때가 다가왔고, 덕산군수 이종신이 병사를 동원했다는 소식이 들려왔다.

"분하지만 하는 수 없다. 다른 방법을 모색해보자."

입맛을 다시며 차이나 호로 돌아온 오페르트는 쉬 조선 해역을 벗어날 수 없었다. 이 작전에 엄청난 자금을 쏟아부었기 때문에 미련도 컸다. 그들은 13일 강화해협 입구인 영종도로 올라가 대원군을 협박하다가 영종첨사 신효철의 부대와 교전을 벌인 끝에 2명의 사망자를 남기고 부리나케 도망쳤다.

오페르트 일행의 무모한 탈선행위는 당시 상하이에 있던 외국인에게도 커다란 충격을 주었다. 배후에 미국인이 있다는 사실이 알려지면서 미국의 입장이 곤혹스러워졌다. 최고의 문명국가를 자부하던 미국으로서는 야만적인 도굴 사건에 연관되었다는 사실이 수치

스러웠다. 상하이 주재 미국 영사관에서는 여론을 무마하기 위해 젠킨스를 체포한 다음 법정에 세웠다. 이어 사건의 주범인 오페르트를 증인으로 불러 심문했다. 프랑스 신부 페롱 역시 본국으로 소환되는 망신을 당했다. 그때 젠킨스는 영사 법정에서 자신들의 범행 목적을 이렇게 변명했다.

> 첫째, 조선국과 통상조약 체결 및 교섭을 위해.
> 둘째, 조선 왕국의 사신 1명을 배에 동승시켜 세계 일주를 시키기 위해.
> 셋째, 이와 같은 일을 통해 은둔국 조선을 세계에 알리기 위해.

실로 오페르트 일행은 타국의 영해와 영토를 불법으로 침범했고, 관청 습격과 민가 약탈, 관원과 민간인에 대한 발포까지 자행한 범법자였다. 그러나 형식적으로 벌어진 영사재판에서는 젠킨스를 증거 불충분으로 석방해 식자들의 조소를 받았다. 더군다나 오페르트에게는 아무런 책임도 묻지 않았다. 서양인은 이 사건을 금세 잊었지만, 한국인은 잊을 수 없다. 오페르트의 만행은 조선이 개항을 늦

한편, 오페르트는 《금단의 나라, 조선Ein verschlossenes Land, Reisen nach Corea》을 라이프치히, 런던, 뉴욕에서 출간했다. 사진은 미국판의 표지다. 조선은 천연자원이 풍부하고, 몽골제국 이래 가장 눈부신 동양 문명을 일구었다고 소개하였다.

추는 계기이자, 한국인에게 열강의 실체를 오판하게 만든 악재로 작용했다. 《은자의 나라 한국》을 통해 한국을 서방에 알린 그리피스도 이 전대미문의 도굴 사건에 경악하며 이렇게 평했다.

> 이제 조선인은 외국인이 침입하려는 목적이 시체를 강탈하고 신성한 인간의 본성까지 유린하려함에 있다는 의혹을 품게 되었다. 결국 외국인은 모두가 야만인이요, 그들의 대부분은 도둑이나 강도일 뿐이라고 믿게 되었다.

"고대 한반도는 일본의 속국이었다"

극동의 미국화를 꿈꾼 오리엔탈리즘의 첨병 윌리엄 그리피스

1871년 일본의 에치젠越前 지방의 후쿠이福井에 살고 있을 때 일본 해협에 연한 쓰루가敦賀와 마쿠니三國에서 며칠을 지냈다. 고대 영국의 색슨 해안과 마찬가지로 에치젠 해안은 옛날 건너편 대륙에서 오는 해적과 이주민, 모험가들의 상륙지였다. 이곳 가까이에 있는 절에는 임나任那의 한국 태자와 진구황후神功皇后, 오진應神, 타케우치 쓰쿠네武內宿禰*에게 바치는 사당이 있었다. …(중략)… 에치젠에 살고 있는 초기의 부족들은 자신들이 조선인의 후손임을 자랑스럽게 여기고 있다. 에타穢多**나 천민들이 살고 있는 마을에서 나는 지난날 전쟁에서 잡혀온 한국인 포로들을 알아볼 수 있었다. 어느

------

* 타케우치 쓰쿠네는 일본의 8대 천황 고겐孝元의 후손으로, 진구황후의 삼한三韓 정벌을 모의했다는 가공의 인물이다.

** 에타는 메이지 시대 이전까지 일본에 있었던 네 계급 중 최하위 천민이다.

윌리엄 그리피스

William Elliot Griffis(1843~1928)

보석 공장 견습공, 남북전쟁 참전 등으로 생계를 유지하던 중, 교회의 추천을 받아 1870년 일본에 가서 1874년까지 과학 교사 겸 언론인으로 머물렀다. 귀국 후 일본 전문가로 강연과 저술에 몰두했다. 저서 《미카도의 제국》, 《은자의 나라 한국》은 미국인 특유의 오리엔탈리즘적 오류와 편견의 전형을 보여준다. 특히 《은자의 나라 한국》은 한국 고대사를 왜곡·날조한 일본 역사서를 여과 없이 차용하여, 서구에 왜곡된 한국사가 유포되는 원인을 제공했다.

곳에 가보아도 그곳의 전설은 아시아 대륙을 향한 바다 건너 서방으로 뿌리를 향하고 있었고, 모든 지역의 주민들은 바다 건너의 혈족임을 웅변적으로 말해주고 있었다. 조수, 과일과 사냥매, 수목, 농기구, 도공과 녹로, 예술품, 그리고 신앙의 교의와 제도는 어느 모로 보나 한국과 관련을 맺고 있었다. 전설로는 오랜 것이지만 이제는 서구의 과학과 언어의 학풍 앞에 굴복한 봉건 시대의 이끼 낀 고성을 지날 때마다, 일본은 한때 은자의 나라였으나 문호를 개방하여 세계의 상역지가 된 차제에 왜 한국은 저렇게 비경에 싸인 신비의 나라가 되었는가를 나는 종종 생각했다. 한국은 어느 때 눈을 뜨게 될 것인가. 금강석을 자르는 것은 금강석이라고 하는데 왜 일본은 한국의 문호를 개방하지 못하는 것일까?

이 글은 윌리엄 그리피스가 1882년 미국에서 펴낸 《은자의 나라 한국Corea, The Hermit Nation》 서문의 초입 부분이다. 19세기 말부터 20세기 초까지 윌리엄 그리피스는 미국인 중 최고의 극동 지역 전문가였다. 그가 쓴 《미카도의 제국The Mikado's Empire》과 《은자의 나라 한국》은 발표 직후부터 제2차 세계대전 말까지 동양을 알고 싶어하는 서구인의 필독서였다. 그의 일본학 연구는 일본 조야의 환영을 받아 천황으로부터 훈5등 쌍광욱일장과 훈4등 욱일소수장을 받았다.

《은자의 나라 한국》은 서구의 선교사가 쓴 한국 관련 서적으로는 헐버트의 《대한제국멸망사》와 쌍벽을 이룬다. 일본에 머물며 일본 측 사료에 의거해 썼으므로 이 책에는 많은 왜곡과 오류가 있지만, 그 공로로 1900년 왕립아시아학회 한국지부 회원이 되는 영예를 안았다. 1923년 인생의 황혼기를 맞은 윌리엄 그리피스는 자신과 일본의 만남을 이렇게 회고했다.

> 아주 어린 시절 페리 제독의 기함 진수식을 보았고, 일본 주재 미국 공사였던 프루인R. C. Pruyn의 아들과 대학에서 동료로 지냈으며, 럿커스대학에서 4년 동안 공부하면서 미국 최초의 일본 유학생을 가르치고, 대일본의 내륙 지방과 수도에서 교육 사업에 다시 4년을 보내야 했던 것은 신의 섭리였다.

보석 공장의 견습공, 희망을 보다

윌리엄 그리피스는 1843년 9월 17일 미국 필라델피아에서 존 그리피스와 안나 그리피스의 둘째 아들로 태어났다. 1859년 센트럴하이스쿨을 졸업할 무렵만 하더라도 평범한 학생으로 아시아에 대한 어떤 관심도 없었다. 당시 그를 둘러싼 것은 경제적 어려움과 종교적 열정뿐이었다.

아버지는 선원으로 해외에서 오랜 방랑 생활을 했는데, 필라델피아에 정착한 뒤에도 일정한 직업이 없어 가족의 생계 유지가 어려웠다. 때문에 윌리엄 그리피스는 고교 졸업 후 보석 가공 공장에 견습공으로 취직했다. 한편 어머니와 누이의 영향으로 장로교회에 다니며 신앙심을 키워갔다.

북군으로 남북전쟁에 참전한 뒤 귀향한 그리피스는 어머니와 누이, 목사들의 추천으로 1865년 9월, 럿거스대학 고전학부에 입학했다. 자연과학 분야에 관심을 갖고 그리스어, 라틴어, 프랑스어, 독일어, 철학, 히브리어, 역사, 물리학, 생물학, 화학 등 다양한 과목을 수강했다.

그리피스는 4년 동안 일본 주재 미국 공사였던 프루인의 아들과 매우 친했지만, 동양에 대한 지적 호기심을 품지는 않았던 듯하다. 학창 시절 시, 종교, 역사, 언어, 문학 등 다양한 분야의 책 200여 권을 섭렵했지만, 그중 아시아 관련 서적은 단 한 권도 없었기 때문이다.

그리피스는 대학 시절 윌리엄 캠벨William Campbell 총장과 조지 쿡George Cook 자연과학부 교수에게 감화되었다. 특히 성서 과목을 담당했던 쿡 교수는 네덜란드 개혁교회의 장로로, 과학은 기독교의

하녀이며 은총의 도구라는 생각이 그리피스를 비롯한 학생들에게 커다란 영향을 끼쳤다. 대학을 졸업하고 친구들과 함께 유럽을 여행한 뒤 네덜란드 개혁교회에 소속된 신학교에 다녔다.

1870년 7월, 일본에서 활동하던 선교사 귀도 베르벡Guido Verbeck이 일본 후쿠이 번주의 부탁에 따라, 뉴욕 소재 네덜란드 개혁교회 책임자에게 자연과학을 가르칠 교사를 추천해달라고 요청했다. 기간은 3년, 연봉 2400달러와 숙소, 말을 제공하는 조건이었다. 무직인 데다가 청혼마저 거절당해 탈출구를 모색하던 그리피스는 럿커스대학 총장 캠벨로부터 소식을 듣자마자 승낙하지 않을 수 없었다. 이로써 그리피스와 동양의 만남이 성사되었다.

만리타국에서나마 직업을 얻게 된 그리피스는 쿡 교수의 도움으로 교재와 강의안을 마련했다. 필라델피아를 출발하기 전에 그는 〈타검The Targum〉, 〈뉴 부른스윅 프레도니안The New Brunswick Fredonian〉, 〈인디펜던트The Independent〉, 〈크리스천 인텔리전서The Christian Intelligencer〉 등 언론·잡지사와 접촉해 일본 특파원이 되기로 했다. 동양에서 경제적 안정 외에 명성을 얻기 위한 포석도 둔 셈이다.

서양 문명의 전도사가 되어

'19세기 뉴욕 출신이 어떻게 12세기 봉건시대에 살 수 있겠는가.'

그 무렵 서양인이 생각하던 일본은 사무라이가 칼을 차고 돌아다니는 야만의 제국이었다. 그리피스 역시 크게 다르지 않았고, 권총을 구입해 품에 넣고 일본행 선박에 몸을 실었다. 그런 인식은 훗날 일본의 대표적 지식인 후쿠자와 유키치가 조선인을 향해 '석기시대를 살고 있다'고 막말을 퍼부은 것과 대동소이하다. 초보 단계의 문화 제국주의자들이 보이는 인식이다. 도쿄에서 후쿠이로 가면서 그런 인상은 더욱 구체화되었다. 다 쓰러져가는 농가에 헐벗은 농민의 행색은 화려하고 정돈된 필라델피아의 세련된 풍경과 대비되면서 저절로 눈살이 찌푸려졌다. 입에서는 한탄의 목소리가 비어져나왔다.

"아, 나는 지금 시간 여행을 하고 있는 거야. 여기는 중세 봉건시대와 다를 바 없어."

1871년 1월 후쿠이에 도착해 메이신칸明新館에서 물리·화학을 가르치며 〈크리스천 인텔리전서〉에 첫 기고문을 보냈다. 폐쇄되고 야만적인 일본의 현실에 실망과 낙담을 금치 못했던 그리피스는 곧 이런 환경이야말로 자신에게 성공의 기반이 될 수 있음을 깨달았다. 서양인이라는 우월한 입장을 이용해 미개한 아시아에서 신의 대변자로 활동할 수 있었으므로. 과거 콜럼버스가 신대륙의 원주민을 보면서 느낀, 바로 그것이었다. 바야흐로 그는 황야의 예수가 되기로 결심했다.

'만약 하나님을 영접할 수 있도록 이들을 도와준다면 사회적 사막에서 사는 것도 전혀 해가 되는 일은 아니다.'

그때부터 그리피스는 동양의 전제주의와 봉건 체제를 무너뜨리기 위해 봉사하러 온 박애주의자로 변신했다. 불과 몇 달 전 변변한 직업도 없이 불확실한 미래를 두려워하던 그가 졸지에 서구 문명의 전도사로 변신한 것이다.

그리피스는 인류의 역사가 지중해에서 시작되어 유럽과 대서양을 거쳐 미 대륙과 아시아에 이르기까지 서구 문명이 팽창하는 과정이라고 생각했다. 그의 생각에, 그동안 기독교는 서양 문명의 발전

과정에서 핵심적 역할을 담당했으며, 특히 개신교는 서양 문명의 본질이었다. 따라서 일본이 모방해야 할 최상의 모델은 바로 미국이었다. 미국은 가장 진실한 형태의 기독교를 구현한 나라였다. 일본이 근대화하기 위해서는 미국적 특징을 습득하는 것이 무엇보다 중요했다. 그러므로 미국인이자 기독교인인 자신이야말로 일본에 서구 문명을 전파하는 신의 도구일 수밖에.

점차 새로운 환경에 적응하면서 그리피스는 그동안 품고 있던 극동에 대한 편견을 일부 수정해야 했다. 봉건적이고 야만적으로만 보였던 풍습과 제도가 새롭게 느껴졌다. 지은 지 200년이 다 된 고옥에서 시간과 공간을 바라보았고, 일본인의 민속과 전통에 대해 놀람을 감추지 못했다.

'나는 구체제를 파괴할 수밖에 없는 새로운 문화를 이식하는 데 도움을 줄 수 있는 지식의 건설자로서 이곳에 왔다. 하지만 인습을 타파하기란 매우 어렵다고 생각한다. 나는 스스로에게 묻는다. 왜 이들을 그대로 내버려두지 않는가. 이들은 아주 행복하게 지내는 것 같아 보인다.'

이렇듯 심적인 갈등이 생기면서 그의 일본관이 바뀌기 시작했다. 교정의 대상이 아니라 동경과 추구의 대상으로 부각된 것이다. 졸지에 그리피스의 이상향이 된 일본, 그것은 자신에게는 물론 서구 문명에 대한 도전이기도 했다. 현실은 서구 문명 외에도 또 다른 고도의 문명이 있다는 사실을 수용하라고 소리치고 있었다. 하지만 학술적으로나 환경적으로 그리피스는 그것을 주장할 만한 여유가 없었다. 때문에 외형적으로만 서구 문명의 열정적인 대변자가 되기로 결심했다.

미카도의 제국 일본

1872년부터 그리피스는 낭코南校에서 물리학, 화학, 지리, 생물학을 가르쳤고, 도쿄제국대학의 전신인 카이세이학교開城學校에서 화학을 가르치며 화학과를 창설했다.

페리 제독의 무력시위로 일본의 문호가 열리면서 미국인은 극동의 신비한 국가 일본에 대해 짙은 호기심을 품기 시작했다. 자국의 그런 동향을 간파한 그리피스는 언론사와 출판사에 일본의 정치, 경제, 사회, 역사, 교육, 문화 등 다양한 주제의 기사를 송고했다. 특히 동양의 야만성과 서구 문명의 팽창이라는 한 주제를 여러 모양으로 엮어 송출했는데, 그것이 바로 미국인이 보고 싶어하는 기사였다. 하지만 그는 일본에 머문 지 3년 만에 문부성과의 불화로 계약을 갱신할 수 없었다.

"나는 미국인에게 일본에 대한 많은 정보를 제공할 수 있습니다."

귀국하기 직전 그는 미국 문학사무국에 편지를 보내 일본에 대한 강연을 하게 해달라고 부탁했다. 제안이 받아들여져 1874년 귀국하자마자 미국 동부와 서부를 넘나들며 일본을 주제로 강연하고 글을 기고했다. 1875년에 89회의 강연을 하고 14편의 논문을 발표했다. 이듬해인 1876년에도 100회 이상의 강연을 했고, 자신의 대표작이랄 수 있는 《미카도의 제국》을 출판했으며, 논문 36편을 발표했다. 또 18차례에 걸쳐 미국 백과사전에 일본 관련 항목을 집필하는 등 최고의 일본 전문가로 지위를 굳혔다.

《미카도의 제국》은 1913년 12판이 나올 정도로 영어권에서는 일본에 관한 표준 권위서가 되었다. 이미 발표한 자신의 글과 사토, 애스톤, 팍스Henry Parkes 등의 논문에 의존했지만 출처를 언급하지 않아 훗날 비난 받았다. 그럼에도 이 책은 당대의 일본 관련 서적 중 최고라고 칭송받았다.

《미카도의 제국》은 서구 문명, 기독교, 메이지 일왕, 궁극적으로 자신 같은 서양인이 일본의 근대화 과정에 미친 영향을 강조했다. 일본이 미국에 문호를 개방해 서구 문명을 수용함으로써 근대화의 길로 접어들었고, 근대화를 더 완벽히 달성하기 위해서는 서구 문명의 본질이랄 수 있는 기독교를 수용해야 한다고 주장했다. 또 근대 일본사에서 메이지 일왕이야말로 최고의 인물이라고 극찬한다. 자

《은자의 나라 한국》에 실린 고대 조선과 일본의 지도. 한반도 남쪽에 'MIMANA' 즉 임나任那라고 표기되어있다. 그리피스는 일본 극우 사학계에서 주장하는 임나일본부설에 입각하여 이러한 지도를 작성하는 우를 범했다.

신이 일왕에게 고용된 최초의 외국인 자문위원으로, 그런 서양 기독교인의 희생이 있었기에 일본이 메이지유신이라는 대업을 완성할 수 있었다고 자화자찬도 늘어놓았다.

한편 그리피스는 현재 극우학자들의 전유물이 된 임나일본부설任那日本府說을 한반도 지배의 필연적 구실로 설명한다. 일본이 오래 전 한반도 남부에 통치 기구를 세워 그곳을 다스리고 조공을 받아왔다는 주장이다. 이로써 그의 책을 읽은 서양인은 한국이 오래 전부터 일본의 일부였다고 잘못 알게 되었다. 러일전쟁 이후 서구인이 일본의 한국 병탄을 크게 반대하지 않은 데는 이런 배경이 작용했던 것이다. 그리피스는 이후 한국과 일본에 대한 수많은 글을 썼지만, 대부분 자신의 그런 논제를 설명하는 수사에 불과했다.

당시 서양인은 일본이 개항 뒤 성공적으로 근대화를 추진한다고 생각했다. 따라서 일본인이야말로 동양의 영국인이 될 운명을 지녔으며, 일본은 자신이 받은 혜택을 그들보다 어려운 동양의 이웃 나라에 돌려주어야 한다고 여겼다. 그 같은 생각의 배후에는 바로 그리피스의 곡필曲筆이 있었다.

일본 전문가에서 한국 전문가로

《미카도의 제국》 출간 후 그리피스는 목사가 되기 위해 1877년까지 2년 동안 유니온신학교Union Theological Seminary에 다녔다. 그와 함께 교과서와 지도첩, 백과사전 등에 일본 관련 글을 지속적으로 기고했다. 그런데 일본을 다룬 글이 점차 많아지면서 단조로운 그의 글을 언론이 외면하기 시작했다. 이에 새로운 활로를 모색하던 그리피스는 1878년부터 뉴욕, 보스턴, 이타카 등지에서 목회 활동을 하면서 한국과 네덜란드라는 새로운 주제를 접하기 시작했다.

그 무렵 한국 관련 서적은 런던이나 파리 등지에서 일부 출판되었지만, 미국에는 전무한 상태였다. 혹자는 1735년 파리에서 간행된 뒤 알드의 《중국사》와 1818년 간행된 베이실 홀의 《한반도 서해안 탐사기》를 통해 간접적인 지식을 얻을 수 있었다. 1878년 5월 그리피스는 〈뉴욕 선데이 매거진New York Sunday Magazine〉에 '마지막 남은 은둔의 나라'라는 기고문을 발표했다. 그 뒤 1882년까지 《보편지식문고Library of Universal Knowledge》, 〈미국지리협회보Bulletin of the American Geographical Society〉, 〈인디펜던트〉 등에 추가로 3편의 글을 게재했다. 그 와중에 뉴욕의 교과서 제작사의 요청에 따라 한국에 대한 원고를 썼고, 《정치학 백과사전Cyclopaedia of Political Science》에 한국 관련 항목을 기고하기도 했다.

1882년 5월 22일, 조미수호통상조약이 체결되면서 미국 내에서 한국에 대한 관심이 고조되었다. 그해 10월 그리피스는 때맞춰 그동안 기고한 글을 모아 《은자의 나라 한국》을 출판했다. 이 책은 16세기 이후부터 1882년까지 러시아를 제외한 서양에서 발표된 거의 모든 한국 관련 자료를 편집한 책이었지만, 전작 《미카도의 제국》과 마찬가지로 영어로 쓰인 한국 소개서 중 최고의 서적으로 인정받아 1911년까지 9판을 찍을 정도로 인기를 끌었다. 이제 그리피스는 일본 전문가를 넘어 한국 전문가로 행세하기 시작했다.

> 일본의 역사와 풍습에 즐거움과 매력을 느끼던 나는 일본이 실은 그 이웃 나라의 후광을 입고 있다는 사실을 발견했다. 귀국한 뒤 나

는 은자의 나라들의 마지막 역사에 관한 자료 수집을 계속했다. 중국이나 일본에 관한 연구의 대가들도 일찍이 시도한 적이 없지만, 나는 소위 로크가 말한 겉돌기 식의 입장에서 출발하여 독창성이나 깊은 탐구도 없이 일반 독자들을 위해 그 일에 착수했다. …(중략)… 선교사들은 한국인에 대한 기독교의 총력을 시험해보아야 한다. 한국인의 우상숭배 앞에서 기독교는 그것이 가톨릭이든 희랍 정교이든 개신교이든 환영 받아 마땅하다. 또한 미국에 의해 문호가 개방된 이 신생국가는 언어학자나 과학자, 경제학자 들에게 깊은 관심거리를 제공하고 있다.'

이렇게 시작되는 《은자의 나라 한국》은 총 3부로 나뉘어있다. 제1부 고대·중세사 편에서는 와일리Alexander Wylie가 번역한 《동이전》과 로스John Ross가 쓴 《한국Corea》을 이용해 한반도와 중국의 관계 및 국가의 기원을 설명한다. 백제와 신라와 일본의 관계를 다룬 부분은 《일본서기日本書紀》와 《고사기古事記》에 의존한다. 임진왜란 부분은 애스톤의 논문을 발췌해 실었고, 조선 중세사는 《하멜 표류기》를 축약했다. 한반도의 고대사를 중국과 일본에 대한 조공의 역사로 규정하고, 임진왜란과 이후 근대기까지의 역사 역시 일본 주장을 그대로 실었다. 더 나아가 그는, 한반도를 속국으로 여겨온 일본이 한국을 포기한다면 비겁하고 명예롭지 못한 일이라고 주장한다.

제2부 정치·사회 편은 주로 달레의 《조선 교회의 역사》에 의존해 설명한다. 여성의 낮은 지위, 형벌과 고문, 엄격한 신분제 등을 근거로 들며 19세기 조선을 중세 유럽이나 문호 개방 이전의 일본과 유사한 야만적 사회로 규정한다. 또 조선 중기 이후 근세까지 이어져온 당

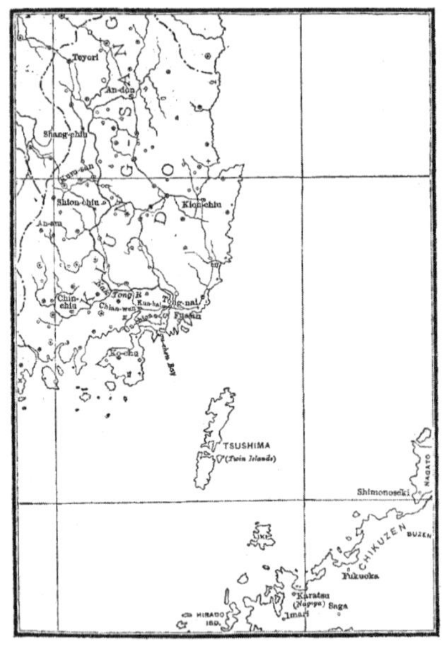

《은자의 나라 한국》에 실린 임진왜란 당시 왜병 작전도. 낙동강과 부산, 동래, 진주, 경주, 상주, 안동 등 경상도 주요 지역이 표시되어있다. 그리피스는 "일본인에 의한 부산의 점유possession는 1876년에 이르기까지 임진왜란에서 조선이 패했다는 사실에 대한 끊임없는 증거가 되었다"고 적었다.

쟁의 타개책으로 강력한 왕권의 출현이 필요함을 주장한다. 이는 강력한 '천황'을 중심으로 한 메이지 일본의 개혁 정책에 대한 그의 긍정적 평가를 기반으로 한 주장이었다.

제3부 근·현대사 편은 한국에 대한 개인적 경험담, 달레의 《조선 교회의 역사》, 오페르트의 남연군묘 도굴 사건, 제너럴셔먼 호 사건, 신미양요와 관련된 미국의 외교문서와 요코하마, 상하이, 런던, 파리 등지에서 발행된 〈재팬 헤럴드The Japan Herald〉, 〈재팬 메일The Japan Mail〉, 〈재팬 가제트The Japan Gazette〉, 〈노스차이나 해럴드North China Herald〉, 〈에든버러 리뷰Edinburgh Review〉, 〈투르 드 몽드La Tour de Monde〉 등에 실린 한국 기사를 인용했다. 그리피스는 봉건주의적이고 부패한 조선의 양반 계층이 조선을 국제적으로 위태로운 상황

으로 몰고 갔고, 이는 곧 한일 병합의 단초가 되었다고 주장한다. 또한 갓 문호가 개방된 한국을 일본과 서구 열강이 발전시켜주어야 한다고 주장해 제국주의적 시각을 드러냈다.

그리피스는 이 책을 출간한 뒤 과거에 그랬듯 백과사전에 한국에 관한 항목을 쓰고, 미국 동부에서 강연과 논문 연재를 계속했다. 1885년에는 《하멜 표류기》의 영역본과 함께 조미수호통상조약의 과정을 설명한 《한국, 내부와 외부》를 썼다. 여기에 그는 '한때 은둔의 나라이던 한국이 개화되고 기독교 국가가 되기를 희망하며 한국의 어린이들에게 이 책을 헌정한다'고 썼다.

이처럼 그리피스는 자신을 동양에 서구를 이식하는 근대화의 사도로 자처했다. 한편 과학만능주의의 서구 사상과 별도로, 그는 동양의 유구한 전통문화에 대해 미련을 두었던 것으로 보인다. 극동에서 한국의 위상에 대한 그의 색다른 서술에서 이를 발견할 수 있다.

> 만약 중국이 이집트고 일본이 아시아의 그리스라면, 한국은 양 문화의 중개자 역할을 한 키프로스일 것이다.

하지만 한국은 그리피스의 견해처럼 단순한 중개자가 아니라 찬란한 전통문화를 발전시킨 독립적인 나라였다. 어쨌든 그리피스는 한때 아시아를 살찌웠으며 일본의 발전을 가능케 한 한국의 역사와 문화에 관심이 많았다. 《버릇없는 호랑이와 한국의 우화》(1911), 《한국의 옛 이야기들》(1922) 같은 책을 통해 자신이 한국의 전통문화를 사랑한다는 뜻을 우회적으로 표현했다.

극동의 미국화를 꿈꾸다

미국인 그리피스는 사고무친四顧無親한 태평양 너머의 세 나라 일본과 한국, 중국을 바라보면서 무슨 생각을 했던 것일까. 20세기 초 미국은 자기만족과 도덕적 의무라는 상반된 두 화두를 끌어안고 있었다. 1898년 스페인전쟁에서 승리한 뒤 미국인은 서구 열강이 선점한 아시아에 눈길을 돌리기 시작했다. 그들은 스페인 치하의 필리핀을 점령하면서 막강한 무력을 바탕으로 우수한 서구 문명을 동양에 이식해야 한다는 신성한 사명감에 젖어들었다.

'신조, 피부색, 과거의 상황이 무엇이든 간에 원주민을 지적인 자유인의 상태로 향상시키는 것은 우리의 소명이다.'

미국은 유럽으로부터의 독립과 서부 개척에 이르기까지 식민과 외교의 승리로 점철된 긴 정복의 역사를 지녔다. 이제 극동은 미국의 새로운 텍사스가 되었다. 이미 일본을 통해 미개한 동양인도 충분히 서구 문명을 수용할 수 있다고 확신했다. 미국의 팽창주의 expansionism는 필라델피아의 실업자에 불과하던 그리피스를 빛과 법의 사도로 변신시키는 배경이 되었다.

그리피스는 서구인 특유의 오리엔탈리즘에 입각해 동양 문명을 야만의 상징으로, 서구 문명을 유일한 희망으로 생각했다. 따라서 극동이야말로 서구화·미국화하는 것이 최선이라 여겼지만, 사실 그것은 일종의 노예화와 다름없었다. 그에게 있어 역사는 기독교적인 선과 악의 대립장이었다. 그러므로 자신은 봉건주의, 전체주의, 오류의 역사로 규정되는 악을 물리치는 정의의 사도였다. 그리하여 예수의 은총처럼 서양 제국은 일본이나 한국 같은 후진국을 문화적·과학적으로 발전시키기 위해 이바지해야 한다고 믿었다.

인생의 후반기인 1903년부터 목사직을 버리고 전업 작가가 된 그리피스는 미국에서 네덜란드의 영향, 일본에서 미국의 영향, 한국에서 일본의 영향 등 '기독교적 인류 문명의 진보', 즉 서양 기독교가 유럽에서 미국을 거쳐 아시아로 전파되는 '인류사의 유장한 과정'을 보여주고자 했다. 그런 까닭에 해군 제독 페리와 해리스Townsend Harris, 선교사 베르벡, 헵번J. C. Hepburn, 브라운Samuel R. Brown, 아펜젤러, 언더우드 등 다양한 인물의 전기를 집필하면서 개혁가의 역할을 자임했다. 이어서 한국과 일본의 관계 개선을 위해 노력하는 모습을 보여주었다. 1919년 〈아시아매거진〉 8월호 '일본이 한국에 진 부채'라는 글에서, 그는 과거 자신이 쓴 한국과 일본의 역사를 송두리째 뒤집었다.

> 6세기경 일본으로 흘러들어온 불교의 물결은 이후 수백 년간 그치지 않고 지속되었다. 해 뜨는 섬나라로 들어온 불교는 예술과 문자, 힌두, 중국, 한국의 문명을 담아 온 배달부였다. 그 당시 신도는 조직적인 종파로 강화되던 중이었다. 부족장 미카도가 통치하던 좁은 지역의 야마토는 지금 우리가 일본이라 부르는 큰 나라 이전의 조그만 발아에 지나지 않는다. 근대의 국수적 역사관이나 거짓된 황국신민 사상으로 인해 자칫 야마토가 일본 전역을 통치했던 것으로 속기 쉽다. 백제가 552년 시작해 쉬지 않고 빛을 발한 열정적이고 절대적인 일본으로의 불교 전파는 세계 어디에도 비견할 만한 예가 없다.

1928년 사망할 때까지 그리피스는 약 30권의 저서를 발간하고 언론에 많은 글을 기고했다. 그중 한국에 관련된 글이 21편 있으며, 시대의 변화에 따라 한국이 일본으로부터 독립해야 한다는 주장도 있었다. 그처럼 상황에 따라 조변석개하던 그의 논조와 신념은 당대 미국인의 동양에 대한 보편적인 인식이었다. 그의 오류와 편견은 고스란히 동시대 미국인의 오류와 편견으로 전이되었다.

더 읽는 글

《은자의 나라 한국》의 친일과 제국주의 비판

《은자의 나라 한국》 제1부 고대·중세사 편은 22장으로 구성되었다. 그리피스가 설명하는 한반도 고대사는 한마디로 중국과 일본에 대한 조공의 역사다. 은殷나라 귀족인 기자箕子가 기원전 1122년 한반도에 와서 조선적인 사회질서를 최초로 수립했고, 그때부터 한반도의 국가들은 정치·문화·군사적으로 중국에 예속되었다고 주장한다. 특히 신라는 중국과 힘을 합쳐 고구려와 백제를 멸망시킨 뒤 중국의 서임敍任을 받아야만 왕위 승계가 가능했다는 허무맹랑한 주장을 편다. 일본은 쑹화강 계곡이나 장백산맥의 그늘에서 쉽게 자국의 신화를 발견할 만큼 대륙과 역사적으로 깊은 관계를 유지해왔는데, 그 배경에 임나일본부가 있다는 서술도 있다. 서기 202년 진구황후가 신라를 공격해 승리했고 신라의 왕이 일본의 신민임을 자임했기 때문에, 1700여 년 동안 일본은 한국을 속국으로 간주해왔다는 것이다. 임진왜란은 물론, 1870년 조선과 일본 사이에 벌어진 서계 논쟁도 이런 과거사로 말미암았다고 한다. 따라서 일본이 한국을 포기하는 것은 비겁한 처사인 동시에 민족적 명예에 대한 오점이라고 썼다.

또 고려를 정복한 칭기즈칸이 일본의 영웅 미나모토 요시츠네源義經라고 주장하는 등 정한론을 맹신하던 국수주의적 일본 국학자의 주장과 한 치도 다를 바 없는 내용을 설파하고 있다. 또 술고래에 방탕자인 조선의 선조宣祖가 일본에 조공을 바치지 않자 도요토미 히데요시가 조선 왕조의 부패를 척결하고 한반도에 대한 고대의 권리를 회복하기 위해 임진왜란을 벌였다고 주장한다. 그 후 일본인은 18세기 말까지 부산을 점령했는데, 한국인이 그 사실을 호도하기 위해 근대사에서 양국이 대등했다고 주장하며 패전을 위대한 승리로 둔갑시켰다고도 주장했다.

제2부 정치·사회 편은 16장으로 구성되었다. 19세기 조선을 중세 유럽이나 문호 개방 이전의 일본과 유사한 야만적 사회로 규정한다. 그는 조선의 신분 제도를 인간의 신체에 비유하면서 양반의 횡포를 적나라하게 비판한다.

> 왕은 머리고 양반은 몸이며 평민은 다리다. 가슴과 배는 불룩한데 머리와 다리는 수척하게 움츠러들고 있다. 양반들은 탐욕스럽게도 백성의 피를 빨아먹을 뿐만 아니라 왕권까지 가로채고 있다. 조선은 관권 만능의 병에 걸려 있으며 그로 인한 출혈로 고생하고 있다.

제25장 '정파'에서 숙종, 경종, 영조, 정조 대로 이어지는 한국의 당쟁을 매우 치밀하게 기록했다. 1762년 사도세자의 죽음 이후 150년 동안 그의 복위 문제가 노론과 남인 사이에서 초미의 쟁점이 된 사정을 매우 설득력 있게 묘사했다.

당쟁으로 인한 정치 불안과 관료화를 견제하기 위해 한국에서 유능하고 강력한 왕권이 출현해야 한다고 주장한다. 그는 고종이 극우주의자인 양반 집단, 특히 부친과 왕비 사이의 궁정 음모의 희생자라고 묘사했다. 따라서 왕정을 폐지하기보다는 일본의 천황과 마찬가지로 강력한 지도력을 가진 왕실이 요청되며, 왕과 백성이 더욱 밀착해 국가적 에너지를 결집시킬 구심체가 되어 양반 권력을 약화시키고 봉건적 유습을 제거해야 한다는 주장을 펼친다. 이는 일본의 개혁가들이 메이지 일왕을 신격화하면서 바쿠후의 전통적 권력을 무력화하고 강력한 개혁 정책을 성공시킨 사실을 염두에 둔 표현이다.

외면적으로 그리피스는 한국인의 상부상조 정신과 박애 정신을 찬양하고, 활쏘기·연날리기·투석전 등의 민속과 격언, 속담, 복식, 관혼상제, 무속, 전설 등 서민 생활상을 소개했지만, 그 안에 담긴 한국적 가치는 외면한다. 거기는 문명과 야만이라는 흑백논리에 기초한 서구 문명에 대한 우월성과 자신에게 신세계를 열어준 일본에 대한 맹신이 도사리고 있다. 중국과 한국의 정교한 유교 국가 체계와 백성의 삶에 조금이라도 관심이 있었다면, 이 책 전반을 관통하는 역사적 무지는 보이지 않았을 것이다.

15장으로 구성된 제3부 근·현대사 편에서 그리피스는 1876년 일본과 한국 사이에 강화도조약이 체결되어 문호가 개방되었으므로 한국은 더 이상 은둔의 나라가 아니라고 주장한다. 이제 일본과 미국 등 외세의 도움으로 새로운 과학과 기독교를 토대로 국가를 발전시킬 기회가 왔다는 것이다. 이런 호기에도 양반은 봉건주의의 폐단을 벗어나지 못하고 특권 유지에 급급해 청일전쟁을 초래했다고 비판한다.

전쟁 이후 일본의 도움에도 양반은 서울을 음모의 온상으로 만들고, 국가의 발전보다는 간계와 술수로 일관한 까닭에 1904년 치명적인 러일전쟁을 발생케 했다며, 전쟁의 모든 책임을 한국 양반에게 돌린다. 그런 전쟁 책임 때문에 을사조약이 합리화되고 한일 병합이 가능해졌다는 논리다. 아울러 조선의 부패는 곧 일본의 존립을 위태롭게 할 수 있으므로 과거 영국이 이집트를, 미국이 쿠바를, 프랑스가 안남安南을 위해 한 일을 이제 일본이 조선을 위해 시도해야 한다고 주장한다. 이러한 생각은 그가 약소국 백성에 대한 동정심을 지닌 신앙인이기보다, 패권을 당연시하는 제국주의 논리에 경도된 천박한 지식인임을 증명한다.

일본의 한국 지배는 필연이다

일제의 앞잡이로 한국에 취직했던 더럼 스티븐스

1908년 3월 23일 이른 아침 미국 샌프란시스코 페어몬트 호텔Fairmont Hotel 앞, 한국 청년 한 명이 몸을 숨기고 내부 동정을 살피고 있다. 잠시 후 호텔 정문에 나타난 승용차에서 일본인 관리로 보이는 두 사내가 내린다. 호텔 안으로 들어가더니 큰 가방을 몇 개 들고 나온다. 이를 본 청년은 급히 인근 페리 정거장으로 향한다.*

이윽고 페어몬트 호텔에 나타났던 승용차가 정거장 앞으로 미끄러지듯 다가와 멈춘다. 문이 열리고 모습을 드러낸 인물은 샌프란시스코 주재 일본 총영사 고이케小池張造. 그의 뒤를 따라 한 미국인이 상처투성이의 얼굴로 차에서 내린다.

순간 철탑 뒤에 몸을 숨기고 있던 한국인 청년이 품에서 권총을

------

* 의거 장소인 페리 빌딩Ferry Building은 1898년에 건설된 여객선 선착장으로 샌프란시스코의 관문이다. 베이 브리지Bay Bridge가 생길 때까지 샌프란시스코에서 미국 동부로 가기 위해서는 이곳에서 배를 타고 오클랜드 기차역으로 가야만 했다.

더럼 스티븐스

Durham White Stevens(?1851~1908)

한자명 수지분須知芬. 일본 외무성 고문으로서 일제의 이익을 위해 적극 활동한 외교관이다. 대한제국의 외교 고문이 되어 한국 내정에 간섭했고, 을사조약 체결 뒤에는 일본의 조선 병탄을 합리화하는 수많은 발언을 쏟아냈다. 배후에서 고종황제 강제 퇴위를 이끌었으며, 대한제국을 완전 무장해제시킨 정미7조약을 조종했다. 1908년 샌프란시스코에서 전명운과 장인환에 의해 암살당했다.

빼들고 달려나가 미국인을 향해 방아쇠를 당긴다. 첫 번째도, 두 번째도 불발이다. 권총에 문제가 있음을 안 청년은 재빨리 권총을 고쳐 잡고, 다급히 열차 안으로 피하려는 미국인을 겨눈다. 그때 세 발의 총성이 울려 퍼지면서 한국인 청년과 미국인이 동시에 땅바닥에 나뒹군다.

첫 탄환은 한국인 청년의 오른쪽 어깨를 스쳐 지나갔고, 나머지 두 발은 미국인의 등과 허리에 명중했다. 불의의 일격을 당한 미국인은 바로 대한제국 통감부 외교 고문 더럼 스티븐스. 1차 저격에 실패한 이는 전명운, 2차 저격에 성공한 사람은 장인환이었다. 이 사건이 바로 '스티븐스 처단 의거'로 명명된 샌프란시스코 의거다.

이중 계약의 정체를 밝히다

더럼 스티븐스는 미국 오하이오에서 태어나 뉴욕 컬럼비아대학 외교학과를 졸업했다. 대학을 마치자 미국 국무부에 들어가 1882년 주일 미국 공사관에 근무하면서 일본과 인연을 맺는다. 1년 뒤 거꾸로 주미 일본 영사관 촉탁으로 취직한 그는 이후 일본 외무성 고문이 되어 일제의 앞잡이 노릇을 한다.

그가 한일 외교 무대에 등장한 것은 1882년 일어난 갑신정변의 피해 보상을 이유로 한성조약을 체결한 때다. 당시 일본 측 전권대사인 이노우에 가오루井上馨와 함께 한국에 들어온 그는 일본의 이익을 위해 힘쓴 공로로 욱일장旭日章을 받는다. 스티븐스는 친분이 있던 미국 외무부 인사를 움직이고, 열강의 움직임을 예리하게 분석함으로써 영일동맹을 맺는 데 기여했다.

또 러일전쟁 때에는 포츠머스조약에서 일본이 한국을 병탄하는 데 유리한 위치를 점하도록 문안을 다듬기도 했다. 이로써 일본 정부의 전폭적인 신뢰를 얻게 된 스티븐스는 1904년 한·일 간 체결된 '외국인 고문에 관한 규정'에 따라 대한제국 정부의 외교 고문이 되어 한국 내정에 간섭했고, 1905년 을사조약 체결 이후에는 통감부 외교 고문으로 초빙되었다.

외교 고문이 되고 나서는 이토 히로부미의 사주를 받아 일본의 조선 병탄을 합리화하는 발언을 수없이 쏟아내 한국인의 분노를 샀다. 또 1907년 헤이그 밀사 사건을 빌미로 일제가 행한 고종황제 강제 퇴위를 배후에서 이끌었고, 7월 체결된 한국의 법령 제정권·관리 임명권·행정권 및 일본인 관리 채용 등을 위임하는 정미7조약丁未七條約을 조종했다. 한일신협약으로 불리는 정미7조약은 각 조항

시행에 관련된 비밀 조치서에 따라 군대 해산, 사법권과 경찰권 위임, 일본인에 의한 차관 정치를 시행함으로써 대한제국을 완전히 무장해제시켰다. 이로 인해 분개한 독립운동가들은 스티븐스를 처단 대상 1호로 지목했다.

1908년 이토 히로부미는 스티븐스에게 당시 미국에서 일던 반일 정서를 달래고, 한국 지배의 정당성을 널리 알릴 임무를 맡긴다. 그 해 3월, 스티븐스는 샌프란시스코에 도착한 다음 신문을 통해 일본의 한국 지배를 미화하는 발언을 일삼는다.

1. 조선에 대한 일본의 경영이 훌륭해서 한국인과 일본인 사이에 병합 운동이 벌어지고 있다.
2. 일본이 한국을 다스리는 방법은 미국의 필리핀 정책과 똑같다.
3. 한국 융희隆熙 정부가 조직되자, 재야 당파에서는 반대했지만 농

스티븐스와 1906년 초대 통감으로 취임한 이토 히로부미. 스티븐스는 이토 같은 통감이 있으니 한국으로서는 다행이고 동양으로서는 홍복洪福이라는 발언을 일삼아 한국인의 분노를 샀다.

민과 민중은 일본을 환영하면서 다시는 전제정치를 받지 않겠다고 주장하고 있다.

이 기사를 읽은 재미동포들은 분노한 나머지 공립회관에서 모여 정재관鄭在寬, 이학현李學鉉 등의 대표단을 선발한다. 곧바로 페어몬트 호텔에서 스티븐스를 만난 대표단 일행은 기사 취소를 요구했지만, 그는 미동도 하지 않은 채 말한다.

"한국에 이완용 같은 충신이 있고, 이토 히로부미 같은 통감이 있으니 한국으로서는 다행이고 동양으로서는 홍복洪福이다. 기사에 틀린 내용이 없는데 무엇을 고쳐야 한단 말인가?"

"바로 네 더러운 입을 고쳐야 한다."

말이 채 끝나기도 전에 정재관이 달려들어 그를 쓰러뜨리자 주변에 있던 이들이 의자로 그의 얼굴을 난타한다. 갑작스레 유혈 사태가 벌어지자 호텔 로비에 모여있던 투숙객들이 달려와 만류했다. 그러자 이학현은 사람들에게 스티븐스의 만행과 일본의 침략 책동을 뜨거운 목소리로 일갈했다. 그때 그의 마지막 말을 전해들은 청년 장인환과 전명운은 각각 스티븐스를 처단하기로 마음먹고 페리 선창으로 향했던 것이다.

당시 두 발의 총탄을 맞은 스티븐스는 병원으로 옮겨져 수술을 받았지만 회생 불가능했다. 경찰이 진범을 가리기 위해 장인환을 데려왔으나 창졸간에 생긴 일이라 그를 알아보지 못했다. 그러나 장인환은 담대한 어조로 그를 꾸짖는다.

"네가 아직 살아있느냐? 너는 네 죗값에 죽는 줄 알아야 한다."

총에 맞은 지 이틀 만에 스티븐스는 복부 탄환 제거 수술을 받다 사망했다. 그의 시신은 워싱턴으로 옮겨져 묻혔다. 이튿날 거행된 추도식에는 루스벨트 대통령의 조화와 일왕의 조전 및 조화가 이어졌고, 200여 명이 조문했다. 일본 정부는 스티븐스에게 훈1등 훈장을 추서하고, 유족에게 15만 원의 조의금을 전달했다. 조선 정부에서는 5만 원의 구휼금을 유족에게 전했다.

최근 스티븐스가 1900년대 초 대한제국의 외교 고문으로 있으면서, 일본 정부와 비밀리에 계약을 맺고 일본 외교 고문직도 겸했다는 사실을 증명하는 자료가 일본 외교사료관 문서철에서 발굴되었다. 이것은 일본이 을사조약 이전부터 한국의 외교권을 기만적으로 통제하려 했음을 보여준다. 실제로 스티븐스는 심정적으로 일본에 동조했던 게 아니라 계약을 통해 금전적인 보상과 신분 보장을 받은 명백한 일본 관리였던 것이다.

스티븐스는 1900년 4월 1일부터 1905년 3월 29일까지 주미 일본 공사관 외국인 공관원 계약을 맺었는데, 계약기간이 끝나기 전인 1904년 12월부터 대한제국 외국인 고문직을 맡았다. 그는 간교하게 두 나라 정부와 이중 계약을 맺은 셈인데, 대한제국 관리는 그 사실을 전혀 눈치 채지 못했다.

새롭게 발굴된 문서는 1905년 4월 작성된 이중 계약서 초안과, 1906년 7월께 작성된 약정서다. 1905년 문서는 고무라小村壽太郎 외무대신과 스티븐스 사이의 계약관계가 명시되어있고, 앞서 양자간 체결된 1900~1905년까지의 계약이 만료된 뒤 1905년 4월 1일부터 1910년 3월 31일까지 계약을 5년간 연장시킨 것이다. 스티븐스는 계약을 통해 한국에서는 1000엔, 일본에서는 700엔의 월급을 받았다. 이는 당시 주한 외국인 외교 고문의 평균 월급보다 대여섯 배나

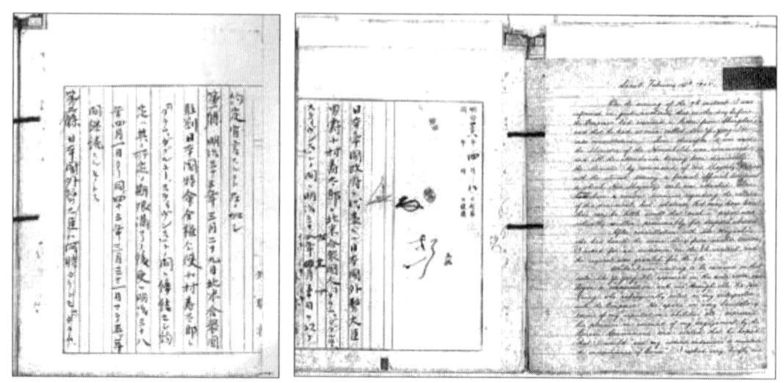

1905년 4월 일본 외무성이 작성한 스티븐스의 이중 계약서 초안이다. 앞서 5년간의 계약기간을 연장한 것으로, 그는 이미 1904년 12월부터 대한제국 외국인 고문직을 맡은 상태였다.

많은 파격적인 액수였다.

1906년 문서는 일본 외무대신 하야시와 스티븐스가 서면으로 작성한 약정서로, 1905년 3월 31일 고무라와 스티븐스 사이에 구두로 맺은 약정을 추인함으로써 스티븐스가 일본의 외교관임을 확인하고 있다. 이는 당시 일본인이 얼마나 교묘한 방법으로 한국을 집어삼키려 했는지를 보여준다.

전명운과 장인환, '쾌한 자의 쾌한 일'

샌프란시스코 의거의 주인공 전명운田明雲은 서울 출신으로 일찍 부모를 여의고 가업인 포목전을 운영하던 형의 도움으로 성장했다. 스무 살이었던 1904년 2년제 신식학교인 한성학원을 수료하면서 일제에 의해 무너져가는 조국의 운명을 안타까워했다. 그러던 어느 날

길거리에서 한국인 부녀자를 희롱하는 일본인을 구타한 뒤 천주교 신부의 도움을 받아 상하이로 망명한다.

상하이에서 미국 화물선 스타피시 호 취사장 인부가 된 전명운은 타이완과 일본을 거쳐 그해 9월 하와이에 도착한다. 그곳에서 1년 동안 농장 인부로 일하다가 1906년 샌프란시스코로 건너간다. 그때 샌프란시스코에서는 이민노동자와 몇몇 유학생, 우국 망명가들이 모여 1905년 공립협회共立協會를 창립해 기관지 〈공립신보〉를 만들고, 이로써 교민 세력을 규합해 항일활동을 전개했다. 전명운은 부두 노동자, 철로 공사장 노동자, 채소 행상 등으로 생계를 꾸리면서 이 협회 회원으로 활동한다.

한편 전명운보다 아홉 살 위인 장인환張仁煥은 평양 출신으로 어려서 부모님을 여의고 1904년 하와이로 이주해 사탕수수 농장에서 일했다. 1906년 캘리포니아에서 노동자 생활을 하던 그는 대동보국회大同保國會에 가입하며 미국 내 항일 운동에 나선다.

머나먼 이국땅에도 1905년 체결된 을사조약 소식은 들려왔다. 한국의 주인 행세를 하는 일본의 간악함에 치를 떨던 고종은 결국 조약 무효를 세계에 호소하기 위해 1907년 3인의 밀사를 헤이그 만국평화회의에 보낸다. 하지만 일제는 그 사건을 빌미로 고종을 강제로 퇴위시키고, 순종을 허수아비 황제로 옹립한다. 재미교포들은 이런 일본의 강압에 분개하고 있던 터였다.

1908년 3월 통감부 외교 고문인 미국인 스티븐스가 워싱턴으로 가는 길에 샌프란시스코를 경유한다는 정보를 입수한다. 그의 미국행은 휴가 명목이었지만, 사실은 일본 외무성과 통감부의 밀명으로 당시 미국 의회에서 진행 중이던 일본인 노동자 제한법 개정을 저지하는 임무를 띠고 있었다. 3월 3일 요코하마를 출발한 스티븐스는 선상에서 가진 기자회견에서 예의 친일발언을 서슴지 않는다.

"항구적인 동양 평화를 위해 한국은 독립을 포기하고 일본의 보호 아래 그 일부로 편입되는 것이 당연하다."

샌프란시스코 도착 후 가진 기자회견에서도 그의 발언은 거침이 없었다. 〈크로니클〉의 보도는 공립협회 회원들의 분기에 불을 붙였다. 회원들이 페어몬트 호텔에서 그를 만나고 돌아와 대책을 숙의할 때 열혈청년 전명운이 그를 처단하겠다고 선언한다. 스티븐스는 결국 3월 23일 아침 장인환의 총탄에 치명상을 입고 목숨을 잃었다. 3월 27일 전명운은 병상에서 살인미수 혐의로, 장인환은 계획에 의한 일급 살인 혐의로 각각 샌프란시스코 경찰법원에 기소된다.

교민 사회는 두 사람의 무죄 석방을 위해 백방으로 호소하는 한편, 변호사 비용 마련 등을 위해 경비 모금에 나섰다. 후원금은 약 7300달러를 넘어서 유능한 미국 변호사 세 사람을 선임할 수 있었다. 통역은 남가주대학에 유학 중이던 신흥우가 맡았다.

당시 공립협회에서는 하버드 출신의 이승만에게 통역은 부탁했으나, 그는 기독교인으로서 살인범을 위한 통역을 원치 않는다며 거절했다. 한편 공립협회 회원인 송종익宋鍾翊은 〈크로니클〉에 스티븐스 처단은 한국의 독립 쟁취를 위한 투쟁이라고 밝히고, 재판부에 그의 행동을 독립 전쟁으로 인식해달라고 호소한다. 이런 동포들의 노력에 호응해 미국 언론이 이렇게 논평하기도 했다.

무릇 국민 된 자는 제 나라를 이 사람처럼 사랑해야 한다.

3차에 걸친 예심 끝에 전명운은 증거 부족으로 석방되었지만, 장인환은 '애국적인 발광 환상에 의한 2급 살인죄'로 이듬해 1월 열린 언도 공판에서 금고 25년형을 선고받았다. 장인환은 그로부터 10년 만인 1919년 가출옥으로 석방됐으며, 1924년에야 비로소 완전한 자유의 몸이 되었다.

의거 이후 무죄 석방된 전명운은 일제의 감시와 암살 위협을 피해 이름을 '맥 필즈Mack Fields'로 바꾸고 러시아령 연해주로 망명하여 안중근 등과 교류하다 다시 미국으로 돌아왔다. 1920년 결혼하여 1남 2녀를 두었는데 부인이 사망하자 로스앤젤레스로 이주했다. 태평양전쟁이 일어나자, 그는 한인 국방군 편성 계획을 미 육군사령부에 제출하는 등 항일 투쟁을 멈추지 않았다. 해방 후 1947년, 63세를 일기로 세상을 떠났다. 그는 1994년 한국으로 봉환奉還되어 국립묘

共立新報

스티븐스 암살을 보도한 샌프란시스코 〈공립신보〉 1908년 3월 25일자.
스티븐스를 한국의 공적으로 규정하고 전명운, 장인환을 애국의사라 명시했다. 장인환 의사(오른쪽)가 석방 후 전명운 의사(왼쪽)와 함께한 모습.

지에 안장됐다.

장인환은 1919년 가석방된 후 1927년 귀국해 고향에서 조만식曺晩植 선생의 주례로 가정을 이루었다. 그는 평안북도 선천에 고아원을 설립했으나 일제의 학정을 견디지 못하고 홀로 미국으로 돌아간다. 그러나 우울증을 이기지 못하고 1930년 스스로 목숨을 끊는다. 샌프란시스코 공동묘지에 묻혔던 그의 유해는 1975년 국립묘지로 이장되었다.

1962년 대한민국 정부는 두 의사에게 건국훈장 대통령장을 추서했다.

미국은 필리핀을, 일본은 한국을 영유한다

'가쓰라-태프트 밀약'의 원흉,
미국 대통령 시어도어 루스벨트와 그의 특사 윌리엄 태프트

"기쁨도 고통도 없는 나약한 정신의 소유자로 살기보다는 비록 실패로 얼룩진다 해도 큰일을 감행하고 영광의 승리를 거두는 것이 낫다. 왜냐하면 나약한 사람들은 승리와 패배가 없는 회색의 미명 속에 살고 있기 때문이다. 삶의 기쁨은 그것을 요구할 줄 아는 정신을 소유한 사람들의 것이다."

하버드대학 최우수 졸업생이자 카우보이였으며 보안관, 독서광, 잡지 편집인, 칼럼니스트, 조류학자, 해군 전략가, 전쟁 영웅 등 숱한 이력을 안은 채 케네디 이전 최연소 미국 대통령으로 기록된 시어도어 루스벨트가 남긴 말이다. 그는 미국인에게 테디Teddy*라는

------

* 1902년 미시시피 주로 곰 사냥을 떠난 루스벨트는 어미 곰에게 엽총을 쏘려다 곁에 있던 새끼 곰을 발견하고 측은한 마음에 살려 보냈다. 이 일화가 〈워싱턴포스트〉에 보도되자 뉴욕 브루클린의 장난감 가게 주인이 진열대에 전시한 곰 인형에 테디라는 이름을 붙였다. 이것이 바로 테디베어Teddy bear의 유래다.

시어도어 루스벨트
Theodore Roosevelt(1858~1919)

미국의 제25, 26대 대통령. 획기적인 개혁 정책을 잇따라 단행하여 미국 진보 진영에게 환영 받았으나, 국제 문제에서는 철저한 약육강식론자였다. 제국주의 미국 대통령의 임무를 충실히 수행함으로써 한국과 같은 약소국을 궁지로 몰아넣었다. 가쓰라-태프트 밀약을 기획·승인하여 일제의 한국 무단 점령을 눈감아줬다.

윌리엄 태프트
William Howard Taft(1857~1930)

시어도어 루스벨트 대통령 재임 시 전쟁성 장관이자, 미국 제27대 대통령. 가쓰라-태프트 밀약의 주인공이다. 3선 출마를 포기한 루스벨트의 뒤를 이어 공화당 후보로 대통령이 되었으나, 재임 시 루스벨트와 불화했다. 퇴임 이후 연방대법원장이 됨으로써 미국 역사상 대통령과 대법원장을 동시에 역임한 유일한 인물이다.

애칭으로 불리며 환경보호론자처럼 인식되기도 했지만 사실은 사자와 코끼리를 잡던 사냥꾼이었고, 전쟁불사론자였지만 노벨 평화상을 받았고, 제국주의자였지만 분쟁 조정자의 역할을 자임한 기이한 인물이다.

자본주의의 수호자를 자처했던 그는 셔먼 독점금지법을 사용하여 트러스트를 견제함으로써 대기업이 무분별하게 비대해지는 것을 막았고, 대기업과 노동조합 사이에 벌어지는 분쟁을 해결하기 위해 대통령과 연방정부의 권한을 강화했다. 이처럼 획기적인 개혁 정책을 펼침으로써 국내 진보주의자들에게 환영 받았지만, 대외적으로는 제국주의 국가의 수장으로서의 임무를 충실히 수행한 사람이 바로 루스벨트였다.

그는 1904년부터 파나마운하 건설을 추진하고 베네수엘라, 과테말라 등 중남미 제국에 강력한 정책을 펴 미국의 힘을 과시하는 한편, 스페인령이던 필리핀을 영유하고자 러일전쟁이 한창인 1905년 7월 일본에 전쟁성 장관 태프트를 파견해 일본 수상 가쓰라 다로桂太郎와 한국 지배권을 승인하는 밀약을 맺도록 했다. 당시 러일전쟁 개전과 함께 일본의 압력으로 궁지에 몰려있던 고종은 한미수호통상조약의 거중조정居中調整 조항을 근거로 수차례 백악관에 밀사를 보내 도움을 요청했지만 루스벨트는 눈길조차 주지 않았다.

그는 1906년 9월 5일 포츠머스조약을 주선해 러일전쟁을 종식시킴으로써 그해 미국인은 물론 대통령으로서 처음으로 노벨 평화상을 수상했다. 그의 중재로 일본은 한국뿐만 아니라 러시아가 점유하던 뤼순旅順, 창춘長春을 잇는 남만주 일대와 사할린 남부 지역을 획득함으로써 일약 동아시아의 최강국으로 부상한다.

한편 윌리엄 태프트는 미국 역사상 행정부와 사법부의 수장을 모두 지낸 유일한 인물이다. 그동안 한국인은 그를 가쓰라-태프트 밀약Taft-Katsura Agreement을 통해 한국을 일본에 넘긴 외교관으로만 인식해왔다. 하지만 그는 암수暗數가 판을 치는 정계보다는 사법부에서 민주주의의 정의와 원칙을 확립하려 한 고지식한 법률가였다.

> 나의 죄는 내가 할 수 있는 만큼 열심히 따져서 장황하게 논쟁하지 않은 것이다. 나의 죄는 판단을 급히 내리지 않고 관망한 것이고, 다른 사람들과 가급적 원만한 관계를 유지하길 좋아했다는 점이다.

윌리엄 태프트는 1857년 9월 15일 오하이오에서 태어났다. 1878년 예일대학교를 차석으로 졸업한 그는 2년 뒤 신시내티대학에서 법학사 학위를 받았다. 이후 검사, 세금 징수원, 사설 변호사, 판사를 거쳐 1887년부터 1890년까지 오하이오 주 최고 재판소의 판사로 일했다. 또 2년 동안 법무부 차관으로 근무하면서 미국 정부를 대리해 소송 18건 가운데 16건에서 승리했다. 1892년 연방항소법원의 제6순회재판소 판사로서 노사분규와 관련된 소송을 다뤘다. 1900년부터는 제2필리핀 위원회 위원장을 맡으면서 스페인전쟁으로 얻은 필리핀의 군정 해체 작업에 전념했다.

기실 한국과 관련된 그의 행위는 1903년 이래 1인 국무성으로 불리던 카우보이 대통령 시어도어 루스벨트 개인의 작품이라고 해도 과언이 아니다.

동상이몽, 미국은 한국을 버렸다

중국은 1840년 아편전쟁에서 영국에 패하고 일본은 1853년 미국의 페리 함대가 내항함으로써 열강들로부터 국교 수립을 강제 당했다. 이런 상황에서 구미 여러 나라가 쇄국 정책을 고수하는 한국에 눈을 돌린 것은 극히 자연스러웠다. 하지만 당시 조선은 쇄국주의자 대원군이 권력을 잡고 있었기 때문에 어느 나라를 막론하고 접촉이 불가능했다.

고종의 친정과 함께 조선이 일본에 문호를 개방하자 청의 북양총독 이홍장은 개항 후 조선이 지나치게 일본 쪽으로 기우는 것을 우려하면서 미국과의 통교를 적극 주선했다. 그리하여 신사유람단에 참여했던 어윤중魚允中은 11월 톈진에서 이홍장과 만났고, 영선사 김윤식金允植도 1882년 2월 이홍장을 만나 조선의 의견을 전했다.

1882년 5월 22일, 미국 대표 슈펠트R. W. Shufeldt 제독과 한국 대표 신헌申櫶, 김광집 사이에 조미수호통상조약이 체결된다. 이는 조선이 구미 국가와 체결한 최초의 조약이었다. 여기에는 관세 조항이 포함되어, 명실공히 수호 '통상'조약이 되었다. 무역에 관해 무지했기에 일본과의 통상조약에서 주장하지 못했던 관세의 권리를 찾아오는 데 조미수호통상조약이 크게 이바지했다.

슈펠트의 회고록에 따르면, 국무장관 블레인Blaine으로부터 조선과의 통상조약 체결을 완수하라는 특명을 받고 1881년 청나라로 복귀했으며, 조선 대표단도 톈진에 와있었지만, 그들을 좀처럼 볼 수 없었다. 그는 조선 대표들이 이홍장 총독의 휘하에 있는 듯했으며, 미국과의 조약이 마치 청나라의 이익을 위해 이루어지는 것처럼 느꼈다고 한다.

6개월의 지루한 협의 끝에 조선이 독립국이라는 기반 위에서 조약문 초안이 만들어졌다. 조선 대표들이 본국으로 돌아가자 그는 스와타라Swatara 호를 타고 1882년 5월 제물포에 상륙한 다음 미리 조약문 초안을 보낸 뒤 인천부에서 조선 대표 3명과 만나 협의를 마쳤다. 며칠 후 조선 측에서 제물포에 천막을 준비하자 그는 휘하 장교들과 호위병을 대동하고 상륙했다. 천막 전면에는 성조기가 게양되었고 〈양키 두들Yankee Doodle〉이 울려 퍼지는 가운데 양국 대표들은 조약문서에 서명했다. 조미수호통상조약은 이듬해 1월 9일에 미국 상원에서 비준되고, 5월 19일 서울에서 비준서가 교환되었으며, 6월 4일 공포를 거쳐 미국과 한국 사이에 정식 외교 관계가 성립되었다.

조미수호통상조약 체결 시 한국 대표 신헌과 미국 대표 슈펠트.

> 미합중국 대통령과 조선 국왕 및 각 정부의 공민과 신민 간에 영원한 평화와 우호가 존재하는 것으로 한다. 타국이 일방의 정부를 부당하게 또는 억압적으로 다룰 경우, 타방의 정부는 사태의 통지를 받았을 때 원만한 타결을 주선해 그 우의를 표시한다.

그 후 대한제국은 일본의 병탄 위협 속에서 위와 같은 조미수호통상조약 제1조 주선조항周旋條項에 매달렸다. 하지만 그것은 커다란 착각이었다. 이 조항에 대해서 당초부터 한국과 미국이 각각 다른 해석을 했던 것이다. 한국 측은 이것으로 미국과 일종의 동맹 관계에 들어갔다고 믿은 반면, 미국 측은 국교 개시에 즈음한 단순한 인사치레로밖에 여기지 않았다.

미국으로서는 한국 문제에 개입해서 얻을 것이 별로 없었다. 자신들을 추종하는 일본을 이용하면 훨씬 값싸게 문제를 해결할 수 있었고, 북방의 러시아를 견제하는 데도 유용했다. 1903년 루스벨트 대통령을 접견한 미국 공사 알렌이 일본의 흉계를 폭로하면서 러일전쟁이 벌어지면 미국이 러시아를 지지해야 한다는 의견을 개진했지만 들은 체도 하지 않았다.

평소 하버드대학교 동창생인 가네코 겐타로金子堅太郎 등 일본인과 절친한 관계였던 루스벨트는 아시아에서 남하 정책을 펼치는 러시아를 견제하는 일본이 미국의 싸움을 대신해준다고 믿었다. 1904년 러일전쟁이 일어나자 루스벨트는 일본의 승리가 바람직하고, 그 결과로 일본이 한국 내의 지위를 굳히는 것은 자연스러운 일이라고 주장했다. 당시 그는 미국의 외교관들에게 이런 서한을 보냈다.

> 나는 일본이 한국을 손에 넣는 것을 보고 싶다. 일본은 러시아에 대한 견제가 될 것이고, 지금까지의 행동에서 그럴 만한 가치가 있다. 그러나 중국 분할 같은 일은 없기를 진심으로 바란다. 그런 일은 결국 누구를 위해서도 좋지 않은 것이다.

그에게는 외세로부터 자신을 지키거나 독립도 할 수 없을 만큼 나약한 한국보다는, 한반도에서 러시아나 청나라에 대해 '동등한' 수준 힘을 가진 일본과의 관계가 더 중요했다. 세력 균형이라는 현실적 측면에서도, 국가의 역량이라는 개인적 사고의 측면에서도, 나라를 구하고자 하는 고종황제의 요청은 루스벨트에게는 일고의 가치도 없는 것이었다.

1904년 고종의 밀사로 미국에 건너간 이승만은 1905년 8월 4일 하와이 교민 대표 윤병구 목사와 함께 하와이 교민회가 채택한 독립

청원서를 들고 오이스터 베이로 루스벨트 대통령을 찾아갔다. 그때 루스벨트는 공식 외교 경로로 청원서가 들어오면 포츠머스 회담 의제로 제출하겠다고 약속했다.

1905년 독립청원서를 들고 루스벨트 대통령을 찾아간 이승만(아랫줄 가운데)과 윤병구(윗줄 맨 왼쪽).

당시 두 사람은 면담 성공을 기뻐했지만, 이는 성급한 판단이었다. 일본과 손잡고 있던 워싱턴의 조선 공사 김윤정이 사문서란 이유로 청원서 제출을 거부했기 때문이다. 그들과 먼저 접견했던 루스벨트의 대응도 이중적이었다. 그는 이미 7월 31일에 태프트와 가쓰라 간의 밀약을 승인하는 전보를 띄운 상태였다.

가쓰라-태프트 밀약의 진실

1904년 2월 발발한 러일전쟁은 한반도와 만주 지역의 지배권을 놓고 두 강대국이 벌인 일전이었다. 일본은 1905년 초에 난공불락의 요새로 알려진 러시아 점령하의 뤼순을 함락시켰고, 3월에는 펑톈奉天의 육전에서도 승리를 거뒀다. 제정러시아는 내부 혁명 세력의 반발로 인해 전쟁에 쏟을 여력이 없다고 판단하고 있었다.

일본은 아더항을 함락했고, 1905년 5월에는 대한해협을 지나 블라디보스토크로 향하던 발틱 함대를 모두 침몰시켜 승기를 잡았다. 그러나 막대한 군사적 손실을 입은 러시아는 물론, 일본 또한 전쟁을 수행할 힘이 바닥나버렸다. 일본으로서는 전쟁을 종결시킬 외교적 협상 구도를 미국을 통해 모색했고, 따라서 미국의 협조가 반드시 필요했다. 우선 절실했던 것은 한반도에 대한 일본의 독점적 지배권을 관련 열강으로부터 확인받는 것이었다. 이 과정에서 가장 먼저 일본에 대해 지지 의사를 표명한 나라가 미국이었다.

1904년 전쟁성 장관에 임명된 태프트는 1905년 7월 8일, 루스벨트의 딸 앨리스Alice를 포함한 일행 약 80명을 이끌고 필리핀 방문을 위해 샌프란시스코를 출발, 7월 25일 일본 요코하마에 도착했다. 이튿날 태프트는 메이지 일왕을 알현한 다음, 총리 가쓰라 다로가 주최한 만찬회에 참석하는 등 융숭한 접대를 받았다.

7월 27일, 태프트와 가쓰라는 아침부터 장시간에 걸쳐 밀담을 나눈 다음, 일본이 필리핀에 대한 미국의 지배권을 인정하면 미국은 한국에 대한 일본의 종주권을 인정한다는, 이른바 가쓰라-태프트 밀약을 맺었다. 당시 회동에서 나눈 대화는 1905년 7월 29일에 이런 내용의 각서로 만들어졌다.

첫째, 동아시아 평화에 대한 견해로, 가쓰라는 동아시아의 평화야말로 일본 외교의 근본적인 원칙이며, 이는 일본·미국·영국의 협조가 있을 때 가장 잘 이뤄질 수 있다고 말했다.

둘째, 필리핀과 관련된 문제로, 여기서 태프트는 미국 같이 강력하고 일본에 우호적인 나라가 필리핀을 점령하는 것이 일본에게도 최선의 일이라고 주장했다. 이에 대해 가쓰라는 일본이 필리핀에 대한 어떤 공격적인 계획도 가지고 있지 않다고 확인했다.

셋째, 한국과 관련된 문제로, 가쓰라는 일본의 승리로 막 끝난 러일전쟁의 직접적 원인이 한국이었기 때문에 한국에 대한 식민 통치는 일본에 매우 큰 중요성을 띤다고 주장하면서, 한국 문제에 대한

일본 총리 가쓰라 다로가 주최한 만찬장에 들어서는 태프트와 앨리스 루스벨트(왼쪽). 이튿날 태프트는 가쓰라(오른쪽)를 만나 장시간 밀담을 나눈 끝에, 가쓰라-태프트 밀약을 맺었다.

종합적인 해결책을 도출하는 것이 러일전쟁의 논리적인 귀결이라고 주장했다.

당시 가쓰라는 한국에 당장 어떤 조치를 취하지 않는다면, 한국이 다른 세력과 조약이나 협정을 맺어 러일전쟁 이전 상태로 돌아가려 할 거라고 예측했다. 한국이 일본과 다른 나라 간 전쟁 상황을 다시는 만들지 않도록 일본은 한국에 대해 적절한 조치를 취해야 한다는 논리였다. 이에 태프트는 한국에 대한 일본의 보호령은 동아시아 안정에 기여할 것이라며 동의했다. 태프트는 루스벨트 대통령 역시 이 문제에 의견을 같이할 거라는 믿음을 비치기도 했다.

태프트는 7월 29일 이 밀담의 내용을 본국 정부에 보고했고, 루스벨트는 7월 31일 태프트에게 그 내용을 전면적으로 승인한다는 답전을 띄웠다. 전보를 받은 태프트는 8월 7일 마닐라에서 가쓰라에게 그 내용을 알리는 전문을 보냈다. 일반적으로 가쓰라-태프트 밀약으로 알려진 문건은 7월 29일 태프트가 일본에서 워싱턴으로 보낸 전문을 말한다.

이 밀약은 한미 양국 관계, 그리고 한국의 운명에 커다란 충격을 안겨주었다. 이승만의 전기 작가였던 로버트 올리버는 이를 '한국의 사망 증명서에 날인'하는 행위라고 표현했다. 미국이 국제법상의 조약도 아닌 밀약 형식으로 비밀리에 일본의 조선 지배권을 인정한 역사적 사실은 한국인으로서 잊어서는 안 된다.

이 회담 내용의 일부는 1905년 10월 일본 신문 〈고쿠민國民〉 지면을 통해 흘러나오기도 했으나, 회담의 전체 내용은 1924년 미국 외교사학자 타일러 데넷이 〈시어도어 루스벨트의 대일 비밀조약 Theodore Roosevelt's Secret Pact with Japan〉이라는 논문에서 전문을 밝히기 전까지는 철저히 비밀로 유지되었다. '밀약'이라는 표현은 데넷의 글에서 연유했다.

이 비밀 협상은 미국과 일본이 한국과 필리핀을 상호 교환하는 외교적 흥정을 한 것인가, 아니면 양국 고위 관료의 의견 교환이었는가, 혹은 양국 간 장래의 행동을 상호 약속하는 협정agreement이었는가에는 논란이 따른다. 당시 일본으로서는 한국 지배에 관한 국제적 승인이 절실했던 반면, 미국은 1898년 이래 이미 필리핀을 실질 점령한 상태에서 반군 토벌 작전을 진행 중이었기 때문이다. 이와 관련해 루스벨트는 태프트가 외교적 흥정을 위해 일본에 들렀다는 기사가 3개월 뒤 일본 신문에 실리자 불쾌한 어조로 이렇게 말한 바 있다.

"미국은 영토 보전을 위해 누구의 지원이나 보증을 필요로 하지 않는다."

그럼에도 미국이 일본의 한국 지배를 승인한 것은, 루스벨트 특유의 인종주의적 문명관과 친일적 성향이 동아시아 전략과 맞물려 나타난 결과로 볼 수 있다. 미국의 주된 관심사는 중국 시장이었으므로 일본의 한국 지배는 지지할 수 있었지만, 러시아의 만주 지배는 자국에 대한 도전으로 인식했던 것이다. 루스벨트는 러일전쟁을 일본이 미국 대신 치러주고 있다고 생각했다. 그러나 종전 후 일본이 만주에 진출하면서 러시아와 손잡자 미국은 배신감을 느끼게 된다. 국제사회에서 어제의 동지가 내일의 적이 되는 경우는 그처럼 비일비재한 일이었다.

약소국엔 무례하게, 강대국엔 사려 깊게

1904년 당내 반대 세력을 설득하여 공화당 대통령 후보가 된 루스벨트는 보수 성향의 민주당 대통령 후보인 알튼 파커Alton B. Parker를 압도적인 표차로 이기고 대통령 재선에 성공했다. 임기 초반 전국적인 환경보호 운동 지도자이자 시에라 클럽Sierra Club 창시자인 존 뮤어John Muir와 손잡고, 공유지 내에서는 이유를 막론하고 토지의 간척이나 개발을 금지하는 국립공원 체계를 만들었다. 미국 국립공원은 이전에 비해 2배 규모로 늘어났고, 16개의 국립 명소, 51개의 야생 서식처가 생겨났다. 2500개의 댐 건설이 취소됐다. 이와 같은 루스벨트의 공세적인 환경 정책 덕분에 오늘날 미국인은 아름다운 자연의 혜택을 누리고 있다.

반면 국제 문제에서 루스벨트는 철저한 약육강식론자였다. 비교적 평화롭던 이전 시대가 힘이 지배하는 시대로 변해가고 있었다. 해마다 해군 예산 증액을 요구했으며, 의회로부터 군함 건조 허가를 받아내기 위해 국제분쟁 사태의 심각성을 과장하기도 했다. 루스벨트의 임기가 끝날 무렵 미국의 해군력은 세계 최정상 수준이었다.

그가 재임할 때 유럽 열강들은 자국민의 채권을 보호하기 위해 베네수엘라에 두 차례, 도미니카공화국에 한 차례 내정간섭을 하겠다고 위협했다. 그러자 루스벨트와 전쟁성 장관 엘리휴 루트Elihu Root는 1904년, 이른바 루스벨트의 먼로주의 수정안을 발표했다. 라틴아메리카 문제에 미국 외 타국의 개입을 금지하고, 미국이 그 지역의 치안과 국제조약 준수를 책임진다는 것이었다. 실제로 이 수정안은 1905년 효력을 발휘했다. 루스벨트는 의회의 동의 없이 도미니카공화국에 압력을 넣어 미국인 경제 고문으로 하여금 그 작은 나라를 감독하게 했다.

약소국에 대한 루스벨트의 태도는 이처럼 무례했지만, 강대국과의 협상은 매우 조심스러웠다. 1903년 루스벨트는 태평양 지역에 대한 평화로운 지배를 선언했으나, 일본의 꾸준한 세력 증대로 말미암아 이러한 판단은 바뀌게 되었다. 러일전쟁 이후 포츠머스 회담을 주선하여 양국 중재에 나선 루스벨트의 의도는 동아시아의 세력 균형을 통하여 미국의 국익을 도모하겠다는 것이었다.

루스벨트는 1907년 캘리포니아에서 반일 감정으로 빚어진 마찰을 무마하기 위해 이른바 신사협정을 체결했고, 일본인의 미국 이민을 제한했다. 루트-다카히라 협정Root-Takahira Agreement에서는 만주와 조선에서 일본의 우위를 인정하는 대가로 필리핀에서의 특권을 인정받았다. 1910년 루스벨트는 필리핀 군도에서 일본의 세력 확장을 막을 수 없으며, 동아시아 수역을 미국이 지배할 가능성이 없다고 판단했다.

정권 이양과 불화 그리고 분열

루스벨트의 집권 말년은 평온과는 거리가 멀었다. 출생률 감소에 놀란 그는 인류 자살 추방 운동을 펼치고, 아마추어 환경보호론자를 공개적으로 비난했으며, 정부간행물 인쇄업자에게 간소화된 철자법을 사용하라고 지시했다. 이러한 조치는 전국적인 논란거리로 번졌다. 사람들은 그가 대통령직을 매우 좋아하므로, 두 차례의 임기 후 더 이상 대통령직에 출마하지 않는다는 전통을 깨고 1908년 대선에 재출마하리라고 여겼다. 하지만 3선 출마를 포기했고, 그가 가장 신뢰한 태프트가 경선을 치르지 않고 공화당 대통령 후보로 선출되었다.

태프트는 신중하고 온건한 법률가로서 까다로울 정도로 법 절차를 존중했으므로, 보수주의자들은 그가 루스벨트처럼 대통령의 권한을 남용하지 않으리라 믿었다. 이로써 그는 경선 절차 없이 대통령 후보가 될 수 있었으며, 11월 대선에서 민주당 후보 윌리엄 제닝스 브라이언William Jennings Bryan을 꺾고 제27대 미국 대통령으로 백악관에 입성했다. 하지만 그는 선거에서 압승한 뒤에도 별로 기뻐하지 않았다.

"내가 지금 대법원장이라면 무척 편안했을 것이다. 나는 내가 물 밖으로 나온 물고기처럼 느껴진다."

그는 루스벨트 같은 카리스마나 개혁자로서의 욕구, 혹은 투사 정신, 대중적 인기에 전혀 관심이 없었다. 또 정치라는 거대한 소용돌이 판에서 지도자로서 큰 역할을 수행하겠다는 책임감도 없었다. 천생 법관인 그에게 양편으로 나뉘어 끈질기게 물어뜯는 정치판은 대통령 재임 중에도 여전히 낯설었다. 실제로 그가 대통령직에 있을 때 발휘한 리더십은 일반 정치인과는 전혀 다른 것이었다. 그는 사실 확인, 법 해석, 적법한 절차 등에 가치를 두는 행정관이나 판사직에 어울리는 사람이었다. 당시 태프트는 대통령직의 부담과 좌절감을 달래기 위해 골프와 폭식에 빠져들곤 했다. 공화당 하원의원었던 제임스 왓슨James Watson은 이렇게 회고했다.

"(태프트) 대통령은 긴장을 유지한 채 행동하는 스타일이 아니었다. 식사 후 얘기하다 보면 어느새 그는 머리를 가슴까지 떨군 채 잠이 들어있었다."

태프트의 임기 동안 미국에서는 노동부가 설치되었고, 우편 예금제가 확립되었으며, 소포 우편 업무가 시작되었다. 인접한 48개 주 가운데 마지막까지 남았던 애리조나 주와 뉴멕시코 주의 연방 가입도 허용되었다. 의회에서는 연방소득세를 직접 징수할 근거와 상원의원을 직접선거로 선출할 근거를 마련해줄 헌법 수정조항 제16조와 제17조를 통과시켰다. 또 역사상 처음으로 행정부 예산을 확립하는 업적을 남겼다.

하지만 그는 전임자의 진보적인 정책을 포기하고 보수적인 정책을 행했으며, 루스벨트가 이룩한 중요한 업적을 훼손했다. 그중 하나가 1907년 공황기에 유에스철강회사의 테네시 탄광 및 철강회사 소유 승인을 불법으로 규정한 일이었다. 이에 대해 루스벨트는 태프트가 자신을 적대시한다며 분개했다.

그 와중에도 태프트는 전임자들처럼 해외에서 미국의 경제적 이익을 얻기 위해 노력했지만, 세계의 안정 같은 루스벨트 식의 거창한 사업에는 관심이 없었다. 그는 필랜더 녹스Philander C. Knox를 국무장관으로 임명하고 저개발 지역에 미국의 투자 확대를 종용했다.

이 정책을 달러외교Dollar Diplomacy•라고 부른다.

한편 루스벨트는 임기를 마치고 10개월 동안 아프리카와 유럽을 여행하고 돌아와 내키지 않는 심정으로 정치 활동을 재개했다. 그는 진보주의 동료들과 함께 태프트 대통령을 후원하려 했지만, 추구하는 정책이 달랐던 둘의 관계는 곧 단절되었다. 1910년 10월, 유에스 철강회사에 대한 반트러스트 법의 청원을 태프트 대통령이 허가하자 개인적으로 대립하게 된다.

이로써 루스벨트와 태프트는 완전히 반목하게 되었다. 하지만 루스벨트는 다시 대통령 후보로 나서기를 망설였다. 위스콘신 주의 혁신주의 상원의원 로버트 라폴레트가 공화당 대통령 후보로 지명받기 위해 1911년 이래 공을 들였기 때문이다. 하지만 라폴레트는 딸의 병세에 신경 쓰다 지친 나머지 필라델피아에서 연설 도중 신경쇠약 증세를 보여 물러나고 말았다.

결국 개인적인 앙심과 공화당 내 심화되는 분열 때문에 루스벨트는 태프트의 1912년 재지명에 도전하고 나섰다. 루스벨트는 태프트를 공개 비난함으로써 수십 년 동안 쌓아온 우정을 박살냈다. 다시 한 번 대권을 잡고 싶었던 루스벨트가 그를 얼간이라고 조롱했던 것이다. 태프트는 정치적 스승의 공격을 고이 받아들였지만 대법원까지 싸잡아 공격하자 더 이상 참지 않았다.

루스벨트가 대중에게 직접투표를 통해 대법원의 결정을 무시할

• 달러외교는 카리브해 지역에서 두드러졌는데, 1909년 니카라과 혁명이 일어나자 태프트는 반군 편에 서서 미군을 파견해 세관을 장악했다. 평화가 회복되자 은행가들을 부추겨 새 정부에 차관을 제공함으로써 니카라과에 대한 미국 정부의 재정적 영향력을 확보했다. 이 친미정부가 2년 만에 쿠데타를 맞자 미군은 또 새로운 정부를 보호하는 방식으로 무려 10여 년간 현지에 주둔했다. 이런 태프트의 정책은 혁신적인 당원들로부터 외면받았다.

미국 제28대 대통령 취임식장에 함께 선 우드로 윌슨(왼쪽)과 윌리엄 태프트. 루스벨트와 태프트의 불화로 선거는 이전투구가 되었고, 결국 민주당의 우드로 윌슨이 어부지리로 대통령에 당선되었다.

권리가 있다고 선동하자 헌법 수호자를 자임하던 태프트는 강력하게 맞섰다. 그는 루스벨트야말로 헌법을 비웃는 위험한 이기주의자며 민중 선동가라고 응수했다.

"나는 나 자신을 위해 승리해야 한다고 말하지 않는다. 이것은 사법권의 독립을 저해하는 공격을 막고 위험한 선동가의 승리를 막기 위한 것이다."

이러한 이전투구 속에서 벌어진 1912년 제28대 대통령 선거는 공화당과 민주당, 새로운 혁신당의 3파전으로 치러졌고, 민주당 후보인 우드로 윌슨이 어부지리 격으로 당선되었다. 당시 혁신당을 만들어 독자 출마한 루스벨트는 선거 유세 도중 독일 출신 이민자 존 슈랭크의 총에 맞았지만, 주머니에 넣어둔 연설문 종이뭉치 덕에 목숨을 건졌다. 그러나 선거 패배로 낙담한 그는 브라질 밀림을 탐험하고 저술 활동을 하면서 시간을 보내다, 1919년 뉴욕 오이스터 베이의 자택에서 숨을 거두었다.

낙선한 태프트는 예일대학교 법대 겸임교수에 이어 미국 변호사 협회 회장에 선출되었고, 노동분쟁위원회 공동위원장으로 일했다. 1921년 하딩 대통령은 그를 제10대 미국 연방대법원장에 임명했다. 이로써 태프트는 미국 역사상 대통령과 대법원장을 역임한 유일한 인물이 되었다. 그는 자신의 법률가 기질을 잘 발휘할 수 있는 대법원장직에 만족했다.

"내가 대통령이었던 적이 있는지 기억도 나지 않는다."

175킬로그램의 거구였음에도 평생 골프채와 유머를 놓치지 않았던 태프트는, 73세 때인 1930년 3월 8일 워싱턴에서 지병인 심장병으로 세상을 떠났다.

더 읽는 글

안하무인 제국의 공주, 앨리스 루스벨트

1905년 여름, 전쟁성 장관 윌리엄 태프트를 비롯한 미국 정계 인사들이 아시아 순방길에 올랐다. 목적지는 일본, 필리핀, 중국, 한국이었는데, 일행 가운데 놀랍게도 미국 대통령의 딸 앨리스 루스벨트가 있었다. 그녀는 미국에서 앨리스 공주Princess Alice라고 불릴 정도로 사교계의 꽃이었고, 정계에서도 큰 영향력을 행사했다. 그녀가 일본에 도착하자 일왕이 직접 화려한 만찬과 무도회를 열어주었다. 태프트는 7월 29일 첫 번째 기착지인 일본에서 일본 수상 가쓰라 다로를 만나 대한제국의 운명을 결정한 다음 필리핀으로 향했다.

그해 9월 19일, 앨리스를 태운 군함 오하이오 호가 제물포 항에 도착했다. 고종은 특별히 만국기가 게양된 특급열차를 준비하고, 연도에 관리와 근위병을 도열시켰다. 호기심 많은 백성도 거리에 가득했다. 서울의 가가호호에는 성조기가 걸렸고, 앨리스가 사용할 수 있도록 황실 가마를 배정하고, 나머지 일행에게도 관청의 가마를 내주었다.

20일에 앨리스가 일행과 함께 황실을 예방하자, 이튿날 고종은 가든파티를 열어주고 한국에 거주하던 미국인들을 접견했다. 고종의 오찬 주재는 어떻게든 미국의 지원을 얻으려는 안간힘에서 비롯된 것이었다. 22일, 앨리스는 고종과 점심을 함께 들고, 오후에는 동대문 밖에 있는 명성황후의 능인 홍릉을 방문했다. 하지만 이와 같은 앨리스의 대한제국 순방 이면에는 충격적인 이야기가 전해진다.

한국 방문 시 주한 미국 공사관을 찾은 앨리스 루스벨트 일행. 대한제국 황실은 난국 타개를 기대하며 이들을 맞아 융숭히 대접했으나, 돌아온 것은 약소국에 대한 무례함뿐이었다.

당시 대한제국의 의전 담당자였던 독일인 엠마 크뢰벨Emma Kröbel은 1909년에 출간한 자서전 《내가 어떻게 조선의 궁정에 들어가게 되었는가Wie ichan den koreanischen Kaiserhof kam》에서, 무례하기 그지없었던 앨리스 루스벨트의 처신을 고발한다.

> 우리가 도착한 지 얼마 지나지 않아 엄청난 먼지 폭풍이 몰아닥쳤고 그 속에서 말을 탄 한 무리의 사람들이 나타났다. 선두에는 위풍당당하게 말을 타고 나타난 여성이 있었는데 자주색 긴 승마복 차림이었다. 그녀는 몸에 꼭 맞는 승마용 바지를 반짝거리는 승마용 장화 속에 접어넣었는데 손에는 채찍을, 입에는 시가를 물고 있었다. 그녀가 바로 미스 앨리스 루스벨트였다. 전혀 상상하지 못했던 모습에 우리는 벌어진 입을 다물 수가 없었다. 우리는 그녀에게 황실의 예법에 따라 최대한의 경의를 표했으나 이 의용기병대장의 딸

> 은 이 모든 것을 장난처럼 여기는 듯했다. 내가 행사 주관자로서 환영한다는 인사를 건네자 그녀는 건성으로 몇 마디 고맙다는 말만 할 뿐이었다. 그녀는 무덤가에서 무덤을 수호하고 있는 동물 조각들에 더 많은 관심이 있는 듯했다.
>
> 특히 그녀의 관심을 끈 것은 큰 코끼리 석상이었는데, 곁눈으로 흘낏 보더니 재빨리 말에서 내려서 순식간에 그 코끼리 석상에 올라탔다. 그러고는 곁에 있던 약혼자 롱워스Nicholas Longworth에게 사진을 찍어달라고 소리쳤다. 우리는 그녀의 무례한 행동에 경악해서 온몸이 마비되는 것 같았다. 그런 짓은 한국의 역사에서 찾아볼 수 없는 일이었다. 곧 차와 음식이 나오면서 위기의 순간이 지나갔다. 그러나 앨리스는 자신이 무슨 짓을 저질렀는지도 모르는 듯했다. 이후 그녀는 어떠한 인사도 없이 모건 공사 부인과 잡담을 나누면서 씩씩하게 샴페인을 마시고 음식을 먹었다. 그러다 앨리스는 갑자기 일행에게 말에 오르라고 명령하더니 자신을 따르는 남자들과 함께 버펄로 빌처럼 말을 타고 떠나갔다.

이 기록을 보면 앨리스 루스벨트는 우의를 도모하러 내한한 것이 아니라 아프리카 초원의 국립공원에 온 듯한 행동을 취했다. 더군다나 고종이 보는 앞에서 비참하게 세상을 떠난 명성황후 묘소의 석물을 범한 것은 용서할 수 없는 폭거였다. 당시 그녀를 환대하여 지푸라기라도 잡아보려 했던 고종의 심정이 어떠했는지는 능히 짐작하고도 남는다.

이 전대미문의 사건은 엠마 크뢰벨의 자서전이 출판되면서 세상에 알려졌고, 1909년 11월 20일자 〈뉴욕타임스〉에 실려 미국을 떠들썩하게 했다. 그 기사를 읽은 재미 한국인들은 비감에 젖을 수밖에 없었다. 그런데 당시 공화당 의원이었던 앨리스의 남편 롱워스는 이 내용이 거짓말이라고 주장했다. 그러나 진실은 코넬대학교 도서관에 있었다.

석물에 올라탄 앨리스 루스벨트. 명성황후의 능에서 보인 그녀의 무례함은 미국 사회 내에서도 큰 논란을 일으켰다.

1905년경 미국 공사관 서기로 근무했던 윌러드 스트레이트Willard D. Straight는 자신의 편지와 수백 장의 사진을 코넬대학교 도서관에 기증했다. 그 자료 속에 '루스벨트 양의 한국에서의 사건Alice Roosevelt at Seoul'이라는 메모가 적힌 한 장의 사진이 발견된 것이다. 거기에는 앨리스 일행 대부분이 석상에 앉거나 기대어 찍은 사진도 있었다. 이 사실이 널리 알려진다면 미국 정치인의 도덕성에 엄청난 상처를 입힐 수 있었다. 그래서인지 언론에서도 유야무야 넘어갔다. 어쨌든 그처럼 일국의 황제에게 무례하고 오만한 태도를 취한 것은 그녀가 대한제국의 운명이 결정되었음을 알고 있었기 때문으로 보인다.

> 한국은 원하지 않았으나 속수무책으로 일본의 손아귀에 이끌려 들어가고 있었다. 모든 사람이 슬퍼보였고 낙담한 것 같았다. 그들의 몸에서 힘이라는 힘이 모두 빠져나간 것 같았다. 거의 모든 장소에 일본 장교와 병사들, 그리고 상인으로 보이는 사람들이 있었고, 그들은 절망에 빠진 한국인과는 대조를 이루었다.

30여 년 뒤인 1934년 앨리스 루스벨트가 자서전 《붐비는 시간들 Crowded Hours》에서 한국 방문을 회고했다. 당시 미국에 대해 아무것도 모르고 아무런 구원도 받을 수 없었던 고종황제 부자가 그녀에게 베푼, 모종의 갈구가 담긴 만찬이 새삼 가슴 아프게 느껴진다.

> 황제와 마지막 황제가 될 아들은 우리 공사관 곁에 있는 궁전에서 내밀한 삶을 이어가고 있었다. 서울에 도착하고 며칠 후 그 궁전의 유럽식 건물에서 함께 점심 식사를 했다. 우리는 먼저 2층에 있는 방으로 안내되었고, 키 작은 황제는 자신의 팔을 내밀지 않은 대신 먼저 내 팔을 잡았다. 서둘러 좁은 계단을 통해 소박한 만찬장으로 들어갔다. 음식은 한식으로, 황실 문장이 새겨진 그릇에 담겨나왔다. 내가 사용한 그릇들은 식사 후 선물로 주어졌다. 궁전을 떠날 때 황제 부자는 내게 자신들의 사진을 주었다. 두 사람은 애처롭고 둔감한 사람들이었는데, 그들이 유지하던 황실의 명맥도 얼마 남지 않은 상태였다.

한국을 찾아온 서양인,
하멜에서 헐버트까지

15세기 대항해시대 이후 포르투갈과 에스파냐에 이어 네덜란드, 영국, 프랑스에 의해 미지의 영역이었던 아프리카, 아메리카, 아시아가 유럽인의 시야에 들어왔다. 그들은 현실과 공상의 틈바구니인 신세계로 돛대와 나침반을 이용해 탐험에 나섰다. 그 와중에 마르코 폴로의 《동방견문록》은 동양에 대한 서구인의 환상을 극대화했다.

그때부터 자칭 문명화, 산업화, 도시화, 민주주의, 현대적 사회의 일원인 서양인은 야만과 미개, 농법, 지방, 전제주의, 전근대적인 사회로 대비되는 동양으로 달려갔고, 그로부터 포만을 망각한 식민 시대의 막이 올랐다. 제국주의 국가의 식민지 침탈 공식이 그렇듯 모험적 탐험가가 선두에 섰고 뒤이어 군대, 상인, 선교사, 관리 들이 뒤따랐다.

중국과 일본에 이어 16세기 말 조선에도 서양인이 하나 둘 모습을 드러냈다. 조선은 일본처럼 황홀한 자극을 주지 않았으며, 중국처럼 엄청난 자원과 통상의 이익을 기대하기 어려운 나라였다. 게다가 《하멜 표류기》에서 전하듯 외국인을 잡아 노예로 삼는 미개한 나라일 뿐이었다. 하지만 그들은 이 고요한 나라의 침묵을 깨는 것이야말로 신의 소명이라고 여겼다. 격변의 19세기 말 조선에 비로소 망국의 먼동이 트기 시작했다.

네덜란드

네덜란드의 선원 하멜은 1650년 휘헬 스트라위스Vogel Struijs 호를 타고 인도에 간 지 3년 만에 장부 계원이 되었다. 1653년(효종 4년) 병력 호송차 대만을 거쳐 스페르베르Sperwer 호를 타고 일본 나가사키로 가던 중 제주에 표착했다가 억류되었다. 1666년 간신히 조선을 탈출해 일본의 데지마 상관에 도착한 그는 1년 남짓 심문을 받은 다음 1668년 7월 20일 네덜란드로 돌아갔다. 그 후 하멜은 억류된 동안 받지 못한 임금을 요구하기 위해 조선에 대한 최초의 서양인 기록으로 알려진 보고서 《하멜 표류기》를 작성했다.

한국과 네덜란드의 인연은 그보다 벨테브레이Jan Janes Weltevree가 먼저다. 스물한 살에 선원이 되어 1628년(인조 6년) 일본으로 가다가 폭풍을 만나 제주도에 표착하였다. 조선에 억류된 그는 훈련도감에 소속되어 신형 대포 제조에 동원되었는데, 하멜과 달리 조선 여인을 아내로 맞아 1남 1녀를 두었고, 이름도 박연朴淵이라 지었다. 하멜이 서울에 끌려왔을 때 통역을 위해 벨테브레이가 모습을 드러냈다. 동포를 만난 그는 뜨거운 눈물을 흘렸지만, 정작 하멜은 그의 말을 잘 알아듣지 못했다고 한다. 그렇듯 이 땅에 하멜과 벨테브레이가 족적을 남긴 지 무려 150여 년 뒤 벽안의 이방인이 몰려든다.

영국

조선 역사에 본격적으로 서양인의 자취가 기록된 것은 1797년(정조 21

년) 9월 영국의 해군 중령 브로튼William R. Broughton이 지휘한 프로비던스 호부터다. 동해안 탐사를 위해 영흥만에 입항했다가 부산 동래의 용당포를 거쳐 돌아갔다. 1816년에는 맥스웰 대령과 베이실 홀 대령이 지휘하는 영국 군함 라이라 호가 통상 문제로 중국을 방문한 앰허스트 사절단을 기다리며 열흘 동안 서해의 섬을 탐사하고 군산항에 들렀다가 돌아갔다. 당시 그들은 충청도 홍주목사에게 통상과 구난을 요청했지만 아무 답변도 듣지 못했다.

그다음으로 한국 땅을 밟은 사람은 개신교 선교사인 귀츨라프K. F. A Gützlaff였다. 그는 1832년 7월 23일, 영국 동인도회사 소속 군함 로드 앰허스트 호의 의사로서 서해 고대도에 상륙해 지방 관리를 만나 통상을 요구하며 지방민에게 전도했다. 그해 8월 한양에서 내려온 정부 관리가 서한과 선물을 돌려주며, 중국의 허락 없이는 통상할 수 없음을 통보하고 퇴거령을 내렸다.

청과의 아편전쟁에서 승리한 영국은 중국과 일본 사이에 항로를 개척했다. 그 과정에서 1845년 6월, 벨처 대령이 지휘하는 군함 사마랑 호가 제주도에 도착해 거문도, 초도, 상도, 용도, 평일도 등 남해안 일대를 탐사한 뒤 우도를 거쳐 돌아갔다. 당시 사마랑 호의 의사 애덤스A. Adams는 조선인의 모습과 복장, 예절, 무기, 선박, 제주의 풍경, 생태 자원 등을 자세히 조사했다.

조선과 미국의 통교 소식이 전해지자 톈진에 있던 영국 공사 웨이드Sir Thomas Wade도 이홍장에게 조약 교섭 알선을 부탁했다. 그리하여 1882년 6월 6일 제물포에서 해군 중장 윌스G. Willes와 조선 전권대신 조영하가 조영수호통상조약에 조인했다. 하지만 아편금수, 고율의 관세 규정, 애매한 치외법권 규정에 불만을 품은 영국 정부가 비준을 거부했다. 이듬해 11월 26일 일본 주재 영국 공사 파크스Harry S. Parkes와 조선 전권대신 민영목 사이에 전문 13조의 조영수호통상조약이 정식으로 조인·비준되었다. 그리고 일본 나가사키 주재 영사 애스턴W. G. Aston이 총영사로 부임했다.

조선에 가장 큰 영향을 끼친 영국인은 탁지부 재정 고문이며 총세무사였던 맥레비 브라운이다. 아관파천 이후 일본의 영향력으로부터 벗어난 고종의 최측근으로서 대한제국의 재정 문제를 획기적으로 개선했을 뿐 아니라, 한성판윤 이채연과 함께 서울의 근대화된 도시계획을 주도했다. 그 결과 획기적으로 변화한 서울은 지리학자 이사벨라 버드 비숍의 찬탄을 자아내기에 이른다. 또, 조선의 망국기에 런던의 〈데일리 메일〉 기자로 일제의 만행을 세계에 알린 프레더릭 매켄지, 〈대한매일신보〉를 운영하면서 '내가 한국을 위해 싸우는 것은 신의 소명'이라 부르짖은 언론인 어니스트 베델을 추억하는 것은 그들의 사랑을 받은 한국인의 의무이기도 하다.

프랑스

나폴레옹 실각 이후 영국과의 식민지 경쟁에서 뒤처진 프랑스는 파리 외방 전교회의 아시아 선교 활동을 적극 지원하는 것으로 위안을 삼았다. 1787년 제주도와 울릉도 해역을 탐사했던 프랑스는 1839년(헌종 5년) 기해박해 당시 파리 외방 전교회 소속 신부 앵베르Laurent Marie Joseph Imbert, 모방Pierre Phillibert Maubant, 샤스탕Jacob Honoré Chastan이 처형되자 조선 원정을 계획했다가 난징조약 체결로 보류했다.

1846년에는 세실 함장이 함대를 이끌고 충청도 외연도 부근까지 와서 프랑스 신부의 처형을 문책하는 서한을 남기고 돌아갔고, 이듬해에는 라피에르 대령의 함대가 고군산도에 왔다가 좌초되어 조선 정부의 도움을 받았다. 1856년에는 극동함대 사령관 게랭이 충청도의 장고도 부근을 탐측했다.

1866년(고종 3년) 일어난 최대 규모의 병인박해 때 천주교 신자 8000명과 베르뇌Siméon François Berneux 주교를 비롯한 프랑스인 신부 9명이 처형되었다. 살아남은 리델Félix Clair Ridel 신부의 요청으로 톈진에 주둔하던 극동함대 사령관 로즈 제독이 군함 3척을 이끌고 조선을 침공했다. 오페르트가 제보한 한강 하구를 공략해 서강까지 들어왔다가 철수한 뒤 7척의 군함을 투입해 강화 유수부를 점령했다. 그때부터 40여 일간 주둔하던 프랑스군은 조선군 좌선봉장 양헌수의 공격을 받고 패퇴하면서 외규장각에 보관된 은괴와 의궤 등을 약탈해갔으니, 이것이 병인양요다.

문호를 연 뒤에도 조선은 천주교 포교 문제 때문에 프랑스와 수교하기 껄끄러웠다. 하지만 영국, 독일, 이탈리아, 러시아 등의 수교에 자극받은 프랑스가 1886년 코고르당F. G. Cogordan을 전권대사로 임명하고 교섭을 시작해 조불수호통상조약을 체결했다. 이 조약 9조 2항에 '교회敎誨'라는 문자가 들어있다. 프랑스는 이에 포교권을 인정한 것이라 주장하고, 결국 조선 측이 받아들여 천주교 포교가 용인되었다. 이 조약은 1887년 프랑스 공사 콜랭 드 플랑시가 김윤식과 비준서를 교환하며 정식으로 발효되었다. 프랑스는 역대 단 2명의 정식 공사를 파견했는데, 다른 한 사람이 바로 이폴리트 프랑댕이다.

그 외에도 《한국서지》 작성의 산파 역할을 한 모리스 쿠랑Morice Courant, 법어학교 교장 출신의 외교관 에밀 마르텔Emile Martel이 있었고, 민속학자이자 지리학자 신분으로 건너와 이 땅의 풍물을 서양에 알린 샤를 바라Charles Louis Varat, 장 드 팡쥐, 아장, 루이 마랭이 있다. 그 밖에 선교사 아드리앙 로네이와 게브리앙 주교, 왕실 건축가 살라벨 등이 있다.

독일

개화기 조선과 독일의 첫 만남은 지독한 악연이었다. 바로 오페르트의 도굴 사건이 그것이다. 1866년부터 두 차례나 통상을 요구했던 독일 상인 오페르트는 1868년 4월 프랑스 신부 페롱의 사주를 받고, 상하이 주재 미국 영사관의 통역관 출신인 상인 젠킨스와 함께 대원군의 아버지 남연군의 묘를 도굴해 통상을 강제하려 했다. 하지만 조선 측의 완강한 저항으로 실패하고 말았다.

일찍이 더한 악연은, 병자호란 당시 청에 볼모로 잡혀간 소현세자가 독일인 신부 아담 샬Johann Adam Schall von Bell을 만난 것이었다. 아담 샬에게 서양 문물을 몸소 학습한 소현세자는 귀국한 지 얼마 지나지 않아 아버지 인조로부터 버림받고 독살 당했으며, 아내와 자식마저 비극적인 최후를 맞았다.

조선과 독일의 공식 교섭은 독일이 통일된 1870년부터 이루어졌다. 당시 도쿄 주재 독일 대리공사 브란트Max von Brandt가 통상 교섭을 위해 입국하려다 실패했다. 그 후 조선이 개방되면서 1882년 청국 주재 브란트 공사가 조미 수교의 주역 슈펠트의 도움으로 청의 양광총독兩廣總督 장수성張樹聲의 소개장을 얻어 제물포에 들어와 조선의 전권대신 조영하와 조독수호통상조약에 서명했다. 하지만 임오군란을 빌미로 독일이 조약 수정을 요구하자, 조선은 청의 알선을 배제하고 직접 협상에 나서 1883년 11월 26일 새로운 조약을 체결했다.

그 후 조선의 여명기에 가장 큰 활약상을 보인 독일인은 파울 묄렌도르프였다. 그는 최초의 서양인 고문으로 해관 창설과 근대 교육 확립에 혁혁한 공적을 남겼다. 그 외에도 육군 위생병원 고문이었고 고종의 시의를 역임한 리하르트 분쉬Richard Wunsch, 러일전쟁의 일본군 측 종군기자였던 루돌프 차벨Rudolf Zabel 등이 조선을 거쳐 갔다. 한국과 일본의 국가를 모두 작곡한 프란츠 에케르트도 빼놓을 수 없다.

러시아

19세기 대 터키 전쟁 이후 지중해 진출을 봉쇄당했던 러시아는 아시아 진출을 모색하던 중 열강의 중국 침략 성공을 목격하고는 흑룡강 입구에 탐험대를 파견했다. 또한 1847년 연해주를 신설하고 무라비요프 백작을 총독으로 파견했다. 1860년에는 베이징조약과 함께 중국을 협박해 연해주를 러시아 영토로 편입했다.

조선 땅을 처음 밟은 러시아인은 1854년 전함 팔라다 호, 보스토크 호, 멘시코프공 호를 이끌고 거문도에 상륙한 퓨탸틴E. V. Putyatin이었다. 대일 통상 교섭에 나선 그는 크림전쟁 개전을 앞두고 영국·프랑스의 추격을 피하기 위해 마닐라에서 북상, 거문도 앞바다에 함대를 집결했다. 당시 거문도에 조선 정부의 행정권이 미치지 못함을 알고 1857년 거문도 주민을 회유해 사할린에서 생산된 석탄의 하역과 저탄소 설치를 시도했으나 미수에 그쳤다. 그때 퓨탸틴의 전속 비서관으로 팔라다 호에 동승한 이반 알렉산드로비치 곤차로프I. A. Goncharov가 쓴 여행기 《전함 팔라다 호》에 조선 관찰기 30여 쪽이 포함되었다.

이후 조선의 문호 개방 소식이 전해지자 톈진에 주재하던 러시아 영사 베베르는 조선의 외교 고문이었던 독일인 묄렌도르프의 도움으로 1884년 조러수호통상조약을 체결하고 외교 관계를 수립했다. 당시 러시아 공사관을 설계한 세레딘 사바틴은 을미사변의 진상을 현장에서 목격하고 자세한 보고서를 남기기도 했다.

미국

1866년(고종 3년) 영국 상선 제너럴셔먼 호가 대동강에 진입해 통상을 요구하다 평양 군민과 충돌해 선박이 불타고 선원이 전원 사망했다. 이 배의 선주가 미국인임을 기화奇貨로, 미국은 1867년 전함 와추셋 호를, 1868년에는 셰넌도어 호를 파견해 사건 규명과 통상을 요구했다. 1871년에는 주청 미국 공사 로F. Low와 로저스J. Rodgers 제독이 아시아 함대를 파견해 조선을 침공했다. 이른바 신미양요였다. 당시 미군은 강화 덕진진과 광성보 등을 점령하며 개가를 올렸으나 어재연 등 조선군의 맹렬한 저항으로 뱃머리를 돌려야 했다.

1876년 2월에 조인된 조일수호통상조약 체결에 미국은 자극 받았다. 제너럴셔먼 호 사건 때 조선에 왔던 슈펠트를 1878년 일본에 파견해 조선 개항을 교섭하게 했지만 진척되지 않았다. 결국 청 이홍장의 도움을 받은 슈펠트는 1882년 5월 22일 제물포의 화도진에서 조미수호통상조약 체결에 성공했다. 이 조약은 상원과 하원의 동의 아래 1883년 2월 13일 아서 대통령의 비준을 받았다. 그와 함께 5월 20일 초대 미국 공사 루셔스 푸트가 조선 국왕에게 신임장을 제정했다. 이에 따라 7월 16일 조선은 미국에 보빙사를 파견했는데, 통역으로 일본에 머물던 퍼시벌 로웰이 선발되었다.

이홍장이 묄렌도르프의 후임으로 파견한 조선 외교 고문 데니Owen N. Denny는 오히려 청의 내정간섭에 반대하고 한국 주재 총리 위안스카이의 횡포를 비난하면서 조선의 자주독립을 권고했다. 그는 조러수호통상조약을 주선하고 한국 측 대표로 문서에 서명까지 했다.

그 외에도 한국 최초의 영어 교사로 부임한 토머스 핼리팩스, 선교사이자 의사로 입국해 제중원을 설립한 호러스 알렌, 서울에 새문안교회를 창설하고 기독교청년회을 조직했으며 1915년에 연희전문학교 초대 교장이 된 언더우드, 배재학당을 세운 아펜젤러, 이화학당을 세운 스크랜턴 부인, 한글로 성경을 번역한 게일, 육영공원 교사로 태평양을 건너와 조선의 독립과 조선인의 자유를 위해 몸 바친 헐버트, 위기의 시대에 한국의 중립론을 제창했던 윌리엄 샌즈 등은 결코 잊어서는 안 될 미국인이다.

그럼에도 한국을 부정적 이미지로 세계에 소개한 그리피스, 오랜 우정을 외면하고 한국을 일본에 팔아넘긴 스티븐스, 태프트, 루스벨트 같은 이름을 되새길 때면 불현듯 송곳으로 찔리는 듯한 아픔을 느낀다. 미국, 과연 영원한 친구일 수 있을까.

한국을 사랑한 서양인들, 양화진에서 안식을 얻다

양화진楊花津은 송파진, 한강진과 함께 우리나라 삼진三鎭 가운데 하나로, 나루터 구실뿐만 아니라 외침과 민란에 대비해 상비군이 주둔하던 곳이다. 삼남 지방에서 올라오는 세곡선과 상선이 서울로 들어오는 교통 요지였을 뿐만 아니라, 이곳의 한강 물은 폭이 넓고 물살이 완만해 병선 훈련장으로도 사용했다. 세종 때에는 이곳에서 호랑이를 잡아 그 머리를 양화진 강물에 집어넣고 기우제를 지내기도 했다.

양화진의 승경勝景으로 유명한 잠두봉蠶頭峰이 절두산으로 불리는 것은 1866년 천주교의 교난인 병인박해丙寅迫害 때문이다. 프랑스 선교사 9명과 신도 8000여 명이 학살당한 이때 가까스로 탈출한 리델 신부는 프랑스 함대가 정박 중인 톈진으로 달려갔다. 급보를 전해들은 로즈 제독은 군함 3척을 이끌고 인천 앞바다를 거쳐 양화진에 들어왔다. 이때 한국인 신도 최선일, 최인서, 심순녀가 물길을 안내했다. 이에 분개한 흥선대원군은 처형지를 새남터나 서소문 네거리에서 양화진으로 옮기고, 천주교도 178명의 목을 베 효수했다. 그때부터 잠두봉은 '절두산絕頭山'이 되었다.

강화도를 점령한 로즈 제독의 프랑스 함대는 정족산성에서 양헌수의 부대에 패하고 한 달 만에 철수했다. 이 병인양요를 계기로 흥선 대원군은 쇄국의 고삐를 더욱 조였다. 1871년 그는 '오랑캐들이 침범하니 싸우지 않으면 화친하는 것이요, 화친을 주장하는 것은 나라를 팔아먹는 것이다洋夷侵犯 非戰則和 主和賣國'라는 내용의 척화비斥和碑를 전국에 세웠다.

1882년 8월, 제물포조약 체결 후 양화진은 개시장開市場이라는 공식 교역 시장의 새로운 면모를 보인다. 그러나 1884년 갑신정변을 일으켰다가 일본에 망명한 김옥균이 홍종우에게 살해당하자 그의 시신을 양화진으로 가져와 능지처참하고 효시하는 사태가 벌어지기도 했다. 구한말 한국을 찾은 외국인들은 여객선을 타고 제물포에 당도, 소규모 선박을 이용해 양화진에 도착한 다음 서울에 들어왔다. 그러므로 양화진은 한국의 수도 서울로 통하는 최종 관문이었던 셈이다.

1890년 7월, 미국 북장로회 의료 선교사로 한국에 와 고종의 주치의까지 지낸 헤론이 풍토병에 걸려 34세의 나이로 사망했다. 원칙적으로는 제물포에 있는 외국인 묘지에 안장해야 했지만 무더운 여름이라 운구하기 어려웠다. 유족이 정부에 탄원해 한강 건너편 야산을 장지로 얻었으나, 알고 보니 그곳은 모래밭이었다. 궁여지책으로 시신을 밀봉해 헤론이 살던 집 뒤뜰에 매장하려 하자 이번에는 선교사를 보조하는 서생들이 반대했다.

이렇게 장지 문제로 어려움을 겪자 알렌과 언더우드 등 미국 선교사들이 힘을 합쳐 미국, 러시아, 영국, 프랑스, 독일 등 5개국 공사 공동 명의로 양화진에 외국인 공동묘지를 마련해달라고 조선 정부에 요청한다. 이윽고 헤론의 시신이 최초로 양화진 언덕에 안장되었다. 그 후 양화진에는 2004년까지 총 555기의 무덤이 조성되었으며, 현재 400명이 넘는 외국인이 잠들어있다. 그 가운데 선교사는 가족을 포함해 145명에 이른다. 양화진 외국인 묘지는 일제강점기 때 '경성 구미인 묘지'로 불렸고, 해방 후에는 '서울 외국인 묘지'로 바뀌었으며, 1986년 선교기념관이 건립되면서 '서울 외국인 묘지공원'으로 개칭된다. 그리고 2006년에 '양화진 외국인 선교사 묘원'으로 개칭되어 지금에 이른다.

양화진 묘원에는 〈대한매일신보〉 발행인 베델, 헤이그 제3의 밀사 헐버트, 〈대한제국 애국가〉를 작곡한 에케르트, 한국 최초의 장로교회인 새문안교회와 연세대학교의 전신인 조선기독교대학을 설립한 언더우드 목사 가족 7명 등이 묻혀있다. 정동제일교회와 배재학당을 설립한 아펜젤러, 그의 아들 도지 아펜젤러Henry D. Appenzeller, 이화학당 교장을 지낸 딸 앨리스 아펜젤러Alice R. Appenzeller, 이화학당 설립자 메리 스크랜턴, 천대받던 백정들에게 전도한 무어 목사도 잠들어있다.

"내게 천 번의 삶이 있다면 그 삶 모두를 한국에 바치겠다"는 유언을 남기고 25세 나이에 유명을 달리한 텍사스 출신 처녀 선교사 루비 켄드릭Ruby R. Kendrick, 일본인으로는 최초로 한국의 문화훈장을 받은 '조선 고아의 아버지' 소다 가이치曾田嘉伊智의 유해도 이곳에 있다.

양화진 묘원에는 외교관이나 선교사 가족 외에도 언론인, 음악가, 기술자, 실업가, 군인 등 다양한 분야에서 한국의 근현대사를 함께한 수많은 서양인이 묻혀있다.

강상중, 이경덕 · 임성모 옮김, 《오리엔탈리즘을 넘어서》, 이산, 1997.
경기도박물관, 《먼 나라 꼬레》, 경인문화사, 2003.
고미숙, 《한국의 근대성, 그 기원을 찾아서》, 책세상, 2001.
김원모 편저, 《近大韓國外交史年表》, 단국대학교출판부, 1984.
김재엽, 《100년 전 한국사》, 살림, 2006.
묄렌도르프, 신복룡 · 김운경 역주, 《묄렌도르프 自傳 외》, 집문당, 1999.
문규현, 《한국천주교회사 3: 1960년 4월 혁명이후》, 빛두레, 1997.
박지향, 《일그러진 근대》, 푸른역사, 2003.
아손 그렙스트, 김상열 옮김, 《스웨덴 기자 아손, 100년 전 한국을 걷다》, 책과 함께, 2005.
알렌 D. 클라크, 《에비슨 전기Avision of Korea》, 연세대학교출판부, 2007.
앙드레 슈미드, 정여울 옮김, 《제국 그 사이의 한국 1895~1919》, 휴머니스트, 2007.
앨런 브링클리, 황혜성 외 옮김, 《있는 그대로의 미국사 1 · 2 · 3》, 휴머니스트, 2007.
에드워드 W. 사이드, 박홍규 옮김, 《오리엔탈리즘》, 교보문고, 2000.
에밀 부르다레, 정진국 옮김, 《대한제국 최후의 숨결》, 글항아리, 2009.
올리버 R. 에비슨, 황용수 옮김, 《구한말 40여 년의 풍경》, 대구대학교출판부, 2006.
윌리엄 F. 샌즈, 신복룡 옮김, 《조선비망록》, 집문당, 1999.
윤해동, 《식민지 근대의 패러독스》, 휴머니스트, 2007.
이광린, 《올리버 알 에비슨의 생애》, 연세대학교출판부, 1992.
이돈우 · 이순우, 《꼬레아 에 꼬레아니》, 하늘재, 2009.
이사벨라 버드 비숍, 김태성 · 박종숙 옮김, 《양자강을 가로질러 중국을 보다》,

효형출판, 2005.

————————, 신복룡 옮김, 《조선과 그 이웃 나라들》, 집문당, 2000.

이승원, 《세계로 떠난 조선의 지식인들》, 휴머니스트, 2009.

———, 《학교의 탄생》, 휴머니스트, 2005.

정성화 · 로버트 네프, 《서양인의 조선살이, 1882~1910》, 푸른역사, 2008.

제이콥 로버트 무스, 문무홍 외 옮김, 《1900, 조선에 살다》, 푸른역사, 2008.

조르주 뒤크로, 최미경 옮김, 《가련하고 정다운 나라, 조선》, 눈빛, 2001.

조현범, 《문명과 야만》, 책세상, 2002.

퍼시벌 로웰, 조경철 옮김, 《내 기억 속의 조선, 조선 사람들》, 예담, 2002.

프레더릭 A. 매켄지, 신복룡 옮김, 《대한제국의 비극》, 집문당, 1999.

허동현, 《일본이 진실로 강하더냐》, 당대, 1999.

호러스 N. 알렌, 김원모 옮김, 《알렌의 日記》, 단국대학교출판부, 1991.

J. 스콧 버거슨, 안종설 옮김, 《대한민국 사용후기》, 갤리온, 2007.

小坂貞雄, 《外人の觀たる 朝鮮外交秘話》, 朝鮮外交秘話出版會, 京城, 1934.

이현종, '舊韓末 外國人 雇聘考', 〈韓國史硏究〉 제8집, 韓國史硏究會, 1972.

홍순호, '에밀 마르텔Emile Martel의 생애와 활동', 〈교회와 역사〉 제93호, 한국교회사연구소, 1983.

사진 저작권

1. 카를 베베르 초상(147쪽)은 고려대학교 사학과 민경현 교수가 프랑스에서 발굴했으며, 한불 수교 120주년 기념전시회 카탈로그 《Souvenir de Seoul》(2006, 프랑스국립극동연구원, 고려대학교 박물관)에서 재인용했다.
2. 프랭크 스코필드 관련 도판(245~257쪽)은 사단법인 호랑이 스코필드 기념사업회에서 제공했다.

꼬레아 러시

100년 전 조선을 뒤흔든 서양인들

1판 1쇄 찍음 2010년 8월 10일
1판 1쇄 펴냄 2010년 8월 20일

지은이 이상각

펴낸이 송영만
펴낸곳 효형출판
주소 우413-756 경기도 파주시 교하읍 문발리 파주출판도시 532-2
전화 031 955 7600
팩스 031 955 7610
웹사이트 www.hyohyung.co.kr
이메일 info@hyohyung.co.kr
등록 1994년 9월 16일 제406-2003-031호

ISBN 978-89-5872-093-5 03910

값 13,000원